9급 전직종 시험대비

국회사무처 9급 최종모의고사

|홍미라 외|

- 국어/영어/한국사 수록 - 5지선다형
- 2022년 8월 13일 시행 기출 문제 수록

엑스퍼트원
http://cafe.naver.com/expert7

머리말

　국회사구처에서 시행하는 9급 행정직류 및 기술직류 시험은 매년 시행되고 있는데 시험과목은 총 5과목으로 '속기직. 경위직, 사서직, 방호직' 등 행정직류는 '국어·한국사·영어·헌법'이 필수과목이고 직종 별로 1과목이 더 추가되어 총 5과목을 치르게 된다.
　기술직의 경우에는 '국어·한국사·영어'가 필수과목으로 '건축직, 관리직, 기계직, 전산직, 통신기술직, 방송직' 등은 직종 별로 전공 2과목이 추가되어 총 5과목을 치르게 된다.

　이에 본사에서는 전직종 공통 과목인 '국어·한국사·영어' 3과목을 출제 경향에 맞는 문제들을 엄선하여 각 과목당 20문항씩 출제 형태에 맞게 5지선다형 모의고사를 8회분 수록한 '국회사무처 9급 최종모의고사(2023)'를 출간하였다.

　이와 같은 본 '국회사무처 9급 최종모의고사(2023)'를 접한 모든 수험생들의 합격을 기원하는 바이다.

-저자 일동-

차 례

>> 문 제 <<

제1회	최종모의고사	9
제2회	최종모의고사	38
제3회	최종모의고사	66
제4회	최종모의고사	96
제5회	최종모의고사	123
제6회	최종모의고사	149
제7회	최종모의고사	175
제8회	최종모의고사	200

>> 정답 및 해설 <<

제1회	정답 및 해설	231
제2회	정답 및 해설	242
제3회	정답 및 해설	252
제4회	정답 및 해설	262
제5회	정답 및 해설	272
제6회	정답 및 해설	282
제7회	정답 및 해설	291
제8회	정답 및 해설	301

>> 부록 - 기출문제 <<

2022. 8. 13. 시행   315

문 제

국어 한국사 영어

- ★ 제1회 실전모의고사
- ★ 제2회 실전모의고사
- ★ 제3회 실전모의고사
- ★ 제4회 실전모의고사
- ★ 제5회 실전모의고사
- ★ 제6회 실전모의고사
- ★ 제7회 실전모의고사
- ★ 제8회 실전모의고사

최종 제1회 모의고사

국 어

※ 다음 글을 읽고 물음에 답하시오. (01~04)

(가) 까마득한 날에
   하늘이 처음 열리고
   어디 닭 우는 소리 들렸으랴.

(나) 모든 산맥(山脈)들이
   바다를 연모(戀慕)해 휘달릴 때에도
   차마 이 곳을 범(犯)하던 못하였으리라.

(다) 끊임없는 광음(光陰)을
   부지런한 계절이 피어선 지고
   큰 ⓐ 강물이 비로소 ⓑ 길을 열었다.

(라) 지금 눈 내리고
   매화 향기(梅花香氣) 홀로 아득하니
   내 여기 가난한 느래의 ⓒ 씨를 뿌려라.

(마) 다시 천고(千古)의 뒤에
   ⓓ 백마(白馬) 타고 오는 초인(超人)이 있어
   이 ⓔ 광야(曠野)에서 목놓아 부르게 하리라.

제 1회 최종모의고사

01. 위 시에 대한 설명으로 거리가 먼 것은?
① 강한 상징성이 시적 의미 형성에 주요한 기능을 하고 있다.
② 다양한 비유를 사용하여 시적 대상을 형상화하고 있다.
③ 객관적 상황의 제시 후 주관적 의지를 표출하고 있다.
④ 시각적 이미지를 사용하여 화자의 감정을 절제하고 있다.
⑤ 시간의 추이에 따라 시상을 전개하고 있다.

02. 위 시에서 '광야'가 갖는 상징적 의미가 잘못 연결된 것은?
① (가) : 태초의 원시적 공간
② (나) : 신성불가침의 성스러운 공간
③ (다) : 인간의 역사가 시작되는 공간
④ (라) : 역사를 회상하게 만드는 공간
⑤ (마) : 이상과 소망이 실현되는 공간

03. 위 시에서 시상 전개상 긴밀하게 연결되는 이미지끼리 가장 적절하게 묶인 것은?
① 닭 우는 소리 - 눈 - 매화 향기
② 산맥 - 길 - 백마 타고 오는 초인
③ 까마득한 날 - 바다 - 천고의 뒤
④ 하늘 - 부지런한 계절 - 광야
⑤ 큰 강물 - 가난한 노래의 씨 - 백마 타고 오는 초인

04. 위 글에서 ⓐ~ⓔ 중 시어의 함축적 의미로 적절하지 않은 것은?

① ⓐ : 역사와 문명
② ⓑ : 태동과 개척
③ ⓒ : 생명과 의지
④ ⓓ : 자유와 해방
⑤ ⓔ : 역사의 터전

05. 다음 중 물건을 세는 단위 또는 숫자가 올바르지 않은 것은?

① 쌈 – 바늘 24개
② 제 – 탕약 스무 첩, 또는 그만한 분량으로 지은 환약을 일컫는 단위
③ 접 – 채소·과실 따위의 백 개
④ 강다리 – 쪼갠 장작 10개비
⑤ 톳 – 김 100장을 한 묶음으로 묶은 덩이

06. 다음 글은 '성북동 비둘기'의 일부분이다. ㉮, ㉯의 뜻풀이로 적당한 것은?

> 성북동 산에 ㉮ 번지가 새로 생기면서
> 본래 살던 성북동 비둘기만이 ㉯ 번지가 없어졌다.
> 새벽부터 돌 까는 산울림에 떨다가
> 가슴에 금이 갔다.

① ㉮는 사람, ㉯는 비둘기의 삶의 터전
② ㉯는 비둘기의 삶의 터전
③ ㉯는 사람의 삶의 터전
④ 같은 시의(詩意)이다.
⑤ 둘 다 비둘기의 삶의 터전

07. 다음 글의 (　) 안에 들어갈 알맞은 것은?

> 나무에 하나 더 원하는 것이 있다면, 그것은 천명(天命)을 다한 뒤에 하늘 뜻대로 다시 흙과 물로 돌아가는 것이다. 그러나 사람은 가다 장난삼아 칼로 제 이름을 새겨 보고, 흔히 자기(自己) 소용(所用) 닿는 대로 가지를 쳐 가고 송두리째 베어가곤 한다.
>
> 나무는 그래도 원망(怨望)하지 않는다. 새긴 이름은 도로 그들의 원대로 키워지고, 베어 간 재목(材木)이 혹 자기를 해칠 도끼 자루가 되고 톱 손잡이가 된다 하더라도, 이렇다 하는 법이 없다.
>
> 나무는 훌륭한 견인주의자(堅忍主義者)요, 고독(孤獨)의 철인(哲人)이요, (　)의 현인(賢人)이다.

① 지피지기(知彼知己)　　② 안빈낙도(安貧樂道)
③ 살신성인(殺身成仁)　　④ 수수방관(袖手傍觀)
⑤ 안분지족(安分知足)

08. 아래 글의 (㉮)와 (㉯)에 들어갈 말을 밑줄 친 낱말 중에서 선택해 넣었을 때 옳은 것은?

> 수필의 내용은 <u>사실, 의견, 느낌</u> 등에서 비롯된 어떤 것이라도 좋다. 그러나 (㉮)이 중심이 된 경우에는 비평적 양식에, (㉯) 중심이 이야기의 경우에는 서사적 양식에 담을 때 좋은 글이 이루어질 수 있을 것이다.

	㉮	㉯		㉮	㉯
①	사실	의견	②	느낌	의견
③	사실	느낌	④	의견	사실
⑤	의견	느낌			

※ 다음 글을 읽고 물음에 답하시오. (09~11)

볏섬을 짊어진 채 아이들 뒷모습을 우두커니 바라보던 구천이는 고방 쪽으로 걸음을 옮긴다.
"으윽!"
힘주는 소리와 함께 볏섬은 고방 바닥에 나동그라졌다.
"장골이 나락 한 섬을 지고 맥을 못 추니 우찌된 일인고?"
들여다주는 볏섬을 돌이와 함께 맞잡아서 고방에 쌓아올리던 삼수는 갈고리를 볏섬에 걸며 말했다.
"땀 좀 닦아라."
이번에는 돌이가 딱해하며 말한다. 구천이는 지푸라기가 엉겨붙은 졷방이 소매를 끌어당겨 땀을 닦는다. 얼굴빛이 푸르고 눈은 움푹 패어 있었다.
갈고리를 걸어놓기는 했으나 돌이는 땀 닦는 구천이를 멍청히 쳐다보고만 있었으므로 삼수는 코를 힝 푼다. 콧물 묻은 손을 옷에 문지르며
㉮ "니, 그라다가 몸 베릴라?"
땀을 닦다 말고 구천기는 삼수의 입매를 쳐다본다. 삼수는 다시
"무슨 짓을 하는가 우리도 좀 알고 싶구마."
멀리서 무슨 소리가 나는구나 하듯 서 있던 구천이의 눈이 다음 순간 거칠게 빛났다. 삼수는 더 이상 말을 걸지 않았다. 돌이도 말하지 않았다. 그들은
"영치기!"
볏섬을 들어올린다. 그러고는 ㉯ 날씨 이야기며 부춘서 벼 싣고 온 박서방의 혹이 금년에는 더 커졌다는 둥 하며 삼수보다 돌이가 무관심한 척하려고 애를 쓴다. 삼수는 곁눈질로 구천이의 기색을 살피면서
"어서 가서 나락 져 오라고. 아무도 해를 잡아매 놓지 안했인께." 했다 등받이로 쓰는 마대를 고방 바닥에서 주워 어깨 걸치고 구천이는 긴 팔을 늘어뜨리며 돌아서 나간다.
"싫대두, 싫어! 아버지가 싫단 말야."
서희가 발을 동동 구르고, 침모 봉순 어미는 옷고름을 여며주며 달래고 있다. 구천이는 눈을 내리깔며 그들 옆을 지나간다.
"마님께서 말씀하셨습니다. 나으리께 문안드리라고."
중년으로 접어든 봉순네는 살빛이 희고 좀 비대한 편이었는데 서희는 봉순네 치맛자락을

제 1회 최종모의고사

> 잡으며
> "두만네 집에 강아지 보러 갈 테야."
> "마님께서 아시믄 큰일나지요. 꾸중하십니다. 봉순아, 어서 애기씨 뫼시고 사랑에 가거라."
> 서희 등을 도닥거리며 봉순네는 딸에게 이른다.

09. 다음은 위 글에 드러난 인물들을 설명한 것이다. 거리가 먼 것은?
① 치수는 딸 서희를 매우 엄격하게 대한다.
② 구천은 힘든 농사일로 매우 지쳐 있다.
③ 서희는 고집이 강한 편이다.
④ 돌이는 구천의 마음을 건드리지 않으려 한다.
⑤ 삼수는 구천의 행동을 못마땅하게 여긴다.

10. 위 글의 ㉮ 앞에 어떤 말을 넣을 경우 들어갈 말로 가장 알맞은 것은?
① 은근히 비꼬는 투로　② 조용조용히 타이르듯이
③ 무척 안타까운 듯이　④ 매우 한심하다는 표정을 지으며
⑤ 큰 소리로 나무라듯이

11. 위 글 ㉯와 같은 말을 꺼내게 된 이유를 가장 잘 지적한 것은?
① 상황을 암시하는 비유적 화제.
② 말을 돌리기 위한 엉뚱한 화제이다.
③ 과거를 회상하기 위한 화제.
④ 휴식을 취하기 위한 오락적 화제이다.
⑤ 새로운 내용을 위한 생산적 화제이다.

"두만네 집에 강아지 보러 갈 테야."
"마님께서 아시믄 큰일나지요. 꾸중하십니다. 봉순아, 어서 어기씨 뫼시고 사랑에 가거라."
서희 등을 도닥거리며 봉순네는 딸에게 이른다.

09. 다음은 위 글에 드러난 인물들을 설명한 것이다. 거리가 먼 것은?
① 치수는 딸 서희를 매우 엄격하게 대한다.
② 구천은 힘든 농사일로 매우 지쳐 있다.
③ 서희는 고집이 강한 편이다.
④ 돌이는 구천의 마음을 건드리지 않으려 한다.
⑤ 삼수는 구천의 행동을 못마땅하게 여긴다.

10. 위 글의 ㉮ 앞에 어떤 말을 넣을 경우 들어갈 말로 가장 알맞은 것은?
① 은근히 비꼬는 투로
② 조용조용히 타이르듯이
③ 무척 안타까운 듯이
④ 매우 한심하다는 표정을 지으며
⑤ 큰 소리로 나무라듯이

11. 위 글 ㉯와 같은 말을 꺼내게 된 이유를 가장 잘 지적한 것은?
① 상황을 암시하는 비유적 화제.
② 말을 돌리기 위한 엉뚱한 화제이다.
③ 과거를 회상하기 위한 화제.
④ 휴식을 취하기 위한 오락적 화제이다.
⑤ 새로운 내용을 위한 생산적 화제이다.

12. 다음 글의 밑줄 친 미투리의 뜻으로 옳은 것은?

> 어디를 얼마나 돌아다녔는지 미투리 앞부리가 수세미가 되어 있고, 상투 자른 머리칼 위에는 황토먼지가 누렇게 쌓여 있다.

① 삼이나 노 따위로 짚신처럼 삼은 신
② 한복의 좌우의 터펄거리는 옷자락
③ 남자들이 신는 버선
④ 간단한 물건 따위를 넣은 미나리 봇짐
⑤ 길 떠날 때 신는 허름한 버선

13. 다음 중 띄어쓰기가 올바르지 않은 문장은?

① 3학년 교실은 2층에 있다.
② 영호씨의 모습에 감동을 받았습니다.
③ 철호는 할머니께 사과를 깎아드렸다.
④ 지난 주 한국 병원에서 만성 골수암을 수술했다.
⑤ 저분이 원정 대장 겸 준비 위원장이다.

14. 다음 시에 나타난 시적 화자의 태도와 가장 관련이 없는 것은?

> 고향에 돌아온 날 밤에
> 내 백골(白骨)이 따라와 한 방에 누웠다.
>
> 어둔 방은 우주로 통하고
> 하늘에선가 소리처럼 바람이 불어온다.

국 어

> 어둠 속에 곱게 풍화 작용하는
> 백골을 들여다보며
> 눈물짓는 것이 내가 우는 것이냐
>
> 백골이 우는 것이냐
> 아름다운 혼(魂)이 우는 것이냐
>
> 지조(志操) 높은 개는
> 밤을 새워 어둠을 짖는다.
> 어둠을 짖는 거는
> 나를 쫓는 것일 게다.
>
> 가자 가자
> 쫓기우는 사람처럼 가자
> 백골 몰래
> 아름다운 또 다른 고향에 가자.

① 참된 자아 생활의 지향 ② 전통 도덕률과 초극의 의지
③ 민족적 염원과 실천 ④ 원호적 존재와 생명의 회복
⑤ 자아성찰 그 내면세계

15. 다음 중 보기의 내용에 부합되는 것은?

> • 단어의 사용이 명료하고 정확한가?
> • 글의 문맥과 관련하여 단어 사용이 적절한가?

① 지구는 돈다. 그리고 아무도 그것을 믿지 않았었다.
② 그들은 결코 죽음을 두려워하였다.
③ 벼랑에서 바윗들이 철썩철썩 굴러오고 있다.

④ 할아버지께서 무슨 큰 걱정이 있으신가 보다.
⑤ 아버지가 할머니께 용돈을 주신다.

16. 다음 밑줄 친 부분을 어법에 어긋나게 고친 것은?
① 영희는 음식을 먹는 양이 <u>작다</u>. → 적다
② 오늘 만남은 정말 <u>유쾌해씀니다</u>. → 유쾌했습니다.
③ 우리는 우정이 <u>두터운</u> 사이이다. → 두꺼운
④ 나는 요즘 매일 <u>래디오</u>를 듣고 지낸다. → 라디오
⑤ 딸이 안 오니 어머니가 <u>안절부절하였다</u>. → 안절부절못하였다.

17. 다음은 하나의 문단을 구성하는 문장들을 순서 없이 늘어놓은 것이다. 아래 문장들 중에서 주제문으로 가장 적합한 것은?
① 불의 사용으로 인류는 다양한 음식문화를 발전시키게 되었다.
② 불의 사용으로 인류는 문화사적 진보를 이루게 되었다.
③ 불의 사용은 제련된 금속무기의 발달을 가져오게 하였다.
④ 불의 사용은 인간의 주거 가능 지역을 확장시켰다.
⑤ 불의 사용은 중기 엔진이라는 동력 혁명에까지 영향을 미쳤다.

18. 다음에서 '많은 양의 서적'을 가리키는 한자성어에 해당하는 것은?
① 手不釋卷　　　　　　② 烏合之卒
③ 汗牛充棟　　　　　　④ 螢雪之功

⑤ 刮目相對

19. 다음 글의 밑줄 친 부분에 나타난 작가의 기상과 거리가 먼 것은?

> 거기에는 초목은 나지 않았고 으직 파릇한 잎과 덩굴만이 바위에 깔려 있어서 앉아 쉴만 하였으며, 전망이 넓게 트여서 해와 달을 옆에 끼고 비바람을 다스릴 뿐 아니라, 의연히 세상의 일을 잊고 홍진(紅塵)에서 벗어난 뜻을 간직하고 있었다.

① 桃李(도리)야, 곳이 오냥 마라, 님의 뜻을 알쾌라.
② 淸風明月(청풍명월) 외(外)예 엇던 벗이 잇스을고.
③ 東山泰山(동산태산)이 언야 놉돗던고.
④ 仙界(선계)ㄴ가 佛界(불계)ㄴ가, 人間(인간)이 아니로다.
⑤ 나 한 간, 달 한 간에 청풍(淸風) 한 간 맛져 두고,

20. 다음 문장 중에서 맞춤법이 어법에 맞게 올바르게 된 것은?
① 칠판에 글이 써있다.
② 총뿌리로 범을 겨눈다.
③ 공부하므로써 효도했다.
④ 거기 잘 도착했오?
⑤ 나 있사오니, 걱정마시압.

영어

01. 다음 글의 빈칸에 들어갈 알맞은 단어는?

> Today, the average man enjoys conveniences, which a century ago were not available to even the wealthiest, because these things had not yet been _____.

① said
② educated
③ discovered
④ solved
⑤ invented

02. 다음 A와 B의 밑줄 친 부분과 바꿔 쓸 수 있는 것을 올바르게 고른 것은?

> A : He is <u>dubious</u> of what the suspect said yesterday.
> B : While some bacteria are beneficial, others are <u>harmful</u> in that they cause disease.

     A   B
① meticulous − prodigious
② colorful − mordant
③ inexplicable − sporadic
④ doubtful − detrimental
⑤ vulnerable − considerate

03. 다음 글의 제목으로 알맞은 것은?

No one really wants to have an accident. The trouble is that people do not want hard enough not to have an accident. They drive too fast! They do not look each way before they cross railroad tracks. They expect everyone else to get out of their way-both other drivers and those who are walking.

① The problem of Traffic Jam
② The Traffic Violation
③ The Causes of Traffic Accidents
④ How to Protect Pedestrians
⑤ How to Observe Traffic Rules

04. 다음 글에서 의미가 통할 수 있도록 밑줄 친 곳에 들어갈 가장 알맞은 것은?

The average person expresses himself differently in writing and in speaking. With proper practice the difference can be overcome, and one's writing will be more _____.

① easy to understand ② perfect and reasonable
③ hard to comprehend ④ precise and expressive
⑤ like his talk

05. 다음 빈칸에 들어갈 가장 알맞은 말을 고르면?

People who easily believe without sufficient evidence are _____.

① credential ② credible
③ credulous ④ counterfeit
⑤ creditable

06. 다음 밑줄 친 부분을 대용할 수 있는 어구를 고르면?

The world's first subway system was proposed for London in 1843. In 1886 the city started <u>excavation</u> for a tube railway. Two twin tunnels were driven deep in the London underground and consequently neither support of buildings nor interruption of traffic was required. In 1890 the London underground was opened, becoming the first underground electric railway.

① digging ② burying
③ beating ④ repairing
⑤ piling

07. 다음 빈칸에 들어갈 말이 넷과 다른 단어는?

① Strawberries are _____ of season now.
② I cannot figure _____ what the man is trying to say.
③ He set _____ on foot early the next morning for Paris.
④ The firemen worked hard but were not able to put _____ the fire.
⑤ In college he's expected to take _____ the whole of a long argument or exposition.

08. 다음 글에서 묘사된 상황이 주는 느낌으로 가장 적절한 것은?

The smiling landscape of last summer is gone. There is neither the smell of the warm grass nor the scent of flowers and pines. The sun is setting. The flat land now rolls away to the horizon with the sky pressing down like a dark blanket. I scan the village, and there is no sign of movement. The whole village looks deserted. I find myself alone in the midst of isolation. Only occasional gusts of wind stir broken boughs and dust, threatening to blow away everything.

① noisy and busy
② exciting and festive
③ funny and humorous
④ lonely and gloomy
⑤ romantic and passionate

09. 다음 내용을 잘 나타내는 단어는?

To push air out from the throat with a rough explosive noise because of discomfort in the lungs or throat during a cold.

① sigh
② laughter
③ cough
④ snore
⑤ headache

10. 다음 글에서 필자의 어조로 가장 적절한 것은?

In a meeting of Animal Space Scientists, the chimpanzee proudly announced,

제 1회 최종모의고사

"We sent a rocket to the moon. It stayed there for a whole month before making the long trip back to Earth." "That's nothing,"said the fox. "We already sent our spaceship to start the first colony on Mars." "We can beat you both," said the pig. "We're going to send a rocket straight to the sun. "The chimpanzee and the fox laughed loudly and said, "Don't be silly. The rocket will melt before it gets there." "No, it won't ,"said the pig. "We're sending it up at night."

① 분석적 ② 방관적
③ 감상적 ④ 사실적
⑤ 해학적

11. 다음 문장에서 어법상 가장 옳은 것은?

① You had better to stay home.
② My brother married with a TV actress.
③ We discussed about the matter.
④ He entered into the room with his teacher.
⑤ I'll wait here until he comes back.

12. 다음 밑줄 친 부분을 가장 잘 고친 것은?

Because I listen patiently, because I ask penetrating questions in a sympathetic tone of voice, people have <u>come not only to trust me, but also use</u> me as a vessel into which to pour their anxieties and privacies.

① come not only to trust me but also use

② come not only trusting me but also using
③ come not only to trust but also use
④ come not only to trust me but also using
⑤ come not only to trust me but also to use

13. 다음 글을 읽고 주제로 적당한 것을 고르면?

> It is easy to see that if an oceanographer goes down to the bottom of the ocean to make tests of the ocean floor, he must be able to report his findings in a characteristic and concise manner. Otherwise, much of the value of his research can be lost. This is just one example. Much more could be given. It is important for a student to learn to convey information and ideas to others, so that his meaning is clear.

① 끊임없는 탐구 정신   ② 해저 연구의 목적
③ 명확한 의사 전달   ④ 학술 연구의 가치
⑤ 학생들의 학습 태도

14. 다음 글의 빈칸에 들어갈 접속사로 알맞은 것은?

> How much money do you have to be considered rich?
> Some people have told me we should have income of about one million dollars per year to be considered rich. But I know many people whose incomes are far more than that but they do not seem happy. _____, I know many people who have trouble paying their bills but are really well-off. In short, having a

lot of money does not mean riches. If you can share any problems with others, you're rich. If you can honestly say you have nothing to hide, then you are really, really rich.

① Besides ② Consequently
③ Although ④ Otherwise
⑤ On the other hand

15. 다음 단락의 내용을 한 문장으로 나타내고자 한다. 빈칸 (A)와 (B)에 가장 적절한 것으로 짝지어진 것은?

Some studies show that we do different types of work better at different times of the day. Physical coordination, for instance, peaks during the afternoon. This is the best time of day to do work with your hands such as carpentry or typing. And other studies reveal that eight to nine hours of sleep every night might not be necessary. Frequent naps might work just as well or even better. Finding such as these are helping people to organize their lives so that they work with their natural rhythms rather than against them.

⇒ Our body has a __(A)__ clock, so it would be helpful to __(B)__ advantage of it.

(A)	(B)	(A)	(B)
① biological	refuse	② physical	decrease
③ physical	use	④ physiological	take
⑤ psychological	get		

16. 다음 빈칸에 들어갈 말로 알맞은 것은?

People in many African cultures are event-oriented while people in Western cultures tend to be time-oriented. For these event-oriented people in Africa, _____. Recipes, for example, do not come in cookbooks and they are not written down as a convenience to others. Instead, a woman will go to a friend's home to demonstrate how to make a dish, though the preparations might be complicated and lengthy. Conversations with friends and relatives are not cut short in order to reach an appointment on time.

① what is happening is more important than time
② it takes all day to prepare food for guests
③ one day is the same as the next
④ time passes very slowly
⑤ time is a major consideration

17. 주어진 글의 다음에 이어질 내용이 순서대로 된 것은?

Our dictionary tells us that the ant is a social insect.

(A) But the scientists say that ants do by instinct most of the things that they do.
(B) that means that ants live in society and they depend on one another.
(C) The rules that govern them in their society have developed over the millions of years when ants have been on the earth.

① (B) − (C) − (A)　　② (B) − (A) − (C)
③ (A) − (C) − (B)　　④ (C) − (B) − (A)

⑤ (C) - (A) - (B)

18. 다음의 우리말을 영어로 옮길 때 빈칸에 들어갈 알맞은 어구는?

> 나에게 우연히 멋진 생각이 떠올랐다.
> ⇒ I _____ a bright idea by chance.

① occurred to ② happened to
③ strike to ④ struck to
⑤ brought to

19. 다음 물음에 대한 답으로 가장 자연스럽지 못한 대화를 고르면?

① A : How do you like your coffee?
　B : Not too strong, thank you.
② A : How do you make your living?
　B : I take a subway. It's really convenient.
③ A : What's your major?
　B : It's math.
④ A : Would you come to see me tomorrow?
　B : It all depends.
⑤ A : What do you do?
　B : I am unemployed.

20. 다음 대화의 빈칸에 들어갈 내용으로 알맞은 것은?

> A : That English fellow's songs are very poetic.
> B : _____ the words to the songs, but he also composes music.

① Although he writes
② If he writes
③ Not only dose he write
④ He also writes
⑤ It is not all that he writes

한 국 사

01. 다음은 신석기시대에 나타난 일련의 사회적 변화 과정을 단계적으로 서술하였다. 이를 바탕으로 씨족사회가 부족사회로 발전하게 된 요인을 추론한다면?

> ㉮ 혈연을 바탕으로 씨족이 형성되었다.
> ㉯ 씨족은 각각 폐쇄적인 독립된 사회를 이루고 있었다.
> ㉰ 이들 씨족은 서로 통합되어 부족을 형성하였다. 따라서 부족은 혈연을 바탕으로 한 씨족을 기본 구성단위로 형성되었다.

① 씨족간의 전쟁을 통한 정복활동이 전개되었다.
② 정치권력과 경제력을 바탕으로 독립된 사회를 이루고 있었다.
③ 씨족간의 빈부차 발생으로 인해 지배·피지배 관계가 형성되었다.
④ 씨족간의 족외혼을 통하여 부족 공동체가 형성되었다.
⑤ 수렵과 어로의 비중이 낮아지고 농경과 가축 사육이 발달하면서 계급사회가 형성되었다.

02. 다음 사실들과 관련이 있는 역사적인 사건은?

> ㉮ 개항 이후 일본 군대가 최초로 조선에 파견되었다.
> ㉯ 청나라 상인의 통상특권을 보장하였다.
> ㉰ 민씨 일파가 친청정책으로 기울어졌다.

① 아관파천　　　　　　② 갑신정변
③ 동학농민운동　　　　④ 을미사변
⑤ 임오군란

03. 신라의 삼국통일에 따른 의의 및 영향에 대한 설명으로 옳지 않은 것은?

① 영토 면에서는 불완전한 통일이었으나 민족사의 새로운 출발이었다.
② 지배계층은 상대적으로 비율이 삼국시대보다 높아져 왕권이 약화되었다.
③ 내부적으로 삼국항쟁의 종식을 가져왔다.
④ 강력한 통일세력의 구축으로 외민족의 침입에 대항할 수 있게 되었다.
⑤ 영토 확대에 따라 경제력이 증가되고 단일민족의 문화기반이 확립되었다.

04. 조선왕조의 지방제도에 대한 설명이다. 옳은 설명은?

① 모든 군현에 지방관을 파견하여 향리의 지배를 받게 되었다.
② 유향소를 두어 중앙집권체제가 고려시대보다 약화되었다.
③ 천민집단인 향, 소, 부곡이 존재하였다.
④ 인구와 토지를 기준으로 지방제도를 정비하였다.
⑤ 국가의 통치권이 향촌의 말단에까지 미치지 못하였다.

05. 다음의 개혁들이 실패하게 된 공통점으로 옳은 것은?

> ㉮ 공민왕이 전민변정도감을 설치하고 개혁을 시도하였으나 실패하였다.
> ㉯ 급진 개화파는 갑신정변을 통해 근대적 개혁을 추진하였으나 실패하였다.

① 왕권이 미약하여 개혁을 뒷받침하지 못하였다.
② 실용보다는 명분에 집착하여 현실 이해에 한계가 있었다.
③ 외세의 간섭으로 개혁이 이루어지지 못하였다.
④ 개혁의 필요성을 느끼지 못하는 민중이 외면하였다.
⑤ 개혁 추진 세력의 힘이 기존 세력의 힘보다 미약하였다.

06. 다음은 조선 초기 정치 제도의 정비와 관련된 내용들이다. 이를 통하여 추론할 수 있는 사항으로 잘못된 것은?

> ㉮ 각 도의 관찰사로 하여금 관내의 수령에 대한 감찰권을 행사하게 한다.
> ㉯ 향리들을 6방에 예속시키고, 수령의 업무를 보좌하게 한다.
> ㉰ 전국의 군현을 토지 면적과 인구 비례에 따라 개편한다.
> ㉱ 향·소·부곡을 혁파하여 면·리로 개편한다.

① 중간 행정 기구의 기능이 강화되었다.
② 국가의 통치권은 향촌의 말단까지 미칠 수 있었다.
③ 백성에 대한 국가의 지배력이 커졌다.
④ 종래 지방 토호적 성격을 가졌던 향리 세력은 약화되었다.
⑤ 지방 사림 세력의 사회적 기반이 강화되었다.

07. 다음은 대동법에 관한 내용이다. 이와 관련하여 조선 후기 사회의 변화를 추론할 때 적절하지 않은 것은?

> 대동법은 민호에 토산물을 부과, 징수하던 공납을 토지 결수에 따라 미·포·전으로 납입하게 하는 제도였다. 정부는 수납한 미·포·전으로 공인을 통하여 필요한 물자를 구입하여 쓰게 되었다. 대동법은 17세기 초 경기도에서 시험적으로 실시된 이후, 찬반양론 속에서 김육 등의 노력에 의해 점차 확대되어, 18세기 초에는 평안도, 함경도를 제외한 전국에서 시행되기에 이르렀다.

① 국가 수입은 증대하고, 농민 부담은 감소하였을 것이다.
② 조세의 금납화가 촉진되어 화폐 경제가 발달하였을 것이다.
③ 공납이 전세화 됨에 따라 양반 지주들의 반발이 컸을 것이다.
④ 사회 경제가 안정되어 종래의 신분 질서가 유지, 강화되었을 것이다.
⑤ 양반 중심의 신분 질서를 붕괴시키는 요인이 되었다.

08. 백제 미술에 대한 설명으로 옳은 것은?
① 서울 석촌동에 있는 백제 고분은 고구려 초기 고분과 유사한 토총이다.
② 웅진시대의 공주고분에는 적석총과 횡혈식 석실고분이 보인다.
③ 목조탑의 건축양식을 모방한 정림사지 5층 석탑이 있다.
④ 능산리 횡혈식 석실고분의 벽화가 세련되어 있음을 볼 수 있다.
⑤ 강서고분은 사신도로 유명하며 서역계통의 영향을 받았다.

09. 대한민국 임시정부 수립과 활동상황에 관한 설명으로 옳은 것은?
① 이상재가 대통령으로 선출되어 강력한 지도력을 발휘하였다.

② 연통제는 국내외를 연결하는 행정체계이다.
③ 군자금은 만주의 백산상회나 부산의 이륭양행을 통하여 전달되었다.
④ 외교총장으로 선임된 이상설을 파리강화회의에 파견하였다.
⑤ 조선사편수회를 두어 한·일 관계사료집을 간행하였다.

10. 신라의 골품제에 대한 설명으로 옳은 것은?

① 골품에 따라 오를 수 있는 관직의 한계나 관복의 색상이 다르게 규정되었지만 일상생활에서의 제약은 없었다.
② 군부대의 최고 지휘관인 장군은 급벌찬 이상에서 이벌찬까지로 규정되었으므로 진골과 6두품이 여기에 취임할 수 있었다.
③ 3두품 이하는 통일 후에는 소멸되어 평민 혹은 백성으로 불렸으며 일반평민층과 다름이 없었다.
④ 성골은 통일신라시대 김씨 왕족 가운데서 왕위를 계승할 수 있는 자격을 가진 계층이었다.
⑤ 진골은 신라 말기에 6두품의 부상에 따라 점차 소외되어 반신라적 경향으로 기울어졌다.

11. 신라 말의 정치·사회변동에 대한 다음 설명 중 옳은 것을 모두 고르면?

㉮ 골품제도에 대한 6두품 귀족들의 비판이 제기되었다.
㉯ 장보고는 해상 무역을 통해 성장한 지방 세력이다.
㉰ 신라의 역사 무대가 중앙에서 지방으로 바뀌기 시작했다.
㉱ 중앙귀족 출신의 성주는 많았으나, 촌주 출신은 없었다.

① 다, 라   ② 나, 다, 라
③ 나, 다   ④ 가, 나
⑤ 가, 나, 다

12. 8·15 해방 직후 각 정치세력에 대한 설명으로 옳지 않은 것은?

① 여운형을 중심으로 한 진보적 민족주의자들과 일부 사회주의자들은 인민당을 결성하였다.
② 허헌, 김성수 등 민족주의자들은 각 계급의 단결을 강조하는 국민당을 결성하였다.
③ 해방과 동시에 가장 먼저 활동을 시작한 사회주의자들은 1945. 9. 11 조선공산당을 결성하였다.
④ 대중조직도 급속히 확산되어 조선노동조합 전국평의회가 결성되었다.
⑤ 이승만 중심의 독립촉성회, 송진우 중심의 한국민주당도 결성되었다.

13. 고려의 교육기관과 과거제도에 관한 설명 중 옳은 것은?

① 실력에 따라 입학 신분을 제한하였다.
② 제술과는 유교경전으로, 명경과는 한문학으로 시험하였다.
③ 취재를 거쳐서 서리나 하급관료로 나갈 수 있었다.
④ 음서라 하여 5품 이상의 관리의 자손은 과거 없이 관직에 나갈 수 있었다.
⑤ 무과의 실시로 문무양반제도가 확립되었음을 보여준다.

14. 농지개혁에 관한 다음 설명 중 옳지 않은 것은?

㉮ 1949년 6월 농지개혁법의 공포로 ㉯ 적산농지(敵産農地)를 국유로 하고 ㉰ 부재지주(不在地主)의 농지와 ㉱ 5정보 이상의 농지를 가진 자의 농지를 국가에서 유상몰수하고 대신 ㉲ 지가증권을 발급하여 5년간 지급토록 하였다.

① ㉮ ② ㉯
③ ㉰ ④ ㉱
⑤ ㉲

15. 다음에서 설명된 역사적 사실과 모두 관련된 사항을 타당하게 추론한 것은?

㉠ 양란 이후의 개간사업은 지주층의 토지겸병과 지주제를 확대시켜 농민들은 생존을 위한 자구책을 강구해야만 했다.
㉡ 일부 농민들은 경작지의 규모를 확대하여 광작을 할 수 있었다.
㉢ 소작농민들이 경작지를 잃고 상공업 인구로 전환되거나, 유민 혹은 농업노동자로 바뀌어 갔다.
㉣ 대규모 저수지인 제언을 축조하는 방법, 작은 규모의 보를 쌓는 방법, 수차를 이용하여 물을 푸는 방법 등 여러 방향에서 수리시설의 개발이 진행되었다.

① 장시가 전국적으로 발달하여 농촌경제가 활성화되었다.
② 대동법의 실시로 유통경제가 활성화되었다.
③ 이앙법이 보급되어 갔다.
④ 도조법의 실시로 소작농의 지위가 향상되었다.
⑤ 자영업자들이 대폭 증가하게 되었다.

16. 대원군의 개혁정치의 내용에 대하여 잘못 설명한 것은?

① 상민에게만 부과되던 군포를 호포로 개칭하여 양반들도 이를 바치게 하였다.
② 세도정치로 인하여 실추된 조선왕조의 권위를 다시 확립하려는 대원군의 개혁 정책은 광범위한 양반계층의 지지를 받을 수가 있었다.
③ 환곡제도를 사창제도로 고치고, 창고 안의 실재를 조사하여 사리를 도모한 자는 처벌하였다.
④ 서원이 나라의 재정을 어렵게 하고 당쟁의 온상이 되었기 때문에 서원을 40여 곳만 남기고 대부분 철폐하였다.
⑤ 안동김씨의 세도정치를 타파하고 사색을 고루 등용하는 등 과감한 인재등용책을 썼다.

17. 개화파에 관한 설명으로 올바르지 않은 것은?

① 농·상·공업을 육성하고 국력을 키워 자본주의 국가를 세우려 하였다.
② 문벌의 폐지와 신분제를 폐지하여 평등한 사회를 이루고자 하였다.
③ 지주층을 없애고 농지를 개발하며 서양의 농학을 도입하고자 하였다.
④ 정치체제로는 입헌군주제를 지향하였다.
⑤ 일본을 개화의 모범으로 삼았으며 외세에 의존한 개혁이었다.

18. 근대화의 성장과정에서 있던 일들이다. 상관성이 같은 것끼리 연결된 것은?

① 운요호사건 - 강화도조약 - 일본군 주둔
② 임오군란 - 한성조약 - 치외법권
③ 갑신정변 - 제물포조약 - 태극기의 사용

④ 러일전쟁 - 포오츠머드조약 - 연해주 획득
⑤ 청일전쟁 - 시모노세키조약 - 요동반도 획득

19. 다음 글에서 설명하는 화풍과 대표적인 작품은?

> (그는) 우리나라의 인물과 풍속을 그리기를 잘하여 선비가 공부하는 모습, 장사꾼이 저자로 가는 모습, 나그네 · 안방여인 · 농부 · 누어치는 여자 · 겹겹이 들어선 집들 · 거친 산· 들판의 물같은 것에 이르기 까지 사물의 모습을 자세히 표현하여 참모습을 잃지 않았다.
>
> -강세황-「표암유고」

① 서민적이고 간결함 - 김홍도 풍속화
② 귀속적이고 현실적 - 김정희 세한도
③ 복고적이고 서양적 - 장승업 인왕제색도
④ 진취적이고 낭만적 - 강희안 고사관수도
⑤ 서정적이고 개성적 - 이상좌 송하보월도

20. 발해에 관한 설명으로 옳은 것은?
① 초기의 발해는 돌궐과 연결하여 당의 세력을 견제하였다.
② 발해는 멸망 후에 고구려 계통의 상류층이 신라로 귀화하였다.
③ 발해의 문화기반은 국제성을 띤 당의 문화였다.
④ 거란과 제휴하여 신라를 견제하였다.
⑤ 일본과의 통교로 당을 견제하고자 하였다.

최종 제2회 모의고사

국어

01. 다음글의 진술방식으로 가장 적합한 것은?

> 짐승 같은 달의 숨소리가 손에 잡힐 듯이 들리며, 콩포기와 옥수수 잎새가 한층 달에 푸르게 젖었다. 산허리는 온통 메밀밭이어서, 피기 시작한 꽃이 소금을 뿌린 듯이 흐뭇한 달빛에 숨이 막힐 지경이다.

① 설명 ② 묘사
③ 논증 ④ 분석
⑤ 서사

02. 다음은 소설 「금당벽화」의 일부분이다. 옳지 않은 것은?

> 담징은 속세에 대한 마지막 미련을 씻기라도 하듯, 온 정성을 다하여 그 미간에다 일점을 찍었다. 그건 다시는 그의 의식에서 그런 생각이 일어나지 않도록 하기 위한 필사의 노력이기도 했다. 그의 입가엔 비로소 미소가 떠올랐다.

① 구성 단계상 대단원에 속한다.
② 관련 있는 고사 성어는 '화룡점정'이다.

③ 전지적 작가 시점이다.
④ 진술방식은 '서사'이다.
⑤ 밑줄 친 '속세'의 동의어는 사바'이다.

03. 다음에서 홑문장이 아닌 것은?
① 나는 사람이다.
② 이것과 저것은 내 것이다.
③ 남자와 여자는 다르다.
④ 형과 동생이 서로 돕는다.
⑤ 철수와 영희는 친구다.

※ 다음 글을 읽고 물음에 답하시오. (04~07)

(가) 겨울나무와
　　바람
　　머리채 긴 바람들은 투명한 빨래처럼
　　진종일 가지 끝에
　　나무도 바람도
　　혼자가 아닌 게 된다.

(나) 혼자는 아니다.
　　누구도 혼자는 아니다.
　　나도 아니다.
　　실상 ㉠ 하늘 아래 외톨이로 서 보는 날도
　　㉡ 하늘단은 함께 있어 주지 않던가.

(다) 삶은 언제나
　　은총(恩寵)의 돌층계의 어디쯤이다.
　　사랑도 매양

　　　　　섭리의 자갈밭의 어디쯤이다.
(라) 이적진 말로써 풀던 마음
　　　말없이 삭이고
　　　얼마 더 너그러워져서 이 생명을 살자.
　　　황송한 축연이라 알고
　　　한 세상을 누리자.
(마) 새해의 눈시울이
　　　순수의 얼음꽃,
　　　승천한 눈물들이 다시 땅 위에 떨구이는
　　　백설을 담고 온다.

04. 위 시에 대한 설명으로 거리가 먼 것은?

① 시적 화자가 자신을 향해 이야기하는 형식을 취하고 있다.
② 자연 현상에서 촉발된 느낌을 직접적으로 표출하고 있다.
③ 경건하고 겸손한 어조로 독자의 공감을 불러일으키고 있다.
④ 추상적인 내용을 구체적 이미지를 통해 형상화하고 있다.
⑤ 유사한 어구의 반복을 통해 시적 의미를 강조하고 있다.

05. 위 시의 시적 화자와 거리가 먼 것은?

① 현실적 고독으로 인해 절망하고 있다.
② 자연 현상을 통해 존재 의미를 깨닫고 있다.
③ 현재의 삶이 과분한 것이라 생각하고 있다.
④ 차분하고 겸손하게 자신의 의지를 다지고 있다.
⑤ 건강하고 순수한 삶을 소망하고 있다.

06. 위 시의 각 연에 대한 설명으로 적절하지 않은 것은?
   ① (가)연 - 바람과 겨울나무는 동반자의 관계로 설정되었다.
   ② (나)연 - 시적 화자의 현실적 체험이 제시되어 있다.
   ③ (다)연 - 자신의 삶에 대한 화자의 깨달음이 나타나 있다.
   ④ (라)연 - 앞의 연들의 내용에 대해 근거를 제시하고 있다.
   ⑤ (마)연 - '눈물'과 '백설'은 순수라는 이미지로 연결된다.

07. 위의 시 (나)에서 ㉮, ㉯의 함축적 의미로 바르게 묶인 것은?
   ① 자연 - 절대자
   ② 구속 - 자유
   ③ 단독자 - 동반자
   ④ 현실 - 이상
   ⑤ 허위 - 순수

08. 다음 내용을 주제로 하여 글을 쓸 경우 '인과'의 전개 방법이 가장 적당한 것은?
   ① 오존층 파괴의 영향
   ② 슈바이처의 생애
   ③ 김치찌개 끓이는 법
   ④ 제주도 성산 일출봉의 정경
   ⑤ 제트 엔진의 원리와 오징어의 운동

09. 다음 중 고유어의 쓰임이 잘못된 것은?
   ① <u>무녀리</u>라 그런지 옹골차고 튼튼하다.
   ② 겨울이 가고 <u>시나브로</u> 봄이 왔다.

③ 양념 가늠을 잘 하면 음식맛도 절로 난다.
④ 모름지기 자투리 시간을 잘 활용해야 한다.
⑤ 어른이 제 앞 갈무리도 못해서야 어쩔 것인가?

10. 다음에서 '괄다'의 뜻이 잘못 풀이된 것은?
① 불기운이 세다.
② 물기가 없이 바짝 말라 있다.
③ 누긋하거나 부드럽지 못하고 거세며 단단하다.
④ 성미가 진득하지 못하고 거세고 팔팔하다.
⑤ 성미가 세고 급하다.

11. 고사 성어인 '矛盾'과 같은 뜻으로 쓰이는 것은?
① 姑息之計　　　② 針小棒大
③ 鶴首苦待　　　④ 有口無言
⑤ 自家撞着

※ 다음 글을 읽고 물음에 답하시오. (12~14)

(가) "장 선 꼭 이런 날 밤이었네. 객주집 토방이란 무더워서 잠이 들어야지. 밤중은 돼서 혼자 일어나 개울가에 목욕하러 나갔지. 봉평은 지금이나 그제나 마찬가지지. 보이는 곳마다 메밀밭이어서 개울가가 어디 없이 하얀 꽃이야. 돌밭에 벗어도 좋을 것을, 달이 너무도 밝은 까닭에 옷을 벗으러 물방앗간으로 들어가지 않았나. 이상

한 일도 많지. 거기서 난데없는 성 서방네 처녀와 마주쳤단 말이네. 봉평서야 제일 가는 일색이었지."

"팔자에 있었나 부지."

아무렴 하고 응답하면서 ㉮ 말머리를 아끼는 듯이 한참이나 담배를 빨 뿐이었다. 구수한 자줏빛 연기가 밤기운 속에 흘러서는 녹았다.

"날 기다린 것은 아니었으나, 그렇다고 달리 기다리는 놈팽이가 있는 것두 아니었네. 처녀는 울고 있단 말야. 짐작은 대고 있었으나 성 서방네는 한창 어려워서 들고날 판인 때였지. 한 집안 일이니 딸에겐들 걱정이 없을 리 있겠나. 좋은 데만 있으면 시집도 보내련만 시집은 죽어도 싫다지……. 그러나 처녀란 울 때같이 정을 끄는 때가 있을까. 처음에는 놀라기도 한 눈치였으나 걱정 있을 때는 누그러지기도 쉬운 듯해서 이럭저럭 이야기가 되었네……. 생각하면 무섭고도 기막힌 밤이었어."

(나) ㉯ "제천인지로 줄행랑을 놓은 건 그 다음날이었나?"

"다음 장도막에는 벌써 온 집안이 사라진 뒤였네. 장판은 소문에 발끈 뒤집혀 고작해야 술집에 팔려가기가 상수라고, 처녀의 뒷공론이 자자들 하단 말이야. 제천 장판을 몇 번이나 뒤졌겠나. 하나 처녀의 꼴은 꿩궈먹은 자리야. 첫날밤이 마지막 밤이었지.

12. 위 작품을 통해 작가가 드러내고자 한 것은 무엇인가?

① 헤어진 가족을 찾아 떠도는 한 인간의 가족애
② 떠돌이의 삶을 통해 본 인간 본연의 모습
③ 산골 마을의 아름다운 밤 풍경
④ 고달픈 삶을 함께 살아가는 사람들의 훈훈한 인정
⑤ 하층민의 유랑적 삶을 지탱케 하는 사랑의 힘

13. 위 글 ㉮의 문맥적 의미로 옳은 것은?

① 자기 고백의 쑥스러움   ② 아름다운 추억의 음미

③ 착잡한 심정의 토로
④ 표현의 미숙성에 대한 안타까움
⑤ 회한의 세월에 대한 반성

14. 다음은 판소리 심청가 중 심봉사가 부인이 죽은 직후 통곡하는 장면이다. ⓐ~ⓔ 중, ⓑ의 기능과 동일한 역할을 하는 것은?

> ⓐ <u>심봉사가 기절허여 떳다 절컥 주저 앉으며 들었던</u> ⓑ <u>약 그릇을 방박닥에다 미다치며</u> ⓒ <u>'허허 약 지으러 갔다오니 그 새에 죽었네.</u> ⓓ <u>약이 도리어 원수로다.'</u> ⓔ <u>그렇지 그렇구 말구 죽는 줄 알았으면 약지러 가지 말고…….</u>

① ⓐ ② ⓑ
③ ⓒ ④ ⓓ
⑤ ⓔ

15. 다음 이야기를 통해 알 수 있는 것과 가장 관계가 깊은 것은?

> 에스키모인들의 말에는 그들만의 자연 환경과 생활 양식이 어우러져 축적됨으로써 '눈'에 대한 단어가 발달하여 가루 눈, 젖은 눈, 심한 눈 등 30여 가지 이상의 어휘가 자연스럽게 사용된다. 그리고 북아프리카 사막의 유목민들은 낙타에 관해 열 개 이상의 어휘가 있으며, 페루의 인디언들은 감자에 대해 50개 이상의 어휘를 사용한다고 한다.

① 동물과 구별되는 인간 언어의 분절성
② 배타성을 갖고 있는 언어생활
③ 문화를 창조하고 축적하는 수단으로서의 언어
④ 언어에 영향을 미치는 사상과 종교

⑤ 언어에서 발견할 수 있는 창조성

16. 다음 문장 가운데 의존명사가 들어있지 않은 것은?
① 학생인 양 행등한다.
② 잘난 척 하지 말아라.
③ 먹을 만큼 먹어라.
④ 열심히 공부할 뿐이다.
⑤ 너대로 할 일을 해라.

17. 다음 ㉮ ~ ㉲에서 '한글 맞춤법'의 사이시옷 표기 규정에 어긋나지 않는 것은?

> 고향 마을에는 산길 끝으로 ㉮<u>나룻터</u>가 보였다. 그곳에는 뱃사공도 없는 빈 배가 한 척 있었는데 ㉯<u>고기배</u>였다. 우리집 ㉰<u>뒷뜰</u>이나 뒷산에서 보면 퇴락한 배의 모습이 보였다. 밤에는 은구슬이 달린 어망으로 물고기를 잡거나 밤밥(夜食)을 먹기도 하였는데, 풋밤이 섞인 밤밥이나 머밀국수가 지금도 눈에 보이는 듯하다. 깻잎에 ㉱<u>조개살</u>이 들어 있는 구도 먹었다-. 이런 생각을 하고 있으면 ㉲<u>콧날</u>이 시큰해진다.

① ㉮
② ㉯
③ ㉰
④ ㉱
⑤ ㉲

18. 다음 중 문학의 개념으로 적절치 못한 것은?
① 문학은 의사소통의 한 양상이 된다.

② 문학은 언어로 표현된 예술이다.
③ 문학은 가치 있는 체험의 기록이다.
④ 문학은 사상의 등가물이다.
⑤ 문학은 특수한 체험에 보편적인 사실을 담아 인생의 진실을 말한다.

19. 다음 중 사이시옷이 사용된 예로 볼 수 없는 것은?

① <u>제삿날</u>에는 많은 식구들이 모인다.
② 나는 한용운의 시 중에서 '<u>나룻배</u>와 행인'을 제일 좋아해.
③ <u>김삿갓</u>의 본래 이름은 김병연이다.
④ <u>귓병</u> 때문에 이비인후과에 가 봐야 하겠다.
⑤ 하루에 이를 닦는 <u>횟수</u>는 3번이 적절하다.

20. 다음 중 보조사의 쓰임이 다른 하나는?

> 밑지는 ㉮ <u>않지만</u> 허름한 옷이 마음에 들지 ㉯ <u>않았다</u>. 인기척이 들려 나가서 보니까 영이가 보였다. 나는 얼른 돌아 들어왔다. 서성이고 ㉰ <u>있는</u> 나에게 누가 너를 이렇게 우울하게 ㉱ <u>했느냐고</u> 엄마가 물으셨다. 나는 자리를 피하고 싶어 얼른 눈을 감고 머리가 아픈 ㉲ <u>척했다</u>.

① ㉮   ② ㉯
③ ㉰   ④ ㉱
⑤ ㉲

01. 다음 밑줄 친 부분과 그 의미가 유사한 것으로 올바르게 연결된 것은?

> A : She thought it <u>expedient</u> not to tell her mother where she had been.
> B : We've made <u>tentative</u> plans for a holiday but haven't decided anything certain yet.

① useful — temporary
② cruel — sustainable
③ foolish — suspicious
④ insolent — absurd
⑤ disrespectful — effective

02. 다음 밑줄 친 곳에 들어갈 가장 적당한 것은?

> Scientists know more about ancient civilizations than is found in written records from those civilizations. Researchers all over the world are studying remnants of the past and fitting together the history of man. Facts about the development of the human race even prior to the invention of writing are no longer _____.

① pieced together
② completely unknown
③ known to science
④ the concern of the historian
⑤ betrayed

03. 다음 글의 제목으로 옳은 것은?

If you compare a number of languages, it appears that some of them have some sort of relationship to one another, while others may seem quite isolated. If then you are able to trace a group of these related forms in several languages to a common ancestor by means of older writings, it may sometimes become certain that these forms must be branches from a common root.

① The Origin of a Word
② The Number of Languages
③ The Relationship of Languages
④ An Analysis of Modern Languages
⑤ A Comparative Study of European Languages

04. 다음 글의 내용을 가장 적절하게 표현한 속담은?

One year I received only a few Christmas cards. I was very disappointed in my friends. Later while cleaning the attic, I found a whole box of unopened greeting cards from my friends from the previous Christmas. I remembered that I had tossed them into the box to open later on, but then completely forgot about them. I could imagine how my friends felt when they didn't receive my cards.

① Time and tide wait for no man.
② A sound mind in a sound body.
③ Do to others as you would be done by.
④ Lend your money and lose your friend.
⑤ A friend in need is a friend indeed.

05. 다음 글의 밑줄 친 곳에 들어갈 가장 적당한 것은?

The polar bear lives in the very cold North. Although it is used to cold weather, the polar bear - after being captured, taken from its home, and kept in the zoo - gets along in the summer heat better than many animals which lives where it is _____.

① high
② warm
③ rock
④ light
⑤ cold

06. 다음 밑줄 친 부분 중 어법상 올바른 것은?

Her arms ① were embraced him, and by the shaking of her body he could feel that she was sobbing. She might have been a suppliant crying for mercy. He ② patted her shoulder, then got up, ③ disengaging himself of her embrace. He left her ④ still crouching on the floor beside the chair ⑤ which he had been sitting.

07. 다음 A와 B의 밑줄 친 곳에 들어갈 가장 적당한 것을 올바르게 고른 것은?

A : She is a good manager _____ biggest asset is her ability to organize a project.
B : I _____ unhappy businessmen would increase their happiness more by walking six miles everyday.

	A	B
①	it,	convince
②	her,	am convincing
③	whose,	am convinced
④	who,	have convinced
⑤	whom,	convinced

08. 다음 중 어법상 옳지 않은 것은?

Dictionaries vary ① <u>in size</u> from ones small enough ② <u>to carry</u> ③ <u>in your pocket</u> to the very large ④ <u>unabridged</u> ones that ⑤ <u>you can scarcely lift</u>.

09. 다음 빈 칸에 알맞은 것은?

_____ a light lunch, the committee members resumed the discussion on food and population.

① To serve   ② To have served
③ Serving   ④ Serve
⑤ Served

10. 다음 중에서 올바른 문장을 고르면?

① No one seems to be a quite decent person.
② She is always off a duty on Saturdays and Sundays.

③ He was looking for a Mr. Jonse at the party.
④ The dealer has just bought an used car from her.
⑤ Mr. John was elected a president of the company.

11. 다음 밑줄 친 부분 중 어법상 틀린 것은?

The scholar needs ① company to keep him ② making sense. And ③ in particular he needs the company of fresh minds, ④ whom he must explain things ⑤ from the beginning.

12. 다음 글의 흐름으로 보아, 주어진 문장이 들어가기에 가장 적절한 곳은?

Then it put the box under the bananas, climbed onto the box, and reached the fruit.

A scientist studied how animals solve problems. (①) First he hung a bunch of bananas from the ceiling of a room and put a wooden box on the floor. (②) When he put six chimpanzees into the room, they all jumped for the bananas, but they could not reach them. (③) Soon one of the chimpanzees stopped jumping and walked around the room thinking. (④) Suddenly this chimpanzee saw that the box was the solution to the problem. (⑤) The scientist said that this chimpanzee used "insight" to solve the problem.

13. 다음 밑줄 친 부분을 통해서 화자가 의도한 것과 경비원이 이해한 것이 바르게 짝지어진 것은?

> Although he's a geologist, my husband has always had great enthusiasm for the vegetable kingdom. On one of his many walks through the botanical gardens in Lisbon, I noticed him staring fixedly at a certain point. "Can you tell me if this species belongs to the Papaveraceae family?" he asked a guard, "No, sir." said the guard. "The plants here all belong to the Municipal Council."

	화자가 의도한 것	경비원이 이해한 것
①	식물의 분류 계통	식물의 소유주
②	정원의 소유주	정원의 관리자
③	정원의 관리자	식물의 분류 계통
④	식물의 소유주	정원의 관리자
⑤	식물의 분류 계통	정원의 관리자

14. 다음 글의 내용을 가장 잘 표현한 속담은?

> A cent is worth so little that we don't usually bother to pick it up on the street. It's difficult to gather between finger and thumb, and the reward seems hardly worth the effort. But, with a little extra effort, these little coins are picked up by goodwill organizations. One person picks up ten coins, ten people pick up 100 coins and so on until they turn into hundreds, thousands, even millions of dollars. All this money is being used to help thousands of homeless and hungry people around the world.

① No news is good news.
② Like father, like son.
③ Many drops make a shower.
④ Strike while the iron is hot.

⑤ There is no place like home.

15. 다음 글에 이어질 어구로 가장 알맞은 것은?

> I saw her white back as she took off her nightgown and then I look away because she did not wanted me to. She was beginning to be a little big with the child and she did not want _____.

① for me to see her
② that I saw her
③ that I saw his appearance
④ me to see her
⑤ me to have seen her

16. 다음 글의 주제로 가장 알맞은 것은?

> The first IQ tests were devised by two French psychologists, Alfred Binet and T. Simon, to serve a very practical purpose. The French Ministry of Public Instruction wanted a fair and objective way to identify those children that could not succeed in the public schools because of serious intellectual difficulties. Such children would be put into special classes for the mentally slow.
>
> The task of identifying these children had been left entirely to medical doctors before. But different doctors had different standards for judging mental ability, and there was no way t resolve their disagreements. So a fair test of some sort was needed.

① The defects of IQ tests
② The fairness of IQ tests
③ The standards of IQ tests
④ The founders of IQ tests

⑤ The origin of IQ tests

17. 다음 글에서 밑줄 친 They(they)가 뜻하는 것은?

> They study the effect of the stars and planets on human life. They claim that they can predict future events by observing and charting the movements of the heavenly bodies. Because there is no scientific evidence to support it, they are sometimes called false scientists. To foretell the events of a person's life by the stars they first draw a map called a horoscope.

① astronomers
② astronauts
③ astrologers
④ alchemists
⑤ anatomists

18. 다음 대화의 빈칸에 들어갈 내용으로 알맞은 것은?

> Waiter : Would you like coke or coffee?
> Herry : No, thanks. (   )
> Waiter : Right away, sir.

① Just leave me alone
② I'm not hungry anymore
③ I take my coffee black
④ Just the check, please
⑤ I have already had enough

19. 다음 우리말을 가장 잘 영작한 것은?

> 정거장 가는 길 좀 가르쳐 주시겠습니까?

① Could you show me the way to the station?
② Can you take me to the station?
③ Will you teach me go the way to the station?
④ How can I go to the way to the station?
⑤ Would you let me go to the station?

20. (A)의 글을 (B)의 대화문으로 구성할 때, 빈칸에 적합하지 않은 것은?

> (A) Tom and Jack are classmates. It is Friday afternoon and they are talking about a weekend plan. The weather forecast says it will be hot tomorrow. So they want to go somewhere so that they can avoid the heat of the city. Finally they agree on tomorrow's schedule.

> (B) Tom : Do you want to get together tomorrow?
> Jack : Sure, what do you want to do?
> Tom : I don't know. What's the weather forecast?
> Jack : It's going to be hot.
> Tom : It is?
> Jack : Yes. I heard it on the radio.
> Tom : _____
> Jack : Okay. That sounds like fun.

① Let's go to the beach.
② How about the Hillside Swimming Pool?

③ Why not trying tennis this time?
④ I'd like to go surfing.
⑤ The Raging Water is the place to be.

한국사

01. 다음은 삼국의 국가 체제 정비 과정을 표시한 것이다. 그 체제가 유사했던 시기를 묶어서 시대적 특징과 가장 바르게 연결한 것은?

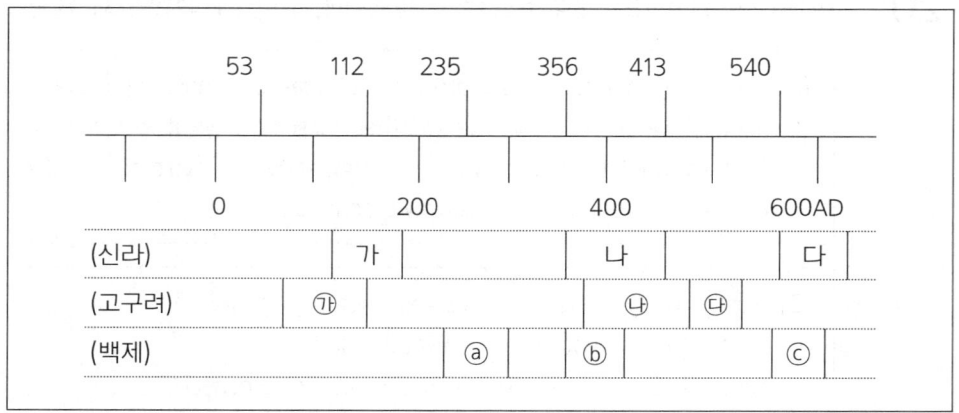

① 가, ㉮, ⓐ - 실질적인 건국
② 나, ㉮, ⓐ - 고대 사회의 기반 구축
③ 다, ㉯, ⓑ - 영토 확장
④ 다, ㉰, ⓒ - 율령 반포
⑤ 가, ㉯, ⓑ - 국가체제 확립

02.
다음은 신라 어느 시기의 상황을 말해 주는 자료이다. 이 시기에 일어난 사실을 <보기>에서 고르면?

> 김흠돌의 모역 사건을 계기로 귀족 세력을 숙청하고 정치 세력을 다시 편성하였다. 중앙 정치 기구와 군사 조직을 정비하고 9주 5소경 체제의 지방 행정 조직을 완비하였다. 또한 문무 관리들에게 관료전을 지급하고 귀족들의 녹읍을 폐지하기도 하였다.

<보 기>
㉮ 6두품을 집사부 시랑에 임명하였다
㉯ 불교를 수용하고 율령을 반포하기 시작하였다.
㉰ 국학이 설치되고 유교 정치 이념이 강조되었다.
㉱ 선종과 풍수지리설이 도입되어 지방 호족 세력이 득세하였다.

① ㉮, ㉯
② ㉮, ㉰
③ ㉯, ㉰
④ ㉯, ㉱
⑤ ㉰, ㉱

03.
다음 내용은 비변사의 기능 강화에 대한 설명이다. 이를 통해 추론할 수 있는 사실은?

> ㉮ 비변사는 16세기 초에 처음 설치되었으나, 임진왜란을 계기로 국가 최고 합의 기관으로 그 기능이 강화되었다.
> ㉯ 비변사의 기능은 호란을 겪으면서 더욱 강화되어 비변사 회의에는 정승, 판서, 군영 대장, 유수, 대제학 등이 모여 정사를 의논하게 되었다.

① 행정권보다 군사권이 우월해졌다.
② 붕당 간의 대립이 없어졌다.

③ 의정부의 실권이 없어지게 되었다.
④ 농병 일치의 군사 조직이 확립되었다.
⑤ 왕권이 강화되고 의정부 중심의 행정 체계도 유명무실해졌다.

04. 다음을 종합하여 조선 사회의 모습을 추론한 것으로 옳은 것은?

> ㉮ 족보를 만들어 종족의 내력을 기록하고, 그것을 암기하는 보학이 발달하였다.
> ㉯ 백운동 서원을 시작으로 많은 서원이 설립되었다.
> ㉰ 상장제례에 관한 예학이 발달하였다.
> ㉱ 지방의 유력한 사림이 향약의 간부인 약정에 임명되었다.

① 훈구파들은 사림의 정치 운영에서 나타나는 모순과 부정을 비판하였을 것이다.
② 세도가와 연결될 수 있는 양반만이 관직을 차지할 수 있으므로, 세도가와 연결되지 못한 지방 양반들의 불만이 컸을 것이다.
③ 신진 관료들은 불법적인 방법으로 대토지를 소유하고 있고, 사림에 대하여 사전폐지 등 개혁을 주장하였을 것이다.
④ 사림들은 농민에 대하여 중앙에서 임명된 지방관보다도 강한 지배력을 행사하였다.
⑤ 향촌사회에서 종래까지 영향력을 행사하던 양반은 새로 성장한 향리층의 도전을 받았다.

05. 우리나라 청동기시대의 사회변화를 바르게 설명한 것은?

① 토기의 제작되기 시작하면서 원시무늬 없는 토기가 제작되었다.
② 원거리 부족들과 교역이 이루어져 문화의 융합이 촉진되었다.

③ 청동제 무기로 무장한 부족장들이 등장하여 초기국가를 세웠다.
④ 청동저 농기구가 보급되면서 벼농사도 시작되었다.
⑤ 청동기는 북쪽으로부터 전래되기 시작한 것으로 보아 중국계통에 영향을 받았다.

06. 다음의 유물에서 알 수 있는 통일 신라 예술의 특징으로 옳은 것은?

상원사종

석굴암 본존불상

불국사 3층 석탑

쌍사자 석등

① 균형미와 조화미가 뛰어났다.
② 선종의 영향을 받았다.
③ 신라 말기 풍수지리설과 관련 있다.
④ 귀족들의 화려한 생활을 반영하였다.
⑤ 남북조 시대 미술의 직접적 영향을 받았다.

07. 1905~1910년까지의 애국계몽운동에 대한 설명으로 바르지 않은 것은?

① 신간회가 좌우합작으로 조직되어 일본에 저항하였다.
② 신민회를 조직하여 민족사업운동 및 계몽운동을 전개하였다.
③ 경제자립운동의 하나로 국채보상운동을 전개하였다.

④ 순한글로 쓴 신소설이 등장하여 자주독립의식을 고취하였다.
⑤ 민족지도자들이 사립학교를 곳곳에 세웠다.

08. 고려 전기의 사회에 관한 설명으로 옳은 것은?
① 법전이 완비된 법치주의 사회였다.
② 민간사회에서는 주자가례에 의한 유교의식이 주로 행해졌다.
③ 지방 호족들의 사회운영 능력이 점차 소멸되어 갔다.
④ 천민계급으로는 향, 소, 부곡민과 백정, 진척, 재인 등이 있었다.
⑤ 전반적으로 대가족 단위로 편제되었다.

09. 다음은 대한민국 정부 수립 후 실시된 농지 개혁법의 내용이다. 이 개혁의 기본 방향은?

> 농가나 부재지주가 소유한 3정보 이상의 농지는 국가가 매수하고, 농지의 평균 수확량의 150%를 5년간 보상하도록 하였으며, 국가에서 매수한 농지는 영세 농민에게 3정보를 한도로 분배하고 그 대가를 5년간에 걸쳐 수확량의 30%씩을 상환곡으로 반납하도록 하였다.

① 부재지주의 농지를 무상 몰수함으로써 국가의 토지 소유권을 강화시키려는 노력이다.
② 유상매수, 유상분배를 통하여 지나친 토지 소유의 불평등을 해소하려는 노력이다.
③ 경작 농민에 대한 경작권의 보장을 통하여 자본주의적 경쟁을 완화시키려는 노력이다.

④ 대지주 및 부재 지주에 대한 토지 소유를 제한하여 국가 수입을 증대시키려는 노력이다.
⑤ 정부가 5년 연부보상을 조건으로 소유자로부터 무상 취득하여 농민에게 무상 분배하여 농민들의 경작권을 확보해주기 위한 노력이다.

10. 다음 내용들은 신석기 문화와 관계되는 사항이다. 옳은 것은?
① 주로 구릉지나 산간에서 집단적으로 생활하였다.
② 신석기 문화는 약 50만년 이전부터 시작되었다.
③ 씨족마다 생활구역이 따로 정해져 있었으나 혼인은 족외혼을 따랐다.
④ 웅기, 만포진, 부산 동삼동 등지에서는 덧띠무늬토기가 출토되었다.
⑤ 특정동물이나 식물을 자기 씨족의 수호신으로 생각하는 애니미즘이 생겼다.

11. 다음과 같은 조건에서 나타날 수 있는 사실로 옳은 것은?

> ㉮ 조, 피, 수수 외에 보리, 콩, 벼를 재배할 수 있게 되었다.
> ㉯ 스스로 하늘의 자손이라고 믿고 주변의 약한 부족을 통합하는 세력이 출현하였다.

① 양산, 웅천, 김해 등지에서 조개더미가 발견되었다.
② 해안이나 강가의 움집에 거주하였다.
③ 의복이나 그물을 만들어 사용하였다.
④ 고인돌, 돌널무덤, 돌무지무덤이 사용되었다.
⑤ 밀개, 긁개, 새기개, 자르개 등을 사용하였다.

12. 다음은 어느 고대 국가의 정치적 발전을 설명한 것이다. 이 나라에서 일어났던 사실을 설명한 것은?

> ㉮ 수도는 6부로 정리하고 지방은 5주 2소경으로 정비하였다.
> ㉯ 불교를 수영하여 국가의 통치 이념으로 이용하였다.
> ㉰ 율령을 반포하고 17관등 및 백관의 공복을 정하였다.

① 율령을 반포하고 태학을 설립하여 인재를 육성하였다.
② 건원이란 연호를 사용하고 상대등과 병부를 설치하였다.
③ 남부여로 개칭하고 중앙 관서와 지방 제도를 강화하였다.
④ 한 군현을 몰아내고 중국의 침입을 막는 방파제 역할을 하였다.
⑤ 선박의 사무를 관장하는 선부서와 조세와 부역을 관장하는 조부, 궁중의 탈것과 행렬을 관장하는 승부를 설치했다.

13. 다음 내용 중 당과의 전쟁을 순서대로 바르게 연결한 것은?

> ㉮ 기벌포에서 설인귀가 이끄는 당의 해군을 격퇴하였다.
> ㉯ 매소성에서 이근행이 이끄는 당의 20만 대군을 격퇴하였다.
> ㉰ 안시성에서는 양만춘을 중심으로 용감히 당군과 맞서 싸웠다.
> ㉱ 당, 말갈, 거란의 연합군을 마전, 적성에서 격퇴하였다.

① ㉮, ㉯, ㉰, ㉱ ② ㉯, ㉰, ㉮, ㉱
③ ㉰, ㉯, ㉮, ㉱ ④ ㉱, ㉰, ㉯, ㉮
⑤ ㉰, ㉱, ㉯, ㉮

14. 다음은 우리나라 농업 기술의 발달을 설명한 것이다. 각 시대의 농업 기술과 연관된 설명으로 옳지 않은 것을 고르면?

> ㉮ 신석기 시대 - 농경의 시작
> ㉯ 청동기 시대 - 벼농사의 시작
> ㉰ 고려 시대 - 우경에 의한 깊이갈이(심경법)의 일반화
> ㉱ 조선 전기 - 시비법의 발달
> ㉲ 철기시대 - 잉여농산물 저장

① ㉮ - 농경과 정착 생활을 하게 되면서, 인간은 자연의 섭리를 생각하게 되었다.
② ㉯ - 벽골제, 대제지 등 저수지가 축조되었다.
③ ㉰ - 지력이 향상되었고 제초 작업에 성과가 있었으며, 윤작법이 보급되었다.
④ ㉱ - 해를 건너서 휴경하지 않고 매년 토지를 경작할 수 있게 되었다.
⑤ ㉲ - 철제 농기구가 보급되면서 농업 생산량이 증가해 상업이 발전하였다.

15. 고려 말기의 사회와 문화현상을 잘못 설명한 것은?
① 권문세가들이 귀족 연합적인 정치운영을 하였다.
② 지방세력이 성장하고 민란이 발발하였다.
③ 농장이 확대되고 민중이 도탄어 빠졌다.
④ 불교의식의 추방을 위해 주문공가례가 수입되었다.
⑤ 성리학이 전래되어 문화변동의 원동력이 되었다.

16. 조선시대의 화가인 김홍도의 산수화풍을 가장 잘 표현한 것은?
① 진경산수화풍으로 정적인 중량감을 나타낸다.

② 예리한 붓으로써 한국산수화의 또 다른 정형을 세워 놓았다.
③ 서양화법의 영향을 받아 원근감 있게 산수화풍을 개발하였다.
④ 섬세하고 세련된 필치로 도회지 양반의 풍류생활을 묘사하였다.
⑤ 진경과는 달리 높은 이념세계를 표현하는 산수화풍을 그렸다.

17. 우리나라 전통 사상과 관련된 설명으로 옳지 않은 것은?

> ㉮ 경험에 의한 인문 지리적 지식을 활용한 학설로 뒤에 예언적인 도참사상과 결부되었다. 또 국토를 지방 중심으로 재편성할 것을 주장하기도 하였다.
> ㉯ 인간의 길흉화복이 가옥이나 묘지의 위치에 좌우된다.
> ㉰ 국가의 운명도 국토의 지력성쇠에 의해 좌우된다.

① 묘청의 서경 천도 운동에 영향을 주었다.
② 신라 말 도선에 의해 중국에서 들어왔다.
③ 산수문전, 백제 금동 대향로에 이 사상이 반영되었다.
④ 신라 정부의 권위를 약화시키는 구실을 하였다.
⑤ 풍수설에 의해 양반 사대부들의 묘지 쟁탈전인 산송문제가 발생하였다.

18. 다음 (가)와 (나)의 사상에 대한 설명으로 옳은 것은?

> (가) 경험에 의한 인문 지리적 지식을 활용하려는 학설인데, 뒤에 예언적인 도참 신앙과 결부되었다.
> (나) 고구려와 백제의 귀족 사회에 전래되어 재래의 민간 신앙과 결합하여 널리 번성하였다. 특히 연개소문은 당나라로부터 이를 수입하여 장려하였다.

① 고구려 고분의 사신도는 (가)의 영향을 받은 것이다.
② 백제의 산수 무늬 벽돌은 (가)의 영향을 받은 것이다.
③ (나)는 불교 경전보다 참선을 수행의 근본으로 삼았다.
④ 조선 초기에 설치된 소격서는 (나)의 행사와 관련이 깊다.

19. 우리나라 청동기 문화를 바르게 설명한 것은?
① 토기를 처음으로 제작하였다.
② 청동제 농기구를 널리 사용하였다.
③ 전국 각지에 가장 많은 조개더미 유적을 남겼다.
④ 태양숭배사상과 내세신앙이 비로소 생겨났다.
⑤ 선민사상을 가지고 거대한 지석묘·적석총을 만들었다.

20. 고대 무덤 양식에 대한 설명으로 옳은 것은?
① 굴식 돌방무덤으로 장군총이 대표적이다.
② 돌무지덧널무덤은 돌로 널방을 짜고 그 위에 흙으로 덮어 봉분을 만들었다.
③ 무령왕릉은 벽돌무덤으로 중국 북조의 영향을 받았다.
④ 천마총에 있는 천마도는 벽화이다.
⑤ 통일 신라 시대에는 화장법이 유행하고, 굴식 돌방무덤을 많이 만들었다.

최종 제3회 모의고사

국어

※ 다음 글을 읽고 물음에 답하시오. (01~02)

(가) 겨울나무와 바람
　　머리채 긴 바람들은 투명한 빨래처럼
　　진종일 가지 끝에
　　나무도 바람도
　　혼자가 아닌 게 된다.

(나) 혼자는 아니다.
　　누구도 혼자는 아니다.
　　나도 아니다.
　　실상 하늘 아래 외톨이로 서 보는 날도
　　하늘만은 함께 있어 주지 않던가.

(다) 삶은 언제나
　　은총(恩寵)의 돌층계의 어디쯤이다
　　사랑도 매양
　　섭리(攝理)의 자갈밭의 어디쯤이다.

(라) 이적진 말로써 풀던 마음
　　말없이 삭이고
　　얼마 더 너그러워져서 이 생명을 살자.

국 어

> 황송한 축연이라 알고
> 한 세상을 누리자.
> 새해의 눈시울이
> 순수의 얼음꽃,
> 승천한 눈물들이 다시 땅 위에 떨구이는
> 백설을 담고 온다.

01. 위 시의 시상 전개 과정으로 보아 가장 핵심적인 이미지들의 연결이 가장 자연스러운 것은?

① 가지 – 외톨이 – 땅
② 바람 – 축연 – 얼음꽃
③ 외톨이 – 돌층계 – 눈물
④ 겨울나무 – 빨래 – 축연
⑤ 머리채 – 하늘 – 백설

02. 위 작품을 읽고 정서적 반응을 가장 강하게 느낄 수 있는 사람은?

① 부모를 떠나 유학을 가는 학생
② 임과 이별한 슬픔에 빠져있는 여인
③ 새로 직장에 입사한 회사원
④ 여행을 떠나는 학생
⑤ 헤어졌던 연인을 다시 만난 여인

03. 다음 중 표준어 – 비표준어가 잘못 짝지어진 것은?

① 새색시 – 새악시
② 이면수 – 임연수어

③ 갈치 – 칼치 ④ 외곬 – 외골수
⑤ 집게 손가락 – 검지

04. 다음 밑줄 친 부분을 올바르게 고치지 못한 것은?

① 글이란 자기의 느낌을 나타내야 한다. → 표출해야
② 저 친구가 저런 행동을 한 저의는 무엇일까? → 속셈
③ 날개의 작가 이상의 족적(足跡)을 살펴봅시다. → 지금까지의 발자취를
④ 이번 일은 가급적 신속하게 처리할 수 있도록 하세요. → 될 수 있는 대로 빨리
⑤ 사장님이 우리를 지속적으로 간섭하고 통제하려는 저의는 무엇일까? → 끊임없이 간섭하고 통제하려는 속셈

05. 다음 글에서 필자가 받아들이고 있는 논리적 논제라고 볼 수 없는 것은?

> 전통의 유지와 변화에 대한 견해 차이는 오늘날 한국 사회에서 단순하게 보수주의와 진보주의의 차이로 이해될 성질의 것이 아니다.
> 한국 사회의 근대화는 이미 한 세기의 역사를 가지고 있으며, 앞으로도 계속되어야 할 광범하고 심대(深大)한 사회 구조적 변동이다. 그렇기 때문에, 보수주의적 성향을 가진 사람들도 전통 문화의 변질을 어느 정도 수긍하지 않을 수 없는가 하면, 사회 변동의 강력한 추진 세력 또한 문화적 전통의 확립을 주장하지 않을 수 없다.

① 진보주의자들은 전통의 변화를 불가피한 것으로 받아들인다.
② 본질적으로 보수주의와 진보주의의 차이는 없다.
③ 진보주의자들은 사회 변동을 추진한다.
④ 보수주의자들은 원래 전통을 고수(固守)하고자 한다.
⑤ 사회 구조적 변동은 문화의 변화를 수반하기 마련이다.

06. 축의금·조의금의 봉투에 쓰는 용어에 대한 설명으로 옳지 않은 것은?

① 남에게 고마운 은혜를 입었을 때에는, '박례(薄禮)'라고 쓴다.
② 결혼 축의금 봉투에는 '축 화혼(祝 華婚)'이라고 쓴다.
③ 문병을 갈 때에는 '미충(微忠), 촌지(寸地)'라고 쓴다.
④ 정년퇴임은 '근축', '송공', '(그동안의) 공적을 기립니다'라고 쓴다.
⑤ 출산을 축하할 때 '축 순산', '순산을 축하합니다'라고 쓴다.

07. "소나기에 강물이 불어 강을 건널 수가 없었습니다."의 밑줄 친 낱말과 같이 활용하는 말은?

① 화풍이 건듯 불어 녹수를 건너오니
② 아낙네는 물을 길어 띠집으로 돌아가고
③ 가볍게 가을 날고 있는 나뭇잎같이
④ 송아지 몰고 오며 바라보던 진달래도
⑤ 아직도 내 혈액 속에 흐르고 있는 까닭일까

08. 다음과 같은 특징을 가지고 있는 노래는?

> ㉮ 여러 절이 연속된 분장체(分章體)
> ㉯ 한문구의 나결, 부분적으로 이두 사용
> ㉰ 기본 음수율은 3·3·4조의 4음보

① 불우헌곡(不憂軒曲)   ② 만분가(萬憤歌)
③ 관서별곡(關西別曲)   ④ 서경별곡(西京別曲)
⑤ 감군은(感君恩)

제 3회 최종모의고사

09. 다음은 여러 문학 장르의 특성을 설명한 것이다. 옳지 않은 것은?

① 소설은 현실에서 유추된 허구적 세계이다.
② 시의 형식은 운율이고, 내용은 사상이다.
③ 수필은 형식을 '무형식의 형식'이라고도 한다.
④ 희곡은 해설·지문·대사로 구성된다.
⑤ 시나리오는 무대상연을 전제로 한 문학양식이다.

10. 다음 내용의 '춤추는 불'은 밑줄 친 부분에서 보듯 다른 형상, 내용의 불로 변용되고 있다. 이에 해당되지 않는 것은?

> 아아, 춤을 춘다. 춤을 춘다, 시뻘건 불덩이가 춤을 춘다. 잠잠한 성문 위에서 내려다보니, 물 냄새, 모래 냄새, <u>밤을 깨물고, 하늘을 깨무는 횃불</u>이 그래도 무엇이 부족하여 제 몸까지 물고 뜯을 때, 혼자서 어두운 가슴 품은 젊은 사람은, 과거의 퍼런 꿈을 강물 위에 내어던지나, 무정한 물결이 그 그림자를 멈출 리가 있으랴?-아아, 꺾어서 시들지 않는 꽃도 없건마는, 가신 임 생각에 살아도 죽은 이 마음이야. 에라 모르겠다. 저 불길로 이 가슴 태워버릴까, 이 설움 살라 버릴까 어제도 아픈 발 끌면서 무덤에 가 보았더니, 겨울에는 말랐던 꽃이 어느덧 피었더라마는, 사람의 봄은 또다시 안돌아오는가? 차라리 속 시원히 오늘밤 이 물속에 ……. 그러면 행여나 불쌍히 여겨줄 이나 있을까……. 할 적에 '퉁, 탕'불티를 날리면서 튀어나는 매화포, 펄떡 정신을 차리니, 우구구 떠드는 구경꾼의 소리가 저를 비웃는 듯, 꾸짖는 듯, 아아, 좀 더 강렬한 정열에 살고 싶다. 저기 저 횃불처럼 영기는 연기, 숨막히는 불꽃의 고통 속에서라도 더욱 뜨거운 삶을 살고 싶다고 뜻밖에 가슴 두근거리는 것은 나의 마음…….
>
> 주요한, '불놀이'

① 이 가슴 태워 버리는 불　　② 이 설움 살라 버리는 불
③ 강렬한 정열의 불　　　　　④ 뜨거운 삶의 불
⑤ 불티를 날리면서 튀어나는 불

11.
다음 글은 가난한 갯마을의 현실을 소저로 한 시이다. '안개'가 상징하는 의미가 상통하지 않는 것은?

> 이포의 등대는 鬼類의 불처럼 음습하였다. 이 어두운 밤이면 안개는 비처럼 나렸다. 불빛은 오히려 구서웁게 검은 등대를 튀겨놓는다. 구름에 지워지는 하현달도 한참 자욱한 안개에는 등대처럼 보였다. 돛폭이 충충한 박쥐의 노래처럼 펼쳐 있는 때, 돛폭이 어스름한 해적의 배처럼 어른거릴 때, 뚝 안에서는 고기를 많이 잡은 이나 적게 잡은 이나 함부로 튀전(鬪牋)을 뽑았다.
>
> 오장훈, '魚浦'

① 귀류의 불
② 하현달
③ 검은 등대
④ 박쥐
⑤ 고기

12.
오염된 우리말을 순화한 것이다. 적절하지 않은 것은?

① 어필(appeal)하다 – 항의하다
② 색인(索引) – 찾아보기
③ 쪽팔리다 – 창피하다
④ 입빠이 – 충분히, 가득, 많이
⑤ 촉수 엄금 – 가까이 가지 마세요.

13.
다음 한자의 독음이 잘못 연결된 것은?

① 彫琢 – 조탁
② 看做 – 간고
③ 未洽 – 미흡
④ 陶冶 – 도야
⑤ 疎食 – 소사

14. 다음 시에 대한 설명으로 옳지 않은 것은?

> 벌목정정(伐木丁丁) 이랬거니 아람도리 큰솔이 베혀짐즉도 하이 골이 울어 맹아리 소리 찌르렁 돌아옴즉도 하이 다람쥐도 좇지 않고 뫼새도 울지 않어 깊은산 고요가 차라리 뼈를 저리우는데 눈과 밤이 조히보담 희고녀! 달도 보름을 기달려 흰 뜻은 한밤 이 골을 걸음이란다? 웃절 중이 여섯 판에 여섯 번 지고 웃고 올라간 뒤 조찰히 늙은 사나이의 남긴 내음새를 줏는다? 사시름은 바람도 일지 않는 고요에 심히 흔들리우노니 오오 견디란다 차고 兀然히 슬픔도 꿈도 없이 장수산 속 겨울 한밤내—
>
> 정지용, '장수산'

① 마음속의 시름을 모두 잊은 채 자연과 동화된 내면세계를 추구하고자 한다.
② 겨울밤 고요한 정적이 흐르는 겨울 산에서 시름과 슬픔을 잊고 미래의 세계를 지향하고 있다.
③ 서경의 고요를 통하여 내면의 고요함을 이루고자 한다.
④ 청각적이고 시각적인 이미지를 통해 산중의 정경을 형상화하고 있다.
⑤ 눈 덮인 장수산의 달밤을 하나의 깊은 정신적 공간으로 형상화하고 있다.

15. 다음 소설 (가)와 (나)에 대한 설명으로 옳지 않은 것은?

> (가) 벌 "하여간 이방을 면하여야겟다." 지긋지긋한 듯이 방안을 휘익돌아다보앗다. 어대던지 여행을하라는 생각은 벌서 數朔전부터의 계획이엇지만 여름에 한번 놀아본, 신흥사에도 간다는말뿐이요 이때껏 실현은못되엇다.
> "① 어대든지 가야하겟다. 세계의 끝까지. 무한에. 영원히. 발끝자라는대까지. …무인도! 西伯利亞의 荒凉한벌판! 몸에서 기름이 부지직 부지직타는 南洋! …아-아."
> 나는 그림엽서에서본 울울한삼림, 야자수밋에안즌 나체의 만인(蠻人)을 생각하

> (가) 고 통쾌한 듯이 어깨를 으쓱하얏다. 단일분의 정거도아니하고 땀을 벌벌흘리며 힘잇는 굿센숨을 헐덕헐덕쉬는 '풀스피드'의 기차로 영원히 달리고 싶다. -이것이 나의 무엇보다고 갈구하는바이엇다. …만일 탸면, 현긔가 나리라는 염려만업섯스면 비행기! 비행기! 하며 혼자조하하얏슬지도몰랏다.
>
> 염상섭 '표본실의 쳥개구리'
>
> (나) "저 애들한테야 무슨 나랄 당한 책음이 잇나? 저이들 조부대의 불찰루 억울하게 망극의 슬픈 자손 노릇을 했지. 또 망한 나랄 가지구 그 다음 민족까지 팔아먹은 책임으루 말을 해두 저 애들 바루 전대 그러니깐 지금의 부형들한테 잇지, 저 애들이야 부형들이 일본 제국주의에 복종하는 대로 허릴없이 따라서 한 것 뿐 아냐?"
> "그 소위 망한 나랄 가지구 그 다음 또 민족까지 팔아먹은 부형들 가운데 자네두 역적놈의 한몫을 했겠다?"
> "했지."
> "강연 몇 번 갔었지?"
> "몇 번을 따질 필요 없어. 세 번 해먹었다구 목잘를 데 한 번 해먹었다구 목 아니 잘르랄 법은 없으니깐."
>
> 채만식, '역로'

① (가)에서는 서술자가 나타나지만 (나)에서는 서술자가 나타나지 않는다.
② (가)는 긴 문어체인데 비해 (나)는 짧은 형식의 구어체(대화형식)를 사용하였다.
③ (나)에서 두 인물 모두 친일을 한 매국노에 대한 죄를 물어야 한다고 주장하고 있다.
④ (나)에서는 등장 인물 사이에 갈등이 있으며 시간적, 공간적 배경이 제시된다는 점에서 희곡적 성격을 가진다고 할 수 있다.
⑤ (나)에서 역적질을 하였지만 나라를 세운 공로를 인정해 죄를 묻지 말아야 한다고 생각 하고 있다.

16. '글은 곧 사람이다' 라는 말은 다음의 어떤 것을 강조하고 있는가?

① 문체의 독창적인 개성을 강조한다.
② 솔직하고 고백적인 문장을 강조한다.
③ 아름다운 문장을 강조한다.
④ 매끄럽고 자연스러운 문장을 강조한다.
⑤ 인정이나 인생관이 나타난 글을 강조한다.

17. 다음 작품에 대한 설명으로 옳지 않은 것은?

狂奔疊石吼重巒	첩첩 바위 사이를 미친 듯 달려 겹겹 봉우리 울리니
人語難分咫尺間	지척에서 하는 말소리도 분간키 어려워라.
常恐是非聲到耳	늘 시비(是非)하는 소리 귀에 들릴세라,
故敎流水盡籠山	짐짓 흐르는 물로 온 산을 둘러버렸다네.

최치원, '제가야산 독서당'

① 이 글의 화자는 세상의 시비(是非)를 멀리하고 자연을 벗 삼아 산중에 은둔하고 싶은 심경을 잘 드러내고 있다.
② 이 글은 기·승·전·결의 구조를 이루고 있다.
③ 기(起)에서는 산골을 흐르는 냇물의 모습과 소리를 묘사하고, 승(承)에서는 그 소리가 사람 사이를 막아 버린다고 하고 있다.
④ 시비의 소리가 난무하는 어지러운 세태, 이를 듣고 싶지 않아 결국에는 물소리를 통해 스스로를 세상과 격리시키고 있다.
⑤ 기와 결구에서는 세상 사람들의 소리를, 승구와 전구에서는 자연의 물소리를 제시하여 서로 대조시키고 있다.

18. 다음 작품에서 밑줄 친 부분의 의미로 가장 잘 표현한 것은?

> 聾巖에 올라보니 老眼이 猶明 l로다
> 人事變혼들 산천이쭌 가실가
> 巖前에 某水某丘가 어제본 듯 ᄒ예라.
>
> 이현보 '농암가'

① 애민 정신이 드러나 있다.
② 고향을 떠나게 되어 서글픔이 담겨져 있다.
③ 벼슬을 버리고 고향으로 돌아온 화자의 홀가분한 심리를 표출하고 있다.
④ 나이가 듦에도 눈이 점점 밝아지고 있음을 기뻐하고 하고 있다.
⑤ 한가토운 자기 자신에 대한 만족감이 나타나 있다.

19. 다음 작품에 대한 설명으로 옳지 않은 것은?

> 스스로 제 몸을 일백여덟 날 염주가 손목에 걸렸고, 머리를 만지니 갓 깎은 머리털이 가칠가칠하였으니 완연히 소화상의 몸이요, 다시 대승상의 위의 아니니, 정신이 황홀하여 오랜 후에 비로소 제 몸이 연화 도량 성진 행자인 줄 알고 생각하니, 처음에 스승에게 수책하여 풍도로 가고, 인세에 환도하여 양가의 아들 되어 장원 급제 한림학사 하고, 출장 입상하여 공명 신퇴하고, 양 공주와 육 낭자로 더불어 즐기던 것이다. 하룻밤 꿈이라. 마음이 이 필연 사부가 나의 염려를 그릇함을 알고, 나로 하여금 이 꿈을 꾸어 인간 부귀와 남녀 정욕이 다 허사인 줄 알게 함이로다.
> 급히 세수하고 의관을 정제하며 방장에 나가가니 다른 제자들이 이미 다 모였더라. 대사, 소리하여 묻되, "성진아, 인간 부귀를 지나니 과인 어떠하드뇨?" 성진이 고두하며 눈물을 흘려 가로되," 성진이 이미 깨달았나이다. 제자 불초하여 염려를 그릇 먹어 죄를 지으니 마땅히 인세에 윤회할 것이어늘, 사부 자비하사 하룻밤 꿈으로 제자의 마음 깨닫게 하시니, 사부의 은혜를 천만 겁이라도 갚기 어렵도소이다. "대사 가로되,

> "네 승흥하여 갔다가 흥진하여 돌아왔으니 내 무슨 간예함이 있으리요? 네 또 이르되 인세에 윤회할 것을 꿈을 꾸다 하니, 이는 인세와 꿈을 다르다 함이니, 네 오히려 꿈을 채 깨지 못하였도다. '장주가 꿈에 나비 되었다가 나비가 장주 되니' 어니 거짓 것이요! 어니 진짓 것인 줄 분변치 못하나니, 이제 성진과 소유가 어니는 진짓 꿈이요 어니는 꿈이 아니뇨?"
>
> 김만중, '구운몽'

① 육관대사는 성진의 이원론적 세계관 즉 현실과 꿈을 분리해서 보고 있는 것에 대해 비판하고 있다.
② 세상을 통합적으로 바라보는 육관대사의 공사상이 드러나고 있는 것이다.
③ 성진은 인간 소세에서의 부귀영화가 덧없이 허무하다는 것을 깨달았다.
④ 육관대사의 말에는 현실과 꿈이 분리된 이원론적 세계관이 담겨져 있다.
⑤ 성진은 내세를 무한의 세계를 지향하는 불교에 귀의하는 것이라고 깨달았다.

20. 다음은 고등학교 1학년 학생이 만든 개요와 그에 따른 쓴 글의 일부분이다. 논리의 흐름상 가장 잘못된 부분은?

주제 : 영어 공용화 주장에 반대한다.
① ▶서론 : 영어 공용화론이 제기되는 현실
　▶본론
② 1. 영어 공용화 주장이 대두하게 된 원인
　　ㄱ. 국경 없는 세계화의 추세
　　ㄴ. 영어 사용 국가의 막강한 영향력
　2. 영어 공용화론자들의 주장
　　ㄱ. 인터넷을 통한 많은 정보 획득게 유리
　　ㄴ. 국가 경쟁력 강화에 필수적인 요소임을 강조

    3. 영어 공용화론자들의 주장에 대한 반박
    ③ ㄱ. 정보 공개를 통한 정보 공유의 중요성을 강조
        ㄴ. 국가 경쟁력 강화를 위한 다양한 요소와 방법 제시
        ㄷ. 언어는 민족 결합의 원동력
    4. 대응 방안 및 태도
        ㄱ. 영어 공용이 아닌 올바른 영어 교육을 통한 문제 해결
    ④ ㄴ. 국어의 정체성을 지키기 위한 노력 강조
        ㄷ. 한국어의 세계 언어로서의 가능성 모색
⑤ ▶결론 : 실리적인 면을 강조한 영어 공용화 주장에 반대

01. 주인공에 관한 설명이 본문의 내용과 다른 것은?

One of her poems begins, "I'm Nobody! Who are you?" During her lifetime, she may really have felt like a nobody, for few people knew her outside of her small hometown. But this quiet-living woman became one of America's best-loved poets after her death. No one is really sure when she started to write poetry. She tried to get her poems published, but newspapers didn't want them. Finally, two were published in a newspaper, but the editor changed them and wouldn't even use her name.

① 작품을 쓰기 시작한 연대가 분명하지 않다.
② 자신의 시를 신문에 많이 발표했다.
③ 편집자가 시의 내용을 바꾸었다.

④ 사후에 유명한 시인이 되었다.
⑤ 작은 고향 마을에서 조용히 살았다.

02. 다음 밑줄 친 부분에 들어갈 가장 적당한 것은?

> The reputation of a man is like his _____ ; it sometimes follows and sometimes precedes him ; it is sometimes shorter and sometimes taller than his natural size.

① height ② vision
③ shadow ④ image
⑤ reality

03. 다음 중에서 문법적으로 어색한 부분을 고르면?

> <u>At birth</u>, an infant <u>exhibits</u> a <u>remarkable</u> <u>number of</u> motor <u>response</u>.
> ①　　　　　　　②　　　　③　　　　④　　　　⑤

04. 다음 글의 뜻을 가장 잘 나타낸 말을 고르면?

> The determination by a court of the punishment of a convicted person

① amusement ② sponsor
③ disposal   ④ advice

⑤ sentence

05. 다음 글에서 밑줄 친 Blacknell이 가리키는 것은?

A beautiful new brick extension. kitchen lounge, dining room or whatever you need can be yours, quickly and at a surprisingly low cost, when you choose Blacknell. Permanent home extensions traditionally built in brick or tiled to match your home. Superbly insulated throughout for winter and summer comfort - and windows that never need painting. Everything is made easy for you. Blacknell plans the design you need obtains local authority approval and gets your extension built with a guarantee of satisfaction.

① get
② make out
③ hear
④ understand
⑤ catch

06. 다음 글에서 밑줄 친 it was off의 의미로 가장 적절한 것은?

A few weeks ago at a large movie theater I turned to my wife and said, "The picture is out of focus." "Be quiet." she answered. I obeyed. But a few minutes later I raised the point again, with growing impatience. "It will be all right in a minute," she said in a low voice not to disturb the audience around. I waited. It was just out of focus-not glaringly out, but out. So, after bothering my wife throughout the first part of the movie, I finally prevailed upon her to admit that it was off, and very annoying.

① 영화가 끝났다.   ② 전기가 나갔다.
③ 초점이 안 맞았다.   ④ 아내가 떠났다.
⑤ 서로 떨어져 앉았다.

07. 다음 글의 빈칸에 들어갈 알맞은 어구는?

One has to read newspapers daily in order to _____ what is happening of in world. Otherwise, one's information quickly becomes out of date.

① deal with   ② depend upon
③ keep up with   ④ engage in
⑤ come across

08. 다음 글의 내용을 한 문장으로 나타내고자 한다. 빈칸 (A)와 (B)에 들어가기에 가장 적절한 것끼리 짝지어진 것은?

Have you and your friend ever been to a museum together, looked at same painting, and had different reactions to it? If the painting you looked at was a seascape, you may have liked it because the dark colors and enormous waves reminded you of the wonderful memories you had in your home town. In contrast, your friend might have had a negative reaction and said that the same things brought fear to his mind as he remembered sailing on a rough sea during a violent storm.

⇒ Our (A)_____ may influence how we interpret (B)_____ .

	(A)	(B)
①	intelligence	memories
②	insight	museums
③	experience	paintings
④	remembrance	storms
⑤	sailing	accidents

09. 다음 글에서 주인공이 처한 상황으로 가장 적절한 것은?

While holding a fishing rod on the river bank, a little girl suddenly felt something and saw the fishing rod bowing like a question mark. She grasped it tightly as a powerful fish took her line. The stones on the river bank rolled under her feet, and she was being pulled into the river. The seven-year-old girl looked around in fear, but couldn't see anybody. Though she tried hard to pull the fish towards her, she was pulled deeper into the river. She was about to be drowned by the creature.

① 다급하다 ② 지루하다
③ 한가하다 ④ 후련하다
⑤몽롱하다

10. 다음 밑줄 친 부분과 의미가 가장 가까운 것은?

I have really been <u>on edge</u> lately.

① unhappy ② bored

③ lucky ④ angry
⑤ nervous

11. 다음 밑줄 친 부분에 들어갈 말로 알맞은 것은?

> Victims of serious burns are immediately threatened with death from loss of fluids, bacterial infection, or both. That's why it's important to cover their wounds promptly until their bodies can produce new skin. Now available is a synthetic substance that can _____ in place for up to fifty days - long enough for most small wounds to be healed completely.

① amplify ② swallow
③ remain ④ pursue
⑤ wriggle

12. 다음 글의 요지를 가장 잘 나타낸 것은?

> There are many kinds of work in life. We must choose among them

> There are many kinds of work in life. We must choose among them because our power and intelligence are limited. He who wants to do everything will never do anything. We ought to decide upon a point of attack and concentrate our forces there. Once the decision is made, let there be no change unless a serious accident happens. Let's do our best to achieve our aim.

① Make hay while the sun shines.

② You can't eat your cake and have it.
③ Things done by halves can never be done.
④ A rolling stone gathers no moss.
⑤ There is no will, there is no way.

13. 다음 문장 중 문법적으로 옳지 않은 것은?

① My son has been taught lessons in music by a young lady.
② The English are known as a conservative people.
③ Advantage was taken to her innocence by him.
④ This construction is expected to be completed by this week.
⑤ The girl was seen to play tennis with a friend by us.

14. 다음 빈칸에 들어갈 말로 가장 적절한 것은?

> The most valuable thing you can learn is how to think so that you may live fully. Pains of unhappiness, failure and dissatisfaction are but nature's way of telling you that you are not thinking and doing as you should, that you are using the laws of life in an unhealthy way; while happiness, abundance, health and peace of mind are _____ of compensating you for thinking in the right way and doing the right thing.

① nature's way
② learner's method
③ failure's pain
④ thinker's freedom
⑤ patient's hope

15.
다음 중에서 문법적으로 가장 어색한 부분을 고르면?

The students ① in the dormitories ② were forbidden, ③ unless they had ④ special, ⑤ from staying out after 11 : 30 p.m.

16.
다음 글의 주제로 가장 적절한 것은?

A study of art history might be a good way to learn more about a culture than that of general history. Most typical history courses concentrate on politics, economics, and war. But art history focuses on much more than this because art reflects not only the political values of a people, but also religious beliefs, emotions, and psychology. In addition, information about the daily activities of our ancestors can be provided by art. In short, a study of art history clearly offers us a deeper understanding.

① 일반적인 역사 연구의 가치
② 정치, 경제의 연구
③ 예술사 연구의 의의
④ 예술과 전쟁의 의미
⑤ 역사 연구의 상대성

17.
다음 우리말을 바르게 영작한 것은?

당신은 영어로 의사 전달을 할 수 있습니까?

① Can you make you understand in English?
② Can you make yourself understood by English?

③ Can you make you understand by English?
④ Can you make yourself understood in English?
⑤ Can you make yourself understand in English?

18. 주어진 문장에 이어질 글의 순서가 가장 적절한 것은?

> Discoveries and inventions may stimulate culture change.

(A) A discovery may be defined as any addition to knowledge ; an invention involves practical application of knowledge.
(B) They are probably the result of dozens of tiny, perhaps accidental initiatives over a period of many years by persons who are unaware of the part they are playing in bringing a single invention to completion.
(C) Other inventions are "unconscious."
(D) Some inventions are deliberate attempts to produce something new.

① (A) – (B) – (C) – (D) ② (B) – (A) – (C) – (D)
③ (A) – (D) – (C) – (B) ④ (B) – (D) – (C) – (A)
⑤ (D) – (A) – (C) – (B)

19. 다음 우리말을 영어로 표현한 것 중 옳지 않은 것은?

① 오늘은 그만 하자. – Let's call it a day.
② 본론으로 들어갑시다. – Let's get to the point.
③ 이것이 당신에게 잘 어울립니다. – This goes well with you.

④ 요금이 얼마입니까? - What's the fare?
⑤ 사무실로 전화를 돌려주세요. - Send this call to the office.

20. 다음 대화의 밑줄 친 빈칸에 들어갈 내용으로 옳은 것은?

> A : Excuse me. Where's the nearest service station?
> B : Hmm.... let me see. There is none near here.
> A : My car broke down. I need to find a mechanic.
> B : Car trouble?
> A : Yes.
> B : _____.
> A : Is there a gas station nearby?
> B : Sure. Go left at the next corner. It'll be two blocks up on your right.
> A : Thank you.
> B : You're welcome.

① It doesn't matter
② I beg your pardon
③ Oh, that's too bad
④ I must be going
⑤ Good luck on your trip

한 국 사

01. 다음은 선사시대의 사회의 변화를 설명한 것이다. 이런 변화로 인하여 나타난 결과라고 볼 수 있는 것은?

> ㉮ 농경기구의 발달 등으로 잉여 생산물이 증가하였다.
> ㉯ 농업생산물 등은 개인이나 가족의 소유로 만들 수 있었다.

① 토테미즘·샤머니즘·애니미즘과 같은 원시 신앙이 출현하였다.
② 평등한 씨족생활을 토대로 부족 단위의 교역이 가능해졌다.
③ 빈부와의 격차가 발생하고 계급이 점차 형성되었다.
④ 움집생활이 가능해져 좀 더 따뜻한 겨울을 맞을 수 있었다.
⑤ 금속 농기구가 출현하면서 석기 농기구는 사라졌다.

02. 김부식이「삼국사기」에서 다음과 같이 신라 시대를 구분한 기준에 해당하는 것은?

> ㉮ 상대 : 박혁거세 - 진덕 여왕 - 내물왕 직계
> ㉯ 중대 : 무열왕 - 혜공왕 - 무열왕 직계
> ㉰ 하대 : 선덕왕 - 경순왕 - 내물왕 방계

① 지배 대상의 확대 혹은 축소로 구분하였다.
② 사회·문화적 특징으로 구분하였다.
③ 한 세기(100년)을 기준으로 하였다.
④ 가장 번영했던 왕을 중심으로 구분하였다.

⑤ 골품에 의한 왕실의 혈족 관계를 기준으로 하였다.

03. 광해군의 정책에 대한 설명으로 옳지 않은 것은?

① 정통 성리학을 옹호하는 사림정치를 실시하였다.
② 양전사업과 호적사업을 실시하여 경제복구에 노력하였다.
③ 무기 수리 및 군사훈련 실시로 국방력을 강화하였다.
④ 동의보감 편찬과 5대 사고를 정비하였다.
⑤ 실리적 중립외교로 내치에 전념하였다.

04. 다음 내용은 조선 시대 왕의 하루 일과표이다. 이 중 (가), (나), (다)와 관계가 없는 것은?

```
새벽 4~5시경 : 기상                    3시 : 신료 접견
      6시경 : 왕실 웃어른께 문안 인사   5시 : 야간 숙직자 확인
      7시경 : 아침 식사                 6시 : 석경 (다)
      8시경 : 조강 (가)                 7시 : 저녁 식사
      10시경 : 아침 조회                8시 : 왕실 웃어른께 문안 인사
      11시경 : 아침 업무(보고, 신하 접견) 10시 : 상소문 읽기
오후 1시경 : 점심 식사                  11시 : 취침
      2시 : 주강 (나)
```

① 정책토론   ② 매일 아침
③ 홍문관   ④ 서경제도
⑤ 학문 연마

05. 다음 각 공화국과 정치적 사실이 바르게 서술된 것은?

① 제1공화국 - 초대 대통령은 국회에서 선출하였다.
② 제2공화국 - 강력한 대통령 중심제를 채택하였다.
③ 제3공화국 - 입법부를 양원제로 한 대통령 중심제였다.
④ 제4공화국 - 대통령 권한을 축소시킨 대통령 중심제였다.
⑤ 제5공화국 - 국민이 직접 선출한 강력한 대통령 중심제였다.

06. 각 시대의 농업발달에 대한 설명을 바르게 나타낸 것은?

① 삼국시대 - 저수지 축조가 시작되었다.
② 통일신라시대 - 2년 3작의 윤작법이 확립되었다.
③ 고려시대 - 시비법의 발달로 휴경지가 없어졌다.
④ 조선 초기 - 상업적 농업과 광작농업이 발달하였다.
⑤ 조선 후기 - 이앙법과 견종법이 널리 보급되었다.

07. 고려 예종 때 3품직의 관리인 갑(甲)이 병으로 사망할 경우, 국가가 토지 제도와 관련하여 자식인 을(乙)에게 취할 조치로 옳은 것은?

① 갑(甲)의 전시과를 그대로 을(乙)에게 양도한다.
② 갑(甲)의 전시과를 환수하고, 을(乙)에게 공음전 세습을 인정한다.
③ 갑(甲)의 전시과를 환수하고, 을(乙)에게 구분전을 지급한다.
④ 갑(甲)의 전시과를 환수하는 데 그친다.
⑤ 갑(甲)의 전시과를 환수하고, 을(乙)에게 구분전을 지급하며 세습을 인정한다.

08. 다음은 신라 시대에 지배층과 관련된 서술이다. 이와 관련된 설명으로 옳지 않은 것은?

> ㉮ 정치적으로나 사회적으로 차지하는 비중이 컸고, 중앙 관청의 장관직을 독점하였으며 합의를 통하여 국가의 중대사를 결정하는 전통을 유지하고 있었다.
> ㉯ 왕권이 전제화 되면서 이들 세력은 학문적 식견과 실무 능력을 바탕으로 국왕을 보좌하면서 정치적 진출을 활발히 하였다. 그러나 신분의 제약으로 인해 중앙 관청의 우두머리나 지방의 장관 자리에는 오를 수 없었다.
> ㉰ 이들은 농민 봉기를 배경으로 각 처에서 일어나 중앙 정부의 통제에서 벗어나면서 반독립적인 세력으로 성장하였고 자기 근거지에 성을 쌓고 군대를 보유하여 스스로 성주 혹은 장군이라고 칭하였다.

① ㉮ 세력은 전제 왕권이 강하던 중대에는 세력이 약화되다 말기에 들어와 다시 강화되었다.
② 신문왕은 왕권 강화를 위하여 ㉮ 세력을 억제하고 이들의 녹읍을 회수하였다.
③ ㉯ 세력은 신라 말기에 이르러 중앙권력에서 점차 배제되어 ㉰ 세력과 연결되었다.
④ ㉮와 ㉰의 세력은 신라 말의 혼란을 극복하고 고려 왕조의 건설에 주도적인 역할을 하였다.
⑤ ㉰는 중앙에서 진골 귀족들이 왕위 다툼을 하는 동안, 지방에서 독자적인 세력을 키워 진골 귀족 중심의 사회를 무너뜨리고자 하였다.

09. 다음 내용 중 각 시대별 왕권 강화책이 아닌 것은?
① 신라시대 때에는 집사부의 시중 세력을 강화하였다.
② 고려 공민왕의 정방을 폐지하였다.
③ 조선시대 세조의 6조 직계제를 실시하였다.
④ 고려시대 때에는 공음전을 지급하였다.

⑤ 조선 흥선대원군은 비변사 기능을 축소시켰다.

10. 다음 두 승려에 대한 설명으로 옳은 것을 보기에서 모두 고른 것은?

> (가) 「화엄일승법계도」를 저술하여 모든 존재는 상호 의존적인 관계에 있으면서 서로 조화를 이루고 있다는 화엄 사상을 정립하였다.
> (나) 모든 것이 한 마음에서 나온다는 일심 사상을 바탕으로 다른 종파들과 사상적 대립을 조화 시키고 분파 의식을 극복하려는 「십문화쟁론」을 지었다.

< 보 기 >
㉮ (가)는 아미타 신앙과 함께 현세에서 고난을 구제받고자 하는 관음 신앙을 이끌었다.
㉯ (가)는 「대승기신론소」와 「금강삼매경론」을 저술하여 불교의 이해 기준을 확립하였다.
㉰ (나)는 법상종을 개창하고 고려 시대에는 화정국사라는 칭호를 얻었다.
㉱ (나)는 자신이 돌아본 인도와 중앙아시아 여러 나라의 풍물을 생생하게 기록한 「왕오천축국전」을 남겼다.

① ㉮, ㉯ ② ㉮, ㉰
③ ㉯, ㉰ ④ ㉯, ㉱
⑤ ㉯, ㉰, ㉱

11. 실학파에 대한 설명으로 옳지 않은 것은?
① 민생안정과 부국강병을 추구하였다.
② 양명학을 받아들여 성리학을 비판하였다.
③ 19세기 개화 사상가들에게 영향을 주었다.

④ 대체로 주기파 학풍을 계승하였다.
⑤ 당시의 정치, 경제 개선에 크게 기여하지 못하였다.

12. 다음에서 고려시대 경제 활동의 모습으로 옳은 것을 모두 고른 것은?

> ㉮ 갑돌이는 홍수로 1년 농사를 망치자 국가에서 세금을 감면해 주고 고리대의 이자를 제한하여 주었다.
> ㉯ 갑순이 어머니는 요역에 동원되어 성곽을 보수하는 일을 하였다.
> ㉰ 길동이는 조상이 물려 준 토지를 경작하고 생산량의 10분의 1을 국가에 조세로 냈다.
> ㉱ 함경도에 사는 순진이 가족은 이 당시 한창 유행하고 있는 이앙법으로 농사를 지었다.

① ㉮, ㉯　　　　　　　　　② ㉮, ㉰
③ ㉮, ㉱　　　　　　　　　④ ㉯, ㉰
⑤ ㉰, ㉱

13. 다음 세 인물들에 대한 설명으로 옳지 않은 것은?

> • 정도전　　• 송시열　　• 윤휴

① 어영청을 중심으로 송시열, 송준길, 이완 등이 북벌을 추진하였다.
② 세 사람은 공통적으로 북벌론을 주장한 북벌론자들이다.
③ 윤휴와 달리 송시열은 북벌에 적극적이지 않았고 실제로 가장 적극적인 북벌론자는 재야에 있던 윤휴였다.

④ 정도전은 요동수복운동을 준비하면서 작성한 「진도」를 통해서 독특한 전술과 부대편성방법을 창안하였다.
⑤ 송시열은 군비 확충을 위해 세금 면제 토지를 없애고 호포제를 실시할 것을 건의하였다.

14. 다음 중 동학사상의 내용과 관련이 없는 것은?
① 농인과 몰락양반을 기반으로 보급하였다.
② 인내천의 사상을 바탕으로 한 평등주의의 지향하였다.
③ 유교, 불교, 샤머니즘의 내용도 포함하였다.
④ 철학사상으로서의 동학은 주리론적 경향을 띠었다.
⑤ 보국안민을 내세워 서양세력의 침투를 배격하였다.

15. 다음과 같이 주장한 고려 시대의 정치 세력에 대한 설명으로 옳은 것은?

> ㉮ 개경은 지덕이 쇠하였으므로 서경으로 서울을 옮기자.
> ㉯ 금에 대한 사대 외교는 굴욕적이므로 금국을 정벌하자.
> ㉰ 고려는 송이나 금이 못지않은 나라이므로 우리도 황제를 칭하고 연호를 사용하자.

① 유교 정치사상을 기본 이념으로 채택하였다.
② 보수적인 집단으로 신라 계승 의식이 강하였다.
③ 현실 안정을 추구하는 실리 위주의 대외 정책을 폈다.
④ 국초의 북진 정책을 계승하였고 풍수지리설과 결부된 전통 사상을 중시하였다.
⑤ 개경의 문벌인 김부식 등이 주도하였으며 후에 막강한 권력을 쥐게 되었다.

16. 대한민국 임시정부의 활동에 대한 설명으로 옳지 않은 것은?
① 연통제의 실시로 국내와 연결되어 군자금도 전달할 수 있었다.
② 광복군을 창설하여 제2차 대전 중에 연합군과 작전을 수행하였다.
③ 독립신문의 발행으로 독립의식을 고취시켰다.
④ 구미위원부를 설치하여 적극적인 외교활동을 전개하였다.
⑤ 의열단을 조직하여 일제의 착취기관을 파괴하였다.

17. 국권침탈 이전의 우리 민족의 경제자립운동에 해당 되는 것은?

㉮ 조선 물산장려회가 조직되어 국산품 장려에 힘썼다.
㉯ 상인들은 상사(商社)를 조직하여 외국자본에 대항하였다.
㉰ 국채보상기성회가 금연, 패물금지운동을 전개하였다.
㉱ 자기회사가 설립되어 민족사업의 육성을 꾀하였다.

① ㉮, ㉯, ㉰　　　　　　　② ㉮, ㉯, ㉱
③ ㉮, ㉰, ㉱　　　　　　　④ ㉯, ㉰, ㉱
⑤ ㉮, ㉯, ㉰, ㉱

18. 대한제국 시기의 사실과 관계가 없는 것은?
① 민주주의에 입각한 민권운동을 적극 지지하였다.
② 유학생의 해외파견과 실업교육을 강화하였다.
③ 황제권과 자위군대의 강화에 개혁의 중점을 두었다.
④ 간도관리사가 파견되었고 간도의 영토편입을 도모하였다.
⑤ 지계발급으로 토지의 근대적 소유권제도 확립을 꾀하였다.

19. 우리나라 역대 교육기관 중 사학의 성격을 띠고 있는 것으로만 올바르게 연결된 것은?

㉮ 태학   ㉯ 국자감   ㉰ 서원   ㉱ 성균관   ㉲ 배재학당

① ㉮, ㉯
② ㉯, ㉰
③ ㉱, ㉲
④ ㉯, ㉱
⑤ ㉰, ㉲

20. 고려 시대의 신분 제도에 대한 설명으로 옳지 않은 것은?

① 아버지는 물론 조부가 5품 이상의 관리이면 공로에 따라 손자도 음서를 통해 관리가 될 수 있었다.
② 향리는 과거를 통하여 문반직에 오를 수 있었고 외거 노비는 재산을 모아 양인의 신분을 얻을 수 있었다.
③ 사회의 최하층인 천민에는 공·사 노비, 특수 행정 구역인 향·소·부곡민, 백정이 포함되어 있었다.
④ 중류층에는 중앙 관직의 실무 관리인 서리, 궁중 관리인 남반, 지방 행정의 실무를 맡았던 향리, 그리고 하급 장교들이 있었다.
⑤ 귀족은 관리 중에서도 문벌이 좋은 5품 이상의 고위 관직에 오른 일부 특권층만을 가리키는 것이다.

최종 제4회 모의고사

국어

01. 다음 국문학 작품과 장르가 바르게 연결된 것은?
① 향가 – 찬기파랑가, 모죽지랑가, 연오랑세오녀
② 속요 – 가시리, 사모곡, 속미인곡
③ 경기체가 – 관동별곡(안축), 죽계별곡, 한림별곡
④ 악장 – 용비어천가, 석보상절, 신도가
⑤ 가사 – 상춘곡, 불우헌곡, 일동장유가

02. 다음은 생명중심적 자연관을 보여주는 글의 일부분이다. 이에 대한 설명으로 옳지 않은 것은?

> 인간은 자기가 도울 수 있는 모든 생명체를 도와주고 어떤 생명체에도 해가 되는 행동을 하지 않을 때, 비로소 진정한 의미에서 윤리적이라 하겠다. 윤리적인 인간은 이 생명 혹은 저 생명이 얼마나 값진가를 묻지 않으며, 그것이 나에게 얼마나 이익이 되는가를 묻지 않는다. 그에게는 생명 그 자체가 거룩하다. 그는 나무에서 나뭇잎 하나를 함부로 따지 않으며, 어떤 꽃도 망가뜨리지 않으며, 어떤 곤충도 밟아 죽이지 않도록 항상 주의한다.

① 생명의 우선순위는 반드시 만들어야 한다.
② 모든 생명체를 존중한다는 측면에서 환경보호에 긍정적 영향을 주었다.
③ 어떤 생명체에도 해가 되는 행동을 하면서 문명 생활을 하기란 불가능하다는 실천상의 문제가 있다.
④ 모든 생명을 존중하는 생명 존중 사상에 영향을 주었다.
⑤ 생명의 우선순위는 그 기준이 문제가 될 수 있으며 또한 인간의 존엄성 문제가 야기 될 수 있다.

03. 다음 문장 중 어법에 맞게 가장 자연스러운 문장에 해당하는 것은?

① 문이 열리지 않는다.
② 동생으로부터 소식을 들었다.
③ 그는 아들 셋을 가지고 있다.
④ 나에게 있어서 사랑은 숭고하다.
⑤ 이 책은 이 박사에 의해 쓰여졌다.

04. 다음 중 평행 구조와 가장 관련이 없는 것은?

① 백로의 날개짓과도 같고, 시든 나뭇잎이 떨어지는 것과도 같고, 그늘진 골짜기와도 같은 그런 고요함이 있었다.
② 가난한 다수를 구할 수 없는 사회는 부유한 소수도 구할 수 없는 사회이다.
③ 바람은 내 귀에 속삭이며, / 한 자국도 섰지 마라, 옷자락을 흔들고
④ 이것은 소리 없는 아우성 / 저 푸른 해원(海原)을 향하여 흔드는 / 영원한 노스탤지어의 손수건
⑤ 까마득한 날에 / 하늘이 처음 열리고 / 어디 닭 우는 소리 들렸으랴.

05. 다음 중 대등적으로 이어진 문장에 해당하는 것은?

① 산 그림자가 소리도 없이 다가온다.
② 봄이 오니, 날씨가 따뜻하다.
③ 그는 모든 이에게 존경받는 사람이다.
④ 산은 매우 높고, 물은 매우 깊다.
⑤ 서리가 내리면, 나뭇잎이 빨갛게 물든다.

※ 다음 글을 읽고 물음에 답하시오. (06~07)

> 서양 윤리 사상은 인간의 본성을 이성에 의한 사유 활동과 (가) 감각적이고 육체적인 본능이나 욕구를 충족시켜 나가는 활동에 근거하여 설명하였다. 이러한 논의는 고대 그리스 철학으로부터 시작되었다. 그리스 철학자들은 세계를 두 가지로 나누었다. 하나는 이성에 의해 알 수 있는 세계이고, 다른 하나는 감각에 의해 알 수 있는 세계라고 하였다. 그리고 (나) 행복한 삶은 인간의 이성 활동에 의해 감각적 충동이나 정념(情念) 등을 억제하고 선과 덕을 실천할 때 이루어진다고 보았다.

06. 위 글의 (가)에 근거한 인간관을 받아들일 때 나타날 수 있는 문제점이라고 볼 수 없는 것은?

① 인간 생활에서 일어나는 여러 가지 좋은 일들이 대부분의 사람들에게 쾌락을 주는 것도 바라는 것도 아니라는 문제점이 발생한다.
② 높은 가치를 추구하고 인격 도야를 하는데 있어 걸림돌이 된다.
③ 육체적 본능이나 욕구는 시간과 장소에 따라 상대적으로 달라질 수 있기 때문에 상대주의적 윤리관이나 회의주의적 윤리관으로 빠지기 쉽다.
④ 참된 가치를 추구하지 않고 헛된 욕심에 빠져 있게 된다.
⑤ 쾌락의 역설에 빠질 수 있다.

07. 위 글 (나)의 도덕적 가치와 관련한 설명으로 옳지 않은 것은?

① 사람으로서 마땅히 지켜야 할 도리 및 그것을 인식하여 실천하는 행위의 기준이다.
② 도덕적 가치의 성격은 이성에 따르는 삶과 금욕적인 삶을 가치 있게 여기게 된다.
③ 도덕 판단을 포함하여 어떤 대상이나 현상의 의의나 중요성, 값어치에 대해 판단을 내리는 것이다.
④ 도덕 판단의 절차에 의해 자신의 입장을 선택한다.
⑤ '암표를 사서는 안 된다.'는 도덕적 갈등을 겪게 되나 결국 암표를 사서 경기를 관람하게 된다.

08. 다음 시의 밑줄 친 내용의 의미로 가장 옳은 것은?

> 그립고 아쉬움에 가슴 조이던
> 머언 먼 젊음의 뒤안길에서 인제는 돌아와 <u>거울 앞에선</u>
> 내 누님같이 생긴 꽃이여

① 성찰
② 희망
③ 극기
④ 정진
⑤ 인내

09. 다음은 조선조 두 유학자의 사상을 기초로 대화한 내용이다. (갑)과 (을)이 인간 본성을 보는 관점에 대한 설명으로 옳지 않은 것은?

> (갑) : 저는 인간의 심성을 절대적으로 선한 이(理)와 선과 악이 함께 섞여져 있는

> 기(氣)의 개념으로 파악합니다. 사단(四端)은 이가 발하여 기가 따르는 것이고, 칠정(七情)은 기가 발하여 이가 기를 타는 것이니까요.
> (을) : 인간의 본성에는 선을 좋아하는 경향이 있다고 생각합니다. 인간이 '자주지권(自主之權)'에 따라 선을 행할 때 선을 행한 공(功)을 이룰 수 있고, 악을 행한 죄(罪)를 짓게 되며, 이 점에서 인간과 동물이 갈라지는 차이가 크게 드러나니까요.

① 갑은 인간의 본성은 절대적으로 선하다고 보고 있다.
② 을은 인간의 본성은 선을 좋아 하는 경향이 있을 뿐 반드시 선한 것은 아니라고 주장하고 있다.
③ 갑은 인간의 본성을 절대적으로 선하게 보고 악한 것은 선한 것이 가려져 악하게 보일 뿐이라고 주장하고 있다.
④ 을의 입장은 인간이 칠정에 빠져 악해 지게 되므로 선한 본성을 되찾기 위한 개인적 수신에 관한 도덕 인식을 가져야 한다.
⑤ 을은 인간은 선을 행해야 선해지고 악을 행하면 악하게 된다고 보고 있다.

10. 다음 단어 중 어문 규정상 발음이 잘못된 것은?
① 닳지[달치]   ② 늙지[늑찌]
③ 맑다[막따]   ④ 흙과[흑꽈]
⑤ 쫓아[조차]

11. 다음 밑줄 친 표현의 한자와 그것이 의미하는 소설의 속성이 바르게 연결된 것은?

> 기자왈, 소설이라 하는것은 매양 빙공 착영(憑空捉影)으로 인정에 맞도록 편집하여

> 풍속을 교정하고 사회를 경성하는 것이 제일 목적이다.

① 憑控捉暎 – 사실성   ② 憑控捉影 – 흥미성
③ 憑控捉榮 – 효용성   ④ 憑空捉影 – 허구성
⑤ 憑空捉暎 – 모방성

12. 다음 중 사설시조의 특징과 거리가 먼 것은?
① 17C~18C에 크게 성행하였다.
② 산문정신과 서민의식을 배경으로 하였다.
③ 교훈적인 내용이 주종을 이루고 있다.
④ 일상적이고 현실적인 소재를 즐겨 추구하였다.
⑤ 음보율과 음수율을 배격하였다.

13. 다음은 '미신'이라는 제목으로 글을 쓰기 위해 작성한 개요표이다. (가) ~ (마)에 들어갈 내용으로 적절하지 못한 것은?

```
제목 : 미신(迷信)
주제 :    (가)
주제문 : 우리는 미신을 물리치고 과학을 생활화해야겠다.
줄거리 : I.    (나)
           (1) 병자(病者)의 경우
           (2) 무지(無知)한 사람의 경우
           (3)    (다)
```

```
            (4) 지식인(知識人)의 경우
            (5) 자기(自己)의 경우
       II. 미신을 믿는 이유
            (1) 미신을 믿는 사람들의 실태 조사(實態調査)
            (2) 미신에 대한 심리학자(心理學者)나 사회학자(社會學者)의 견해
            (3) 미신에 대한 자기의 체험
       III. ____(라)____
            (1) 과학 지식(科學知識)의 보급(普及)
            (2) ____(마)____
            (3) 사회 복지 제도(社會福祉制度)의 확립
            (4) 개인(個人)의 노력(努力)
       IV. 맺음말
```

① (가) : 미신의 타파와 과학의 생활화
② (나) : 미신의 종류
③ (다) : 빈곤(貧困)한 사람의 경우
④ (라) : 미신을 없애기 위한 대책
⑤ (마) : 미신과 신앙의 구별

14. 다음 글의 밑줄 친 ㉮의 수사법과 ㉯의 품사가 모두 맞는 것은?

무궁화 ㉮ 삼천리 화려 강산 대한 사람 대한으로 ㉯ 길이 보전하세.

① 미화법 - 명사   ② 강조법 - 형용사
③ 대유법 - 부사   ④ 반복법 - 형용사
⑤ 점층법 - 부사

15. 다음 (가)~(다)는 '춘향가'에서 옮겨 온 부분이다. 이 부분과 관련되는 판소리 용어를 찾는다면?

> (가) 어사또 들은 척 아니 혀고, 부채를 꺼꾸로 쥐고 부채 꼭지로 운봉 옆구리를 쿡 찌르며, "여보, 운봉 영감! 거 갈비 한 대주." 운봉이 깜짝 놀라며, "허어, 그분이 갈비를 달러면 익은 소갈비를 달러지, 사람의 생갈비를 달랜단 말이 오? 얘, 여봐라! 저 늦반께 상에 갈비 한 대 갖다 드려라." "어어, 거 그 만두시우. 얼어막고 다니는 사람이 남의 수고까지 빌릴 것 없지. 내 손으로 갖다 먹지요."
>
> (나) 통인이 지필묵 갖다 어사또 앞에 노니, 어사도 일필 휘지(一筆揮之)하야 글 지어 운봉 즈며, "운봉은 밖으로 나가 조용헌 틈을 타서 한 번 떼 보시오. 자, 나는 갑니다-." 운봉이 맡아 밖에 나와 떼어 보니, 글이 문장이요, 글씨 또한 명필이라.
>
> (다) 그 때야 춘향 모난 어사또가 사원 줄은 알았으나, 간밤이 사위를 너무 괄시헌 가남이 있어 염치없어 목 들어가고 삼문 밖에서 눈치만 보다, 춘향 입에서 우리 어머니 소리가 나니, '옳지 인자 되았다.' 혀고 떠들고 들오난다.

① 아니리
② 발림
③ 추임새
④ 창
⑤ 너름새

16. 다음 중 작문의 절차 과정이 순서에 맞게 배열된 것은?

① 주제 결정 – 소재 선정 – 개요 작성 – 집필 – 퇴고
② 주제 결정 – 개요 작성 – 소재 선정 – 집필 – 퇴고
③ 개요 작성 – 소재 선정 – 주제 결정 – 집필 – 퇴고
④ 소재 선정 – 주제 결정 – 개요 작성 – 집필 – 퇴고
⑤ 소재 선정 – 개요 작성 – 주제 결정 – 집필 – 퇴고

17. 다음의 글은 무엇을 이야기 하고 있는가?

> 백두산이 남으로 4천 리를 달려 영암(靈巖)의 월출산(月出山)이 되고, 다시 남으로 달려 해남(海南)의 달마산(達磨山)이 되었으며, 달마산은 또 바다로 5백 리를 건너 뛰어 추자도(楸子島)가 되었고, 다시 5백 리를 건너 뛰어 이 한라산이 되었다고 한다.

① 한라산의 형국설(形局說) ② 한라산의 명칭설(名稱說)
③ 한라산의 진화설(進化說) ④ 한라산의 속성설(屬性說)
⑤ 한라산의 생성설(生成說)

18. 다음에서 순 우리말의 뜻풀이가 잘못된 것은?
① 선잠 – 깊이 든 잠
② 시앗 – 남편의 첩
③ 자투리 – 팔고 남은 피륙 조각
④ 마파람 – 남쪽에서 불어오는 바람
⑤ 시나브로 – 모르는 사이에 조금씩 조금씩

19. 다음 문장 중에서 높임과 낮춤이 바르게 된 것은?
① 영철아, 아버지께서 청소하시랜다.
② 그 분에게는 열 살 난 아드님이 계십니다.
③ 선생님, 내가 짐을 옮겨 드리겠습니다.
④ 계장님, 과장님께서 찾으십니다.
⑤ 어머님, 둘째 형님이 오늘 집에 오신대요.

20. 다음 밑줄 친 단어의 외래어 표기법 상 올바르게 표기된 것은?

① 승진을 한 친구를 위해 맛있는 케잌으로 축하를 해 주었다.
② 우리들은 이야기를 더 나누기 위해 시원한 까페에 들어갔다.
③ 그녀의 방 창문에는 예쁜 커텐이 쳐 있다.
④ 선생님 댁을 방문한 우리들에게 선생님께서는 커피와 비스켓을 내어 주셨다.
⑤ 친구들과 오래간만에 랍스터를 먹으러 갔다.

01. 다음 밑줄 친 단어가 주어진 글의 밑줄 친 부분과 같은 뜻으로 쓰인 것은?

> When my father left the company, the director presented the watch to him.

① When should we present our report?
② How many people were present at the meeting?
③ She presented himself at the party.
④ He presented his back to the audience.
⑤ The secretary general presented a medal to a winner.

※ 다음 글을 읽고, 물음에 답하시오. (02~03)

> The most commonly spreading disease in the world is the common cold. Colds are actually infections of the slippery liquid skins of your nose and throat, but sometimes

they spread to your air passages and lungs.

The cold germs, or viruses, that cause these infections and make you cough or sneeze travel through the outside air inside tiny drops of moisture. Doctors believe that you can "catch" a cold if you breathe in these virus drops expelled by someone who is already sick. The strange thing about these viruses is that they are probably in you throat most of the time. However they simply do not attack your body until your resistance is lowered by being chilled, overheated, or extremely tired. A cold takes from one to three days to develop and it does so in three stages. The first is the "dry" stage, during which your nose feels dry and swollen, your throat may tickle, and your eyes may water. In the second stage, your nose begins to run. And finally, in the third stage, you may develop a fever and a cough.

02. 위 글과 관련하여 다음 빈칸에 들어갈 알맞은 말은?

Colds are usually apt to be infectious to the man who _____.

① is careless about his own health
② breathes in the open air
③ lives in the cold country
④ is nervous about a bad cold
⑤ loses his body resistance

03. 위 글의 내용과 일치하는 것은?

① 일반적으로 감기 바이러스는 공기를 통해 전염된다.
② 감기 바이러스는 폐와 기도에 가장 먼저 침투한다.

③ 감기의 초기 증세는 기침과 열로 시작된다.
④ 감기 바이러스에 감염된 직후 감기 증세가 나타난다.
⑤ 감기 바이러스는 체내에서만 존재한다

04. 다음 밑줄 친 부분과 같은 의미인 것은?

> The driver tried to <u>avert</u> the accident by bringing the car to a sudden stop.

① cause
② affect
③ control
④ prevent
⑤ eliminate

05. 다음 대화의 빈칸에 들어갈 알맞은 단어는?

> A : What do you want me to do?
> B : The radio is too loud, please turn it _____.

① down
② out
③ up
④ on
⑤ over

06. 다음 문장 중 어법상 옳지 않은 것은?

① The dentist knew me well, for I was always having trouble with my

teeth.
② You should not ask such questions to your parents.
③ I shall be through the work before you return.
④ Don't talk with your mouth full.
⑤ I may be able to come in a week.

07. 다음 내용은 편지의 일부이다. 이 글을 쓴 목적은?

The alarm clock arrived safely six days ago and worked perfectly for the first few days but now it has gone wrong. It keeps on buzzing. I have read the instructions and I am sure that I have set the alarm correctly. I am returning the alarm clock with this letter and I would be grateful if you could send me a new one or refund the money. I look forward to hearing from you.

① inviting
② advising
③ thanking
④ complaining
⑤ instructing

08. 다음 글의 밑줄 친 that의 의미로 코치가 의도한 것과 선수가 이해한 것을 바르게 짝지은 것은?

During the baseball game I missed an easy ball. This made me so embarrassed that I just stood there without knowing what to do. To my dismay, the other team scored three runs. After the game, the coach shouted at me, "You should never do that again!" I answered, hesitatingly, "I won't. I'll never miss such an easy ball again." "Miss?" he yelled. "You'll miss lots. That's not the problem. It's what you did after. While you were standing there, how many runs did the other team score?"

코치가 의도한 것	선수가 이해한 것
① 쉬운 공을 놓친 것	야구하는 것
② 실수 후 서 있었던 것	쉬운 공을 놓친 것
③ 야구하는 것	쉬운 공을 놓친 것
④ 실수 후 서있었던 것	야구하는 것

09. 다음 밑줄 친 브룬에 들어갈 내용으로 적당하지 않은 것은?

_____ water and air, animals and plants would have disappeared.

① without
② If it had not been for
③ But for
④ Had it not been for
⑤ If there had not been for

10. 다음 문장 가운데 어법상 옳은 것은?

① The prisoner was hung for murder.
② He is resembled by his father.
③ I am very interested in music.
④ The nice house is had him.
⑤ She is not become by this dress.

11. 다음 중 문법적으로 옳지 않은 문장은?

① The claim that Jack had defrauded the lady was made in an open court.
② Harry took it for granted that Pete would win the race.
③ That Alice has flat feet is believed by John.
④ George hopes her to pass the test soon .
⑤ Fred persuaded Alice to be cautious.

12. 다음 글의 빈칸에 들어갈 어구로 알맞은 것은?

To call something a symbol is to characterize it quite abstractly. That doesn't mean the characterization is vague, formless, or even _____, but rather that inessential details are omitted.

① hard to understand   ② to hard understand
③ hard understand to   ④ to understand hard
⑤ hard to understand it

13. 다음 글을 읽고 그 내용에서 추리할 수 있는 것을 아래에서 고르면?

The change in the relationship between parents and children is a common example of the general spread of democracy. Parents are no longer sure of their rights as against their children ; children no longer feel that they should always comply with their parents regardless of serious discrepancy.

① 오늘날 부모와 자식 간의 관계 변화는 매우 바람직하다.

② 부모들은 자식들에 대한 그들의 권리를 매우 자신하고 있다.
③ 때때로 부모들은 그들의 자녀를 교육시킬 때 일방적이다.
④ 민주주의 덕분에 부모와 자식간의 상호 이해가 견고하게 성립되었다.
⑤ 복종의 미덕은 젊은이들에 의해 높이 평가되는 것은 아니다.

14. 다음 글에서 필자의 민주주의에 대한 생각은?

> Some people will say that there are many flaws in democratic government. Surely there are. But the fact remains that nothing so far achieved in government works so well for the greatest number and depends so little upon force as democratic systems.

① indifferent
② aggressive
③ positive
④ negative
⑤ sarcastic

15. 다음 빈칸에 들어갈 말로 가장 알맞은 것은?

> According to a central tradition in Western philosophy, thinking essentially is rational manipulation of mental symbols. Clocks and switchboards, however, don't do anything at all like rational symbol manipulation. Computers, _____, can manipulate arbitrary "tokens" in any specifiable manner whatever ; so apparently we need only arrangement for those tokens and the manipulations to be specified as rational, to get a machine that thinks.

① likewise
② moreover

③ therefore ④ for example
⑤ on the other hand

16. 다음 글의 빈칸에 들어갈 말로 가장 적절한 것은?

A person who has been convicted of a crime may be release from prison by a chief executive, such as the president of a country. Only chief executives can grant pardons. A person who receives a pardon is then completely free with all rights of citizenship restored. A pardon has the effect of wiping out a conviction. A person who has been pardoned is not regarded as _____ .

① a citizen ② released
③ a criminal ④ an attorney
⑤ free

17. 다음 글의 필자가 강조하는 독서법은?

The real joy of a book lies in reading it over and over again, and always finding it different, coming upon another meaning. It is far, far better to read one book six times, at intervals, than to read six several books. Because if a certain book can call you to read it six times, it will enrich the whole soul, whereas six books read once only are merely an accumulation of superficial interest, the burdensome accumulation of quantity in modern day, without real value.

① Extensive Reading ② Intensive Reading
③ Silent Reading ④ Random Reading

⑤ Extractive Reading

18. 다음 우리말을 영어로 옮긴 것 중 옳지 않은 것은?

> 그가 외출을 하자, 비가 내리기 시작했다.

① He had hardly gone out when it began to rain.
② As soon as he went out, it began to rain.
③ The moment he went out, it began to rain.
④ Scarcely he had gone out before it began to rain.
⑤ He had no sooner gone out than it began to rain.

19. 다음 글의 주제로 옳은 것은?

> Meditation has been found to change the brain-wave patterns of the meditator. Specifically, it increases the occurrences of "alphawaves," which are associated with relaxation. During meditation, a person usually consumes less oxygen than normal. Decreased oxygen use indicates a very deep state of relaxation. In some cases meditation has even been shown to lower a person's high blood pressure. These and other effects of meditation show it to be a valuable part of a general health-care plan.

① meditation and health care
② alpha waves and relaxation
③ oxygen and blood pressure
④ brain wave and meditation
⑤ relaxation and oxygen use

20. 다음 대화의 빈칸에 들어갈 내용으로 옳은 것은?

> A : Do you work out in a gym?
> B : Yeah, I do.
> A : _____.
> B : Everyday.

① What time do you go there?
② What do you usually do?
③ Is it good for you?
④ How do you like it?
⑤ How often do you work out?

한국사

01. 다음은 대동법에 관한 내용이다. 이와 관련하여 조선 후기 사회의 변화를 추론할 때 적절하지 않은 것은?

> 대동법은 민호에 토산물을 부과, 징수하던 공납을 토지 결수에 따라 미·포·전으로 납입하게 하는 제도였다. 정부는 수납한 미·포·전으로 공인을 통하여 필요한 물자를 구입하여 쓰게 되었다. 대동법은 17세기 초 경기도에서 시험적으로 실시된 이후, 찬반양론 속에서 김육 등의 노력에 의해 점차 확대되어, 18세기 초에는 평안도, 함경도를 제외한 전국에서 시행되기에 이르렀다.

① 국가 수입은 증대하고, 농민 부담은 감소하였을 것이다.
② 조세의 금납화가 촉진되어 화폐 경제가 발달하였을 것이다.
③ 공납이 전세화됨에 따라 양반 지주들의 반발이 컸을 것이다.
④ 사회 경제가 안정되어 종래의 신분 질서가 유지, 강화되었을 것이다.

⑤ 상품 및 화폐 경제의 발달을 가져왔을 것이다.

02. 다음과 같은 활동을 한 역사적 인물이 구상했던 조선시대의 모습은?

- 민본적 통치규범 마련
- 「불씨잡변」을 저술하여 불교 비판
- 「조선경국전」, 「경제문감」 등의 저서 편찬
- 요등수복운동을 추진하기 위해 '진도'를 작성

① 6조 직계제의 실시로 왕권의 확립을 주장하였다.
② 재상중심의 관료제 확립을 주장하였다.
③ 자연중심적 종교사회를 구현하고자 하였다.
④ 지방세력의 억제로 중앙집권화를 주장하였다.
⑤ 왕권과 신권의 조화를 강조하였다.

03. 다음 기록이 반영되고 있는 당시의 상황을 제시한 것으로 적절하지 않은 것은?

환웅이 무리 3천을 거느리고 태백산 꼭대기의 신단수 밑에 내려와 그 곳을 신시라 이르니 그가 곧 환웅천황이다. 그는 풍백, 우사, 운사를 거느리고 곡식, 수명, 질병, 형벌, 선악 등 무릇 인간 360여 가지 일을 맡아서 세상을 다스렸다.

① 농경사회　　　　　② 선민사상
③ 사유자산의 성립　　④ 제정 분리
⑤ 국가의 성립

04. 우리나라의 영토 확장 과정에 대한 설명으로 옳은 것은?

① 고려 태조는 발해 유민을 받아들임으로써 대동강 이남까지 확보하였다.
② 고려 성종 때는 거란족의 침입에도 불구하고 압록강 하구까지 확보하였다.
③ 묘청 등이 주장한 북벌이 이루어져 압록강 상류까지 차지하였다.
④ 공민왕은 요동을 공략하게 하여 요동반도를 차지하였다.
⑤ 조선의 건국과 더불어 압록강과 두만강 선을 국경으로 확정하게 되었다.

05. 다음과 관련된 운동에 대하여 옳게 설명한 것은?

> 2. 탐관오리는 그 죄상을 조사하여 엄징한다.
> 5. 노비문서를 소각한다.
> 6. 7종의 천인차별을 개신하고 백성이 쓰는 평량갓을 없앤다.
> 10. 왜와 내통하는 자는 엄징한다.
> 12. 토지는 평균하여 분작한다.

① 처음부터 대대적인 농민전쟁의 성격을 띠었다.
② 반봉건·반침략의 근대 민족운동의 성격을 띠었다.
③ 반외세적인 성격을 띠어 집권세력의 지지를 받았다.
④ 개혁의 급진성으로 인하여 아무런 영향을 끼치지 못하였다.
⑤ 발생 초기부터 농민전쟁의 성격을 띠었다.

06. 조선 후기 붕당정치에 대한 설명으로 옳지 않은 것은?

① 광해군 때 북인정권은 실리적 외교를 추구하였다.
② 인조 때 서인정권은 새로운 군영을 설치하고 남인과 공존관계를 유지하였다.

③ 현종 때 남인은 예송논쟁을 일으켜 서인과 대립한 끝에 집권하였다.
④ 효종 때 서인정권은 남인들과 공존하던서 북벌운동의 무모함을 비판하였다.
⑤ 양반들 간에 관직 쟁탈전이 심해져서 붕당간의 정쟁으로까지 발전하였다.

07. 다음은 역대 왕조의 토지제도를 설명한 것이다. 옳지 않은 것은?

① 통일신라 : 관료전과 정전을 지급하였다.
② 고려 : 문무관리를 18등급으로 나누어 전시과를 지급하였다.
③ 고려 : 5품 이상의 관리에게 공음전, 승려에게는 별사전을 지급하였다.
④ 조선 : 과전법, 직전법, 관수관급제가 실시되었다.
⑤ 제1공화국 : 농지개혁의 실시로 무상몰수, 무상분배가 이루어졌다.

08. 다음과 같은 유물들이 사용되던 시기에 새로이 나타난 사회현상을 바르게 설명한 것은?

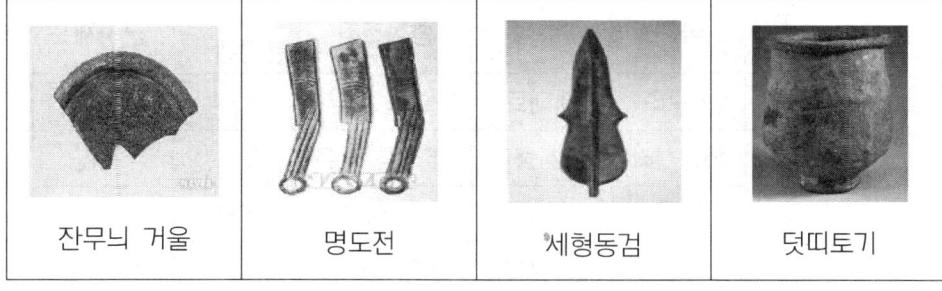

| 잔무늬 거울 | 명도전 | 세형동검 | 덧띠토기 |

① 철제 농기구가 사용되고 교역이 활발해졌다.
② 사유재산과 계급이 나타나고 고인돌이 만들어졌다.
③ 씨족을 기본 구성단위로 하는 부족사회를 이루었다.

④ 가족단위로 무리를 이루어 이동하는 생활을 하였다.
⑤ 주거지는 하천이나 계곡 근처의 구릉지나 산기슭에 소단위로 모여 거주하였다.

09. 다음 중 다산 정약용의 저서를 올바르게 설명하지 않은 것은?

① 목민심서 : 지방행정에 관한 개혁 및 지방관이 지켜야할 도리를 기록하였다.
② 경세유표 : 중앙의 정치제도에 관한 의견을 논술하였다.
③ 흠흠신서 : 형정(刑政)의 개선책과 형옥(刑獄)을 맡은 관리의 명심사항을 서술하였다.
④ 대동수경 : 우리나라의 각 도의 지리, 풍속, 인물 등을 자세하게 기록하고 있다.
⑤ 마과회통 : 서양식 종두법을 소개한 의학 서적이다.

10. 다음은 역대 왕조들의 정치조직이다. 수상, 행정조직, 지방장관, 군사제도, 합의기구가 바르게 연결된 것은?

구분	국가	수상	행정조직	지방장관	군사제도	합의기구
①	고구려	대대로	3경 22부	욕살	대모달	제가회의
②	통일신라	시중	5소경, 9주	도독	9서당	집사부
③	발해	대내상	5경 62주	방령	8위	정당성
④	고려	문하시중	5도 양계	안찰사	2군 6위	도병마사
⑤	조선	영의정	8도	관찰사	5위	의금부

한국사

11. 통일신라시대의 문화를 올바르게 설명한 것은?
① 국학이 설립되어 유학이 국가의 지도 이념으로 채택되었다.
② 고분양식은 수혈식 적석목곽분에서 횡혈식 석실고분으로 바뀌었다.
③ 선종의 영향으로 조형미술이 발달하였다.
④ 최치원은 유학자로서 선종을 배척하였다.
⑤ 불탑은 정돈된 형식을 숭상하지 않는 다양한 양식이 나타났다.

12. 다음 중 고려 시대의 사회상이라고 보기 어려운 것은?
① 재산의 균분 상속이 이루어졌다.
② 아들이 없으면 양자를 들여 제사를 지낸다.
③ 처가 생활하는 남자가 많았다.
④ 태어난 차례대로 호적에 기재하였다.
⑤ 여성의 재가는 비교적 자유롭게 이루어졌다.

13. 다음 저서들을 통해 우리가 알 수 있는 것은?

| ㉮ 지봉유설 | ㉯ 성호사설 | ㉰ 청장관전서 |
| ㉱ 오주연문장전산고 | ㉲ 동국문헌비고 | |

① 문화 인식이 확대되어 백과 사전류의 저서가 편찬되었다.
② 민족사에 대한 주체적 자각을 높이는 데 기여하였다.
③ 각 지방의 자연 환경과 인물, 풍속, 인심의 특색을 세밀히 서술하였다.
④ 조선 후기에 산업, 경제, 문화적 목적에서 지리서가 편찬되었다.

⑤ 각 도별 지도, 역사, 풍속, 궁궐, 학교, 효자와 열녀, 성곽, 산과 하천, 토산물, 역, 다리, 유명 사적 등의 내용을 수록하였다.

14. 다음에 열거한 내용과 관련이 있는 것은?

```
㉮ 배상금 지불              ㉯ 일본 군대의 주둔
㉰ 임오군란의 결과로 체결    ㉱ 사죄사절단 파견
```

① 갑오개혁　　　　　　② 강화도조약
③ 아관파천　　　　　　④ 제물포조약
⑤ 한성조약

15. 광복 직후 활동한 정계의 주요 인물들에 대한 설명으로 옳은 것은?

① 이승만은 반탁 운동을 주도하였을 뿐만 아니라, 남한 단독 정부 수립에 반대하는 입장을 견지하였다.
② 여운형은 해방 직후 조선 건국 준비 위원회를 결성하였으며, 통일 정부 수립을 위하여 좌우 합작 운동을 주도하였다.
③ 김구는 미·소 공동 위원회 개최에 반대하고 남한만의 총선거로 정부를 수립하자고 주장하였다.
④ 김규식은 통일 정부 수립을 위한 남북 협상에 반대하면서 이승만 등과 함께 우익 진영을 이끌었다.
⑤ 조병옥은 귀국 후, 김구 등 임시정부 계통과는 노선을 달리하여 정치공작대·정치위원회 등을 조직하여 이승만과 같은 길을 걸었다.

한국사

16. 우리나라 청동기문화에 대한 설명 중 옳지 않은 것은?
① 무늬 없는 토기를 사용하였다.
② 청동괭이, 보습, 쟁기 등 금속기구로 경작하였다.
③ 돌도끼, 돌창, 반달모양 돌칼 등을 정교하게 제작하여 사용하였다.
④ 구릉지 사간에서 집단 취락생활을 영위하였다.
⑤ 일부에서는 벼농사도 시작되었다.

17. 구한말 애국계몽운동단체와 그 활동을 적은 것으로 옳지 않은 것은?
① 신민회 - 문화적 경제적 실력양성운동, 독립군 기지를 건설하였다.
② 보안회 - 일제의 토지 약탈 기도를 좌절시켰다.
③ 대한자강회 - 일진회의 반민족적 행위를 규탄하였다.
④ 독립협회 - 국민의 자주독립의식 고취 및 민중계몽에 앞장섰다.
⑤ 대한협회 - 교육의 보급, 산업개발 등을 통한 실력양성 운동을 전개하였다.

18. 다음은 우리나라 전통 사상을 나타낸 것이다. 이 사상과 관련된 설명으로 옳지 않은 것은?

> ㉮ 경험에 의한 인문 지리적 지식을 활용한 학설로 뒤에 예언적인 도참사상과 결부되었다. 또 국토를 지방 중심으로 재편성할 것을 주장하기도 하였다.
> ㉯ 인간의 길흉화복이 가옥이나 묘지의 위치에 좌우된다.
> ㉰ 국가의 운명도 국토의 지력성쇠에 의해 좌우된다.

① 묘청의 서경 천도 운동에 영향을 주었다.

② 산수문전, 백제 금동 대향로에 이 사상이 반영되었다.
③ 신라 말 도선에 의해 중국에서 들어왔다.
④ 신라 정부의 권위를 약화시키는 구실을 하였다.
⑤ 조선이 한양을 수도로 정한 것도 풍수 사상이 반영되었다.

19. 국채보상운동에 대한 설명으로 옳지 않은 것은?
① 일본에 진 빚을 갚기 위한 운동이었다.
② 대한매일신보와 만세보를 통하여 모금을 하였다.
③ 일본의 방해로 성공하지 못하였다.
④ 금연, 폐물폐지 운동을 전개하였다.
⑤ 신민회의 주동으로 시작되었다.

20. 다음과 같은 글에서 일제 식민 사학의 내용으로 옳은 것은?

> 1930년대 백남운 등은 유물 사관을 토대로 역사를 연구하였는데, 이들은 한국사가 세계사의 보편적 발전 법칙에 입각하여 발전하였음을 강조하였다.

① 일선동조론　　　　　② 당파성론
③ 타율성론　　　　　　④ 정체성론
⑤ 사대성론

최종 제5회 모의고사

국어

※ 다음 글을 읽고 물음에 답하시오. (01~02)

(가) 누구나 국어에는 한민족적인 그 무엇이 있고, 한민족은 국어를 통하여 정신적인 그 무엇이 함양되어 온 것처럼 의식하기 쉽다. 이런 견해는 일제 말기의 일본 학자 중에서 일부가 떠들어댄 사고법인데, 이것이 오늘날 우리에게도 남아 있지 않은가 한다. 과거 구주에서도 이러한 주장을 하고, 자국어의 우수성을 문학적 또는 어학적으로 입증하려 한 것이 있는데, 이는 일종의 감상주의라 하겠다.

(나) 언어와 민족이란 본질적으로 불가분의 관계에 있는 것은 아니다. 극단으로 말하면, 민족은 존속하여도 언어는 다른 언어로 바뀔 수가 있는 것이다. 그 좋은 예로는 가까이 청 태조가 중국을 통일하여 만주어 보존에 무한히 노력하였지만, 몇 백년이 못 가서 만주어는 거의 소멸하고 만 점이다.

(다) 국어와 우리 문화와의 관계가 어떠한가를 보면, 원칙적으로 문화가 언어에 미치는 영향의 한계란 지극히 명백한 것이다. 비록 문화의 발달로 인한 생활상의 필요성에 따라 국어의 어휘가 크게 증가한 것은 분명하나, 문화가 발달되고 문화의 어느 유형이 고유화되었다고 해서 언어의 구조가 달라질 리 없고, 어느 특성이 부가될 리도 없는 것이다. 어휘가 늘고, 사용면의 기교가 문학 기술과 아울러 발달된다 하여도, 언어의 본질적인 성격에 변화를 일으키지 못하는 것이다.

(라) 언어를 육성하고 지배하는 것이 민족도 아니고 문화도 아니라면, 과연 언어를 지배하고 있는 것은 무엇인가? 그것은 언어 사회라는 것이다. 언어는 우리의 언어 사회의 소유물이

란 이 점을 강력하게 주장하고자 한다. 우리는 언어생활에서, 우리의 언어 사회에서 규정된 국어를 사용하는 것인데, 이 국어는 오랜 시일을 두고 사회적 계약으로서 이루어진 것이어서, 우리가 출생과 더불어 이 언어 사회의 계약인, 법전처럼 규정된 언어를 가족과 이웃을 통하여 인계를 받고, 이것을 사용하고 자손과 후배에게 인계하고 죽는 것이다.

(마) 그리고 다행하게도 이 언어 사회는 민족으로는 단일 민족이었으며, 지리적으로 이동이 거의 없었던 주로 반도라는 동일 지역이었고, 문화적으로는 비록 복잡한 이민족 문화와의 혼합체였지만, 동일 문화권 안에서 유지되고 발달되었다는 좋은 조건이 국어의 발달에서 순조로운 과정을 밟게 한 것이다.

01. 다음 글이 들어가기에 가장 알맞은 것은?

이 국어란 계약은 '개인의 힘으로 번역할 수 없는 계약이며, 소위 언어는 사회적 계약이다.'라는 문구는 곧 언어 사회를 전제로 하고, 여기서 계약된 언어를 말하는 것이다.

① (가)의 앞　　　　　　② (나)의 앞
③ (다)의 앞　　　　　　④ (라)의 앞
⑤ (마)의 앞

02. 위 글 (마)를 통해 전달하고자 하는 사실로 옳은 것은?

① 언어 사회의 성립요건　　② 국어가 순조롭게 발달한 요인
③ 국어 변천의 원인　　　　④ 국어 어휘의 특징
⑤ 언어의 계통적 특성

03. 다음의 한자 성어와 해당하는 속담이 잘못 연결된 것은?

① 姑息之計(고식지계) - 언 발에 오줌 누기
② 雪上加霜(설상가상) - 엎친 데 덮치기
③ 草綠同色(초록동색) - 가재는 게 편
④ 識字憂患(식자우환) - 아는 것이 병
⑤ 十匙一飯(십시일반) - 수염이 석 자라도 먹어야 양반

04. 수필의 성격을 설명한 글 중에서 '유머(해학)'와 가장 관계가 깊은 글은?

① 수필은 청자연적이다.
② 수필은 몸맵시 날렵한 여인이다.
③ 수필은 방향 있는 차를 마시는 문학이다.
④ 수필이 비단이라면 번쩍거리지 않는 바탕에 약간의 무늬가 있다.
⑤ 필자가 가고 싶은 대로 가는 것이 수필의 행로이다.

05. "우리 함께 다 같이 힘차게 '매진합시다."에서 매진의 한자로 올바른 것은?

① 邁進
② 萬進
③ 眛進
④ 罵進
⑤ 魅進

06. 다음 시구(詩句) 가운데 성격이 다른 것은?

① 제 곡조를 못 이기는 사랑의 노래는 님의 침묵을 휩싸고 돕니다.

② 얇은 사 하이얀 고깔은 고이 접어서 나빌레라.
③ 까마득한 날에 하늘이 처음 열리고 어디 닭 우는 소리 들렸으랴.
④ 이제 산에 드니 산에 정이 드는구나.
⑤ 한 송이의 국화꽃을 피우기 위해 봄부터 소쩍새는 그렇게 울었나 보다.

07. 다음 글의 ㉮와 바꾸어 쓰기에 가장 적절한 말은?

> 텔레비전에서 접하는 폭력이 실생활에서 폭력사건을 ㉮ 부채질한다는 걱정은 여러 연구에서 꽤 근거 있는 것으로 나타나 있다.

① 고무(鼓舞)한다
② 조장(助長)한다
③ 장려(獎勵)한다
④ 초래(招徠)한다
⑤ 촉발(觸發)한다

08. 다음 밑줄 친 부분이 정서법에 맞게 올바르게 된 것은?

① 방을 <u>빌어</u> 자취를 한다.
② 메주로 간장을 <u>담는다</u>.
③ 어떤 <u>게인</u> 날 섬에 갔다.
④ 세금을 <u>거두기가</u> 쉽지 않다.
⑤ 시골에서 모내기가 <u>한참</u>이다.

09. 다음 중 국어(한국어)의 특질이라 할 수 없는 것은?

① 경어법(존비법)이 발달되어 있다.
② 모음조화 현상이 있으며 단어 형성법이 발달 되어 있다.

③ 음운대립 예사소리, 된소리, 거센소리의 음운 대립이 존재한다.
④ 목적어·보어는 서술어 앞에 놓이고 수식어는 피수식어 앞에 놓인다.
⑤ 조사와 어미가 첨가된 첨가어로 조사와 어미가 발달한 형태의 굴절어이다.

10. 다음 시의 (가)와 (나)는 의미상 대칭적이다.(　) 안에 들어갈 말로 적당한 것은?

> (가) 아름다운 나무의 꽃이 시듦을 보시고
>   열매를 맺게 하신 당신은
> (나) 나의 (　　)을(를) 만드신 후에
>   새로이 나의 눈물을 지어 주시다.

① 웃음　　　　　　　② 생명
③ 고통　　　　　　　④ 허무
⑤ 눈물

※ 다음 글을 읽고 물음에 답하시오. (11~12)

> 인류는 그 동안 물질의 풍요로움과 생활의 편리함을 추구하며 살아왔으며, 20세기의 과학 기술은 이러한 보편적인 인류의 욕구를 충족시키기 위하 물질문명의 발달에만 그 목표를 두고 발전해 왔다. 따라서 과학 기술자는 물질문명의 발달에 기여한 바도 크지만, 그에 못지않게 ㉠환경오염 문제를 유발한 책임도 있다고 하겠다. 그러나 있다고 하겠다. 그러나 ㉡오존층의 파괴, 지구 온난화 문제 등 환경오염의 구체적인 실상을 ㉢밝혀 낸 것도, 그리고 이에 대한 구체적인 해결 방안을 제시할 수 있는 것도 과학 기술자이다.
> 만약, 현대 과학의 연구 개발 능력을 쾌적한 환경 만들기에 집중시킨다면, 환경 문제의 해결은 결코 어렵지 않을 것이다.

11. 위 글에서 의미의 관계가 ㉮ : ㉯의 경우와 같은 것은?
① 환경오염 – 환경 정화
② 물질문명 – 환경 파괴
③ 지구 온난화 – 생태계 파괴
④ 인류의 욕구 – 물질의 풍요
⑤ 과학 기술 – 쾌적한 환경

12. 위 글 ㉰와 바꾸어 쓸 수 있는 가장 적절한 단어는?
① 구명(究明)한
② 관측(觀測)한
③ 발견(發見)한
④ 탐색(探索)한
⑤ 표현(表現)한

13. 다음 시가(詩歌)에 대한 설명으로 옳지 않은 것은?

> 살어리 살어리랏다.
> 청산(靑山)애 살어리랏다.
> 멀위랑 ᄃ래랑 먹고
> 청산(靑山)애 살어리랏다.
> 얄리 얄리 얄랑셩 얄라리 얄라.
>   - 청산별곡 -

① 후렴구에서 "ㄹ, ㅇ"의 연속음은 매끄러운 음악적 효과와 명랑한 느낌을 준다.
② 시적 자아는 지금 청산 속에 있다.
③ 구전되다가 조선 초기에 문자로 정착되었다.
④ 자연 속에서 위안을 얻으며 살고 싶은 소망이 담겨 있다.
⑤ 시적 화자는 자신의 삶의 비애와 고뇌의 연속을 하나의 운명으로 인식하고 그로부터 벗어나고자 하는 열망이 담겨져 있다.

14. 다음 중에서 외래어 표기가 바르지 않은 것은?

① 스태미나(stamina) ② 알레르기(Allergie)
③ 타월(towel) ④ 브라우스(blouse)
⑤ 리본(ribbon)

15. 다음과 같은 문학비평방법은 어떤 것을 기준으로 한 것인가?

> 이상(李箱)의 '날개'라는 단편소설의 주제는 보통 '식민지 지식인의 나갈 길 없는 지평'이라고 해석된다.

① 분석학적 비평 ② 형식주의 비평
③ 신화원형 비평 ④ 심리주의 비평
⑤ 역사주의 비평

16. 문맥으로 보아 다음 글의 (   )에 알맞은 한자 숙어는?

> 우리의 경제, 특히 산업 기술 부분은 대일(對日) 의존도가 높아 일본 기계들이 한국의 생산 공장을 지배하고 있는 실정이다. 일본 시설재에 의존하며, 그 시설에 맞는 부품을 들여와 쓰기만 하고, 기술 개발을 하지 않는 상황이 계속되는 한, 대일 무역 역조 개선은 그야말로 (   )이다. 그러니 우리는 하루 빨리 산업 구조 개선과 기술 자립을 이루도록 노력해야 한다.

① 고장난명(孤掌難鳴) ② 백년하청(百年河淸)
③ 중과부적(衆寡不敵) ④ 주마가편(走馬加鞭)
⑤ 박장대소(拍掌大笑)

17. 다음 단어 중 발음 표시가 올바르게 된 것은?
① 값있는[갑신는]
② 맑다[말따]
③ 옷이[오디]
④ 밝다[발 : 다]
⑤ 발아래[바다래]

18. 다음 글이 범하고 있는 오류는?

> 꿈은 생리현상이다. 인생은 꿈이다. 그러므로 인생은 생리현상이다.

① 논점일탈의 오류
② 잘못된 유추의 오류
③ 애매어의 오류
④ 의도의 오류
⑤ 복합 질문의 오류

19. 다음 신라 노래가 현대시에 전통으로 접맥되는 작품으로 옳은 것은?

> 오늘 이에 산화(散花)를 불러
> 뿌리온 꽃아 너는
> 곧은 마음의 명을 부리옵기에
> 미륵 좌주 뫼셔라.

① 김소월의 '진달래꽃'
② 조지훈의 '승무'
③ 박목월의 '산도화'
④ 서정주의 '국화옆에서'
⑤ 한용운의 '님의 침묵'

20. 다음의 시구(詩句)에서 밑줄 친 것과 거리가 먼 것은?

나 보기가 역겨워
가실 때에는
<u>죽어도 아니 눈물 흘리오리다.</u>

① 반어적 표현　　② 도치법
③ 의지적 표현　　④ 강한 의지
⑤ 증오

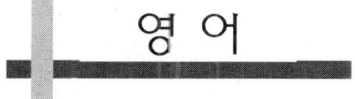

01. 다음 글이 주는 분위기로 가장 적절한 것은?

The town didn't look the same. The downtown area had begun to change early in the morning. Car club members were parading down the street. The men ad women walking down the main street were wearing leather jackets as if they had just arrived in a time machine. The music echoing from Shan Park stirred memories of a simpler time. Young kids were competing to see who could blow the biggest bubble in town. Youngsters were showing off their creatively decorated bicycles to get a free lunch. Some were dressed up for a fashion contest

① sad　　　　② lonely
③ calm　　　④ humorous
⑤ festive

02. 다음 글의 밑줄 친 부분과 의미가 같은 것은?

> Her parents coerced her into marrying the man.

① twisted
② judged
③ compelled
④ scolded
⑤ referred

03. 다음 중 빈칸에 들어갈 단어로 알맞은 것은?

> When a curtain goes paler because it is old, the color has _____.

① vanished
② faded
③ melted
④ dissolved
⑤ disappeared

04. 다음 밑줄 친 It이 구체적으로 가리키는 것은?

> It has been valued by people for many centuries, and today an average of two million dollars worth of this drug is exported annually from Asian countries. To the plant, which resembles the appearance of a man, certain medical beliefs sprang up long that still persist for the Asian.

① herb
② ginseng
③ honey
④ potato
⑤ aspirin

05. 다음 밑줄 친 곳의 표현을 ( )의 달로 바꾼 것이다. 잘못된 것은?

① A policeman came down heavily on young criminals. (= scolded)
② The baby's crying gets on his nerves. (= irritates)
③ The apartment is very conveniently laid out. (= designed)
④ Translate next page word for word. (= literally)
⑤ We arrived there to the minute. (= instantly)

06. 다음 밑줄 친 부분과 의미가 가장 가까운 것은?

> He is considering a program that would edify his students.

① teaching
② transplanting
③ learning
④ contemplating
⑤ closing

07. 다음 글 바로 다음에 올 문단의 내용으로 가장 자연스러운 것은?

> I remember I had quite pleasant activities after school. When I returned home after school, dinner was usually ready. When I finished my homework after dinner, I went to the swimming pool or to the public library. During the weekends, I went with my father to the movie theater or to a museum. These activities, however, were quite different from my mother's.

① 어머니의 현재의 취미 생활
② 아버지의 현재의 취미 생활
③ 어머니 학창시절의 방과 후 활동
④ 아버지 학창시절의 방과 후 활동

⑤ 필자의 퇴근 후 여가 활동

08. 다음의 빈칸을 들어갈 알맞은 말은?

It's hard to _____ in a car when the streets are very crowded.

① get ahead　　　　　　　② go through
③ get around　　　　　　　④ go without
⑤ get at

09. 다음 대화의 빈칸에 들어갈 어구로 가장 알맞은 것은?

A : I'm leaving now.
B : You've turned off the lights, _____?

① didn't you　　　　　　② did you
③ haven't you　　　　　　④ have you
⑤ hadn't you

10. 다음 문장 중에서 문법적으로 가장 어색한 것은?

① I am not rich, nor do I wish to be.
② He said that I must be careful.
③ I was used to go to the cinema once a week

④ Make haste lest you should miss the train.
⑤ He told me that the report must be true.

11. 다음 문장 중 어법상 옳은 것은?

① He finished to write the paper by the time she came back.
② He neither speaks English nor French.
③ I have read the two first chapters.
④ Never I dreamed that I would succeed in it.
⑤ Butter is sold by pound.

12. 다음 글의 흐름으로 보아 밑줄 친 부분을 가장 잘 고친 것은?

We are looking for a radio D. J. to host a morning radio talk show. The applicant must be an individual who will have finished all schooling by the start of the job in March of next year. Experience is preferred. Both men and women are welcome to apply. <u>Those interesting</u> might apply in person at the address below. Or you can call us at 587-4834. All applications must be received by November 30.

① Those interested
② Of those interested
③ For those who are interested
④ Those to interest
⑤ Those who are to interest

13. 다음 글의 빈칸에 들어갈 말로 가장 적절한 것은?

It's been a while since Tim played in a football game. He asks his coach why he hasn't been given the chance to play. Coach Rose talks about how nice Tim is, how hard he has been working, how much he has improved, and so on. _____, Tim interrupts him and says, "I wish you'd stop beating around the bush."

① However
② Moreover
③ Indeed
④ In addition
⑤ therefore

14. 다음 글의 제목으로 알맞은 것은?

In the business world, one of the most important elements for success is the relationships you have with others. You may have been a good student and you may be a diligent worker, but you still need friends and contacts. If you don't have these, you may not even be able to find a job. And if you don't have good relationships since you've found a job, you may not be able to move up in the company. Good friends and contacts influence how much money you make too. So establishing good relationships is extremely important for people who want to succeed in business.

① The Most Important Elements for Success
② The Way to Establish Good Relationships
③ The Key to Making More Money
④ The Importance of Relationships in Business
⑤ The Relationship between Work and Friendship

15. 다음 주어진 문장에 이어질 글의 순서가 가장 적절한 것은?

The conflict between government and Journalists arises from the different roles they play in society. Government has the job of conducting foreign policy.

(A) If they always sought government permission before publishing information they would be able to print or broadcast only what the government wanted to appear in the media.
(B) Journalists, however, see their role as investigating and giving information to the public.
(C) To do so effectively, government officials sometimes prefer not to give out information or even to lie.

① (A) - (C) - (B) ② (B) - (A) - (C)
③ (B) - (C) - (A) ④ (C) - (A) - (B)
⑤ (C) - (B) - (A)

16. 다음 글에서 밑줄 친 these의 의미로 가장 적절한 것은?

In ancient times, people believed that many different gods and spirits lived in the world. There were gods of war and thunder, the sea, wine and hunting. The Sun and the Moon were gods too. Stories that tell of the gods are called these. Some of these tell of extraordinary human beings called heroes who performed great deeds. Others tell of the magic the gods played on human beings. Almost all countries have these, but those of Greece and Rome have become the most familiar.

① fable ② story

③ myth ④ ballad
⑤ proverb

17. 다음 글을 쓴 목적으로 가장 적절한 것은?

> As you know, I have lived in this apartment for the last ten years and the lease has been renewed three times. The rent has risen each time, but always until now, by a reasonable amount. One hundred percent, though, is an absolute scandal, and I am not prepared to pay such a large increase. It is wrong to ask the tenants to pay a large increase when nothing has been done to improve the condition of the apartments. In fact, the front entrance is a disgrace. I am sure it is hardly ever cleaned.

① 항의 ② 감사
③ 사과 ④ 문안
⑤ 연설

18. 다음 글을 가장 바르게 영작한 것은?

> 그녀는 사진이 잘 찍힌다.

① She is taking good photography.
② She is a good photographer.
③ She is making a picture well.
④ She takes good picture.

⑤ She photographs well.

19. 다음 글의 주제로 알맞은 것은?

Since alcohol can be oxidized in the body with little wastage, it would seem to possess distinct value as an energy food. It may be used as a source of muscular energy. It seems clear from investigations that alcohol contributes very little energy for muscular contraction. In fact its effect on working muscles is harmful, even when consumed in moderate amounts. In these experiments it was shown that muscular strength, timing, and endurance were all impaired by even small amount of alcohol.

① 음주의 영향에 관한 연구의 필요성
② 술이 에너지 식품으로서의 가치
③ 음주의 유해성
④ 음주량이 신체에 미치는 영향
⑤ 금주법 실시의 정당성

20. 다음 A, B의 대화에서 밑줄 친 부분에 들어갈 알맞은 말은?

A : How are you doing on your novel?
B : Not so well, 'm afraid.
A : What's the trouble?
B : I can't think of an ending. _____.

① It would be excellent   ② I'm at a standstill

③ I know you don't care ④ It's exciting
⑤ I'll tell you what it means

한국사

01. 다음은 조선 후기의 경제적인 변화를 나타내는 사항들이다. 이를 통해 나타난 사회 현상으로 옳은 것은?

| ㉮ 이앙법 | ㉯ 견종법 | ㉰ 경영형 부농과 임노동자 출현 |
| ㉱ 상품 작물의 재배 | ㉲ 도고의 성장 | ㉳ 광작 |

① 상민과 노비의 수가 증가하였다.
② 신분 변동이 활발하였다.
③ 빈부의 격차가 줄어들었다.
④ 피지배층에 의해 권력 구조가 개편되었다.
⑤ 명주, 종이, 어물, 모시, 비단, 무명을 중점적으로 팔던 육의전이 쇠퇴 하였다.

02. 다음 '비'들이 갖는 공통적인 특징에 해당하는 것은?

| ㉮ 단양 적성비 | ㉯ 창녕비 | ㉰ 북한산비 |
| ㉱ 황초령비 | ㉲ 마운령비 | |

① 남한강 유역의 점유 사실과 밀접한 관계가 있다.

② 신라 영토의 확장 사실을 알 수 있다.
③ 건립된 위치에 모두 현존하고 있다.
④ 신라와 고구려의 국경선에 모두 위치하고 있다.
⑤ 고구려의 영토 확장과 관련이 있는 비들이다.

03. 다음 중 건국 준비 위원회에 대한 설명으로 옳은 것은?

① 8·15 해방 직후 최초로 조직된 정치 단체이다.
② 공산주의자를 배제한 민족주의 계열의 단체이다.
③ 미군정에 의해 공식적인 단체로 인정받았다.
④ 반탁 운동을 전개하였다.
⑤ 상해 임시 정부의 귀국을 적극 주선하였다.

04. 다음 사실들이 나타난 시기의 문화 동향을 설명한 것으로 옳지 않은 것은?

> ㉮ 농장 확대 현상이 심화되었다.
> ㉯ 민족의식을 고취하는 사서가 편찬되었다.
> ㉰ 문인들에 의해 패관 문학이 성행하였다.

① 주심포양식의 간결하고 장중한 모습의 건축물들이 건립되었다.
② 성리학의 수용에 따라 사상계는 새로운 전환을 맞게 되었다.
③ 자유로운 문체를 구사하는 새로운 문학 세계를 추구하였다.
④ 대장도감을 설치하고 팔만대장경을 조판하였다.
⑤ 교관겸수를 강조하는 불교 종파가 개창되었다.

05. 삼국 시대 고분에 대한 설명으로 옳지 않은 것은?

① 무령왕릉은 남조 문화의 영향을 받은 전축분으로 양과의 교류를 말해 준다.
② 쌍영총의 전실과 후실 사이에 있는 8각 돌기둥은 서역 건축 양식을 모방한 것이다.
③ 천마총은 굴식 돌방무덤으로 천마도라는 벽화가 발견되었다.
④ 강서 고분의 힘과 패기에 넘치는 사신도는 도교의 영향을 받은 벽화이다.
⑤ 무덤의 벽면에 천마도와 같은 벽화가 많이 그려져 있다.

06. 한말의 근대화 과정을 설명한 것으로 옳은 것은?

① 갑신정변을 전후하여 교육입국조서를 발표하고 근대교육 제도를 마련하였다.
② 갑오개혁 때 양력이 사용되고 우정국이 운영되었다.
③ 을미개혁 때 처음으로 신문을 발간하고 무기를 만들며 화폐도 주조하였다.
④ 대한제국 때 지계를 발급하여 토지의 근대적 소유권 제도로 발전시키려 하였다.
⑤ 홍범14조에서 입법권의 독립과 민권의 확립이 제시되었다.

07. 다음의 정치 세력에 대한 설명으로 옳은 것은?

> 철원 최씨, 해주 최씨, 공암 허씨, 평강 채씨, 청주 이씨, 당성 홍씨, 황려 민씨, 횡천 조씨, 파평 윤씨, 평양 조씨는 다 여러 대의 공신 재상의 종족이니 가히 대대로 혼인할 것이다. 남자는 종친의 딸에게 장가하고 딸은 종비(宗妃)가 됨직하다.

① 무신 정변은 이들이 몰락하는 계기가 되었다.
② 고려 후기에 정계의 요직을 장악한 최고 지배 세력이었다.
③ 이자겸은 이들 정치 세력에 대항하기 위해 난을 일으켰다.

④ 성리학을 학습하고 과거를 통하여 중앙 정계에 진출하였다.
⑤ 권문세력들로 외세 침략을 막아내고 개혁을 추진하였다.

08. 다음은 갑신정변(1884)의 개혁요강이다. 이를 통해 볼 때, 갑신정변의 역사적 의의로 가장 적당한 것은?

> - 청에 대한 조공의 허례(虛禮)를 폐지한다.
> - 문벌을 폐지하여 인민평등을 추구한다.
> - 지조법을 개혁해 관리의 부정을 막고 재정을 넉넉히 한다.
> - 모든 재정을 호조에서 관할한다.

① 가장 중요한 방향은 청의 영향력을 확대한 데 있었다.
② 근대 국가의 수립을 목표로 하는 최초의 정치개혁 운동이었다.
③ 이를 통해서 신분제를 타파하는 데 성공하였다.
④ 미국과 협조하여 문명개화론을 실천하려 했다.
⑤ 이를 통해 우리 정부의 대외적 자주성이 확대되었다.

09. 다음 역사적인 사실들이 1920년대 추진된 민족운동으로만 연결된 것은?

> ㉮ 소작쟁의와 노동쟁의
> ㉯ 신민회의 민족산업 육성운동
> ㉰ 물산장려운동
> ㉱ 민립대학 설립운동
> ㉲ 민족사업, 민족자본의 성장을 막으려고 허가제로 제정
> ㉳ 사회주의 계와의 연결에 의한 통일전선 구축

① ㉮, ㉰, ㉱, ㉳
② ㉯, ㉰, ㉱, ㉳
③ ㉯, ㉲
④ ㉱, ㉲
⑤ ㉮, ㉯, ㉱, ㉳

10. 다음에서 설명하고 있는 왕들의 공통점에 해당하는 것은?

> ㉮ 노비안검법과 과거 제도를 실시하고, 스스로 황제라 칭하고 연호를 사용하였다.
> ㉯ 정치·사회 질서를 바로잡기 위한 개혁안으로 시무 28조를 왕에게 건의하였다.

① 유교 정치 이념의 표방
② 문벌 귀족 세력의 강화
③ 중앙 집권의 강화
④ 민생 안전과 민심의 수습
⑤ 자주성 회복

11. 다음 유물들이 만들어진 시대에 관한 설명으로 옳은 것은?

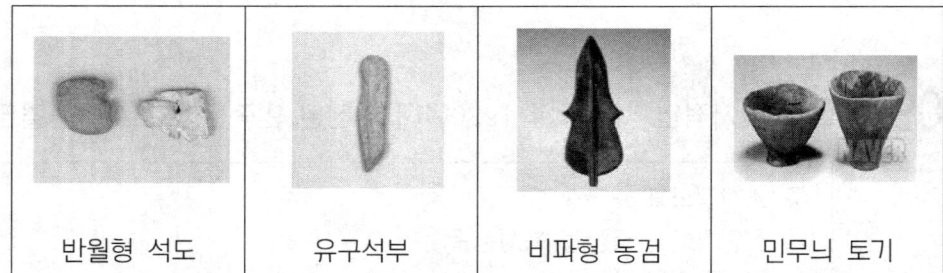

| 반월형 석도 | 유구석부 | 비파형 동검 | 민무늬 토기 |

① 무리생활을 하며 권력과 지배계급이 없는 평등사회를 이루었다.
② 지탑리 유적지에서는 탄화된 피 또는 조가 출토되어 이때부터 비로소 농경생활이 시작되었음을 알려주고 있다.

③ 지배, 피지배관계가 생겨 부와 권력을 가진 군장의 출현을 보게 되었다.
④ 벼농사가 본격화되고 철제농구와 우경에 의한 농경이 발전하였다.
⑤ 철은 지배자의 권력이나 재력을 과시하는 수단으로 사용되었다.

12. 한반도 청동기 문화인들의 생활에 대한 설명으로 옳지 않은 것은?

① 제사장이 정치·사회적으로 큰 영향력을 미쳤다.
② 지석묘(고인돌)와 돌상자무덤을 남겼다
③ 돌과 나무로 만든 농기구를 주로 사용하였다.
④ 청동기가 일반인들의 생활도구로 풍부하게 공급되었다.
⑤ 정치적 지배자가 출현하였다.

13. 다음과 같은 정치가 행해질 당시의 사회상황에 대한 설명으로 옳은 것은?

> ㉠ 왕 아래 가축의 이름을 딴 여러 가(加)들이 있어, 이들은 행정구역인 사출도(四出道)를 따로이 다스렸다.
> ㉡ 왕 아래에 대가(大加)들이 있어 사자, 조의, 선인 등의 관리를 각자 거느리고 있었다.

① 율령을 반포하고 백관의 공복을 제정하였다.
② 국민정신, 사상의 통일을 위해 불교를 수용하였다.
③ 유교정치사상의 보급을 위해 교육기관이 성립하였다.
④ 종래의 군장세력은 자기부족에 대한 지배권을 행사하였다.
⑤ 청동기 농기구의 사용으로 생산력이 증가되었다.

14. 위만왕조의 성립으로 고조선사회에 나타난 변화가 아닌 것은?
① 활발한 정복사업이 전개되었다.
② 철기문화가 본격적으로 수용되었다.
③ 중앙정치조직을 갖춘 강력한 국가로 성장하였다.
④ 한나라와는 평화적인 관계가 지속되었다.
⑤ 지리적인 이점을 이용하여 중계무역의 이득을 독점하고자 했다.

15. 고려 시대의 신분 제도에 대한 설명으로 옳지 않은 것은?
① 아버지는 물론 조부가 5품 이상의 관리이면 공로에 따라 손자도 음서를 통해 관리가 될 수 있었다.
② 향리는 과거를 통하여 문반직에 오를 수 있었고 외거 노비는 재산을 모아 양인의 신분을 얻을 수 있었다.
③ 사회의 최하층인 천민에는 공·사 노비, 특수 행정 구역인 향·소·부곡민, 백정이 포함되어 있었다.
④ 중류층에는 중앙 관직의 실무 관리인 서리, 궁중 관리인 남반, 지방 행정의 실무를 맡았던 향리, 그리고 하급 장교들이 있었다.
⑤ 귀족은 관리 중에서도 문벌이 좋은 5품 이상의 고위 관직에 오른 일부 특권층만을 가리키는 것이다.

16. 우리문화가 일본에 전파 되어 이룩된 문화로써 바르게 연결되지 못한 것은?
① 신석기시대 문화 – 죠몽 문화
② 청동기시대 문화 – 야요이 문화

③ 삼국시대 문화 – 아스카 문화
④ 통일신라시대 문화 – 하쿠호 문화
⑤ 고려시대 문화 – 에도 문화

17. 고구려 광개토대왕의 업적에 해당하지 않는 것은?

① 백제를 공략하여 한강 이북의 영역을 확보하였다.
② 내물왕의 요청으로 군대를 보내 왜군을 격파하였다.
③ 평양천도를 단행하여 고조선문화를 계승하였다.
④ 후연을 정벌하여 요동지방을 차지하였다.
⑤ 숙신지방을 점령하여 북쪽 판도를 넓혔다.

18. 다음은 조선 후기 어떤 유학자의 주장이다. 이와 같은 주장이 나오게 된 배경으로 가장 적절한 것은?

> 안다는 것은 행하는 것이며, 행하는 것은 아는 것이 이루어지는 것이다. 성학(聖學)은 단지 하나의 공부이니, 아는 것과 행하는 것은 두 가지 일로 나눌 수 없는 것이다.

① 가혹한 수탈, 자연 재해 등으로 사회의 불안정이 심화되었다.
② 서민 의식을 반영한 한글 소설 등 서민문화가 대두되었다.
③ 성리학 일변도의 사상체계로 사회의 보수적인 성향이 심화되었다.
④ 농촌 사회의 불안정을 개혁할 균전제 등 토지개혁론이 주장되었다.
⑤ 이(理)일원론, 기(氣)일원론의 연구로 성리학이 발달하였다.

19. 다음과 같은 개혁정치를 행한 근본 목적에 해당하는 것은?

㉮ 향약시행　　㉯ 현량과 실시　　㉰ 소격서 폐지

① 붕당정치의 규제
② 국왕의 왕권전제화
③ 지방자치제도의 강화
④ 훈고학적 유학 교육의 강화
⑤ 사림세력의 지위 강화

20. 삼국사기에 수록되어 있는 지방제의 내용으로 옳은 것은?

① 삼국에는 군 혹은 성이라는 지방행정단위가 존재하였다.
② 지방관은 원칙적으로 해당 지역출신자를 임명하였다.
③ 지방인과 왕경인의 신분적 차별은 없었다.
④ 신라는 전국을 6부로 편제하였다.
⑤ 고구려는 전국을 5방으로 편제하였다.

최종 제6회 모의고사

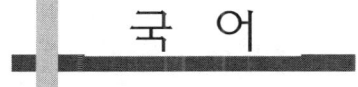

국어

01. 다음에서 맞춤법 규정을 참고할 때, 띄어쓰기가 잘못된 것은?

> 제45항 두 말을 이어 주거나 열거할 적에 쓰이는 말들은 띄어 쓴다.
> 제46항 단음절로 된 단어가 연이어 나타날 적에는 붙여 쓸 수 있다.

① 열 내지 스물
② 내것 네것
③ 물한병
④ 하루 내지 이틀
⑤ 아침 겸 점심

02. 다음 한시의 주제를 가장 잘 나타내고 있는 한자성어는?

> 花開昨夜雨(화개작야우)   花落今朝風(화락금조풍)
> 可憐一春事(가련일춘사)   往來風雨中(왕래풍우중)

① 수구초심(首邱初心)
② 인생무상(人生無常)
③ 혼정신성(昏定晨省)
④ 결초보은(結草報恩)
⑤ 각주구검(刻舟求劍)

03. 다음과 같이 표현을 목적으로 하는 글의 제목이 되기에 적합한 것은?

> 작문의 목적은 크게 '표현을 목적으로 하는 글'과 '전달을 목적으로 하는 글'로 나누어 볼 수 있다.

① 묘사의 목적과 방법
② 민족문화의 전통과 계승
③ 원자력 발전소의 작동원리
④ 고등학생의 두발 자유화의 장·단점
⑤ 제주도의 겨울풍경

04. 다음 글에서 필자의 주장에 대하여 반론을 제기하려고 할 때, 그 논거로 사용하기에 가장 적절한 것은?

> 언어와 민족이란 본질적으로 불가분의 관계에 있는 것은 아니다. 극단으로 말하면, 민족은 존속하여도 언어는 다른 언어로 바뀔 수가 있는 것이다. 그 좋은 예로는 가까이 청 태조가 중국을 통일하여 만주어 보존에 무한히 노력하였지만, 몇 백 년이 못 가서 만주어는 거의 소멸하고 만 점이다.
>
> 국어와 우리 문화와의 관계가 어떠한가를 보면, 원칙적으로 문화가 언어에 미치는 영향의 한계란 지극히 명백한 것이다. 비록 문화의 발달로 인한 생활상의 필요성에 따라 국어의 어휘가 크게 증가한 것은 분명하나, 문화가 발달되고 문화의 어느 유형이 고유화 되었다고 해서 언어의 구조가 달라질 리 없고, 어느 특성이 부가될 리도 없는 것이다. 어휘가 늘고, 사용면의 기교가 문학 기술과 아울러 발달된다 하여도, 언어의 본질적인 성격에 변화를 일으키지 못하는 것이다.
>
> 언어를 육성하고 지배하는 것이 민족도 아니고 문화도 아니라면, 과연 언어를 지배하고 있는 것은 무엇인가? 그것은 언어 사회라는 것이다. 언어는 우리의 언어 사회의 소유물이란 이 점을 강력하게 주장하고자 한다. 우리는 언어생활에서, 우리의

> 언어 사회에서 규정된 국어를 사용하는 것인데, 이 국어는 오랜 시일을 두고 사회적 계약으로서 이루어진 것이어서, 우리가 출생과 더불어 이 언어 사회의 계약인, 법전처럼 규정된 언어를 가족과 이웃을 통하여 인계를 받고, 이것을 사용하고 자손과 후배에게 인계하고 죽는 것이다.

① 언어의 변화는 언중의 묵인이 있어야 가능하다.
② 국어에 많은 외래어가 들어와 사용되고 있다.
③ 언어의 분포와 인종의 분포가 일치하지는 않는다.
④ 연변의 동포들이 미국 교포사회보다 민속행사를 잘 치른다.
⑤ 언어는 생성과 소멸을 반복하면서 유지되어 간다.

05. 보고문 작성 요령으로 올바르지 않은 것은?

① 주관적으로 관찰하고 느낀 바를 정리한다.
② 조사한 것을 체계적으로 분류·정리하여 목차와 줄거리를 만든다.
③ 당초의 목적과 핵심문제에서 벗어나지 않도록 한다.
④ 기왕에 이루어진 타인의 보고내용을 고려하면서 작성한다.
⑤ 필요에 따라 관련된 도표와 그림, 사진 등을 첨부한다.

06. 다음은 주요섭의 '사랑손님과 어머니'의 한 부분이다. 이 글의 시점은?

> 꽃을 들고 냄새를 맡고 있던 어머니는 너 말이 끝나기가 무섭게 무엇에 놀란 사람처럼 화다닥 하였습니다. 그리고는 금시어 어머니의 얼굴이 그 꽃보다 더 빨갛게 되었습니다. 그 꽃을 든 어머니 손가락이 파르르 떠는 것을 나는 보았습니다.

① 1인칭 관찰자시점　　　② 3인칭 관찰자시점
③ 전지적 작가시점　　　④ 3인칭 주인공시점
⑤ 1인칭 주인공시점

07. 다음 한시의 내용과 관계 깊은 한자성어는?

> 孔子謂曾子曰, 身體髮膚는 受之父母니 不敢毀傷 孝之始也요.

① 견위수명(見危受命)　　② 천석고황(泉石膏肓)
③ 풍수지탄(風樹之嘆)　　④ 수어지교(水魚之交)
⑤ 청출어람(靑出於藍)

※ 다음 글을 읽고 다음 물음에 답하시오. (08~09)

(가) 어제도 하로밤
　　 나그네 집에
　　 가마귀 가왁가왁 울며 새었소.
　　 오늘은
　　 또 몇 십리(十里)
　　 어디로 갈까
　　 오라는 곳이 없어 나는 못 가오.

(나) 풀이 눕는다.
　　 바람보다도 더 빨리 눕는다.
　　 바람보다도 더 빨리 울고
　　 바람보다 먼저 일어난다.

```
날이 흐리고 풀이 눕는다.
발목까지
발밑까지 눕는다.
바람보다 늦게 누워도
바람보다 먼저 일어나고
바람보다 늦게 울어도
바람보다 먼저 웃는다.
날이 흐리고 풀뿌리가 눕는다.
```

08. 위의 (가) 시에 대한 설명으로 알맞지 않은 것은?
① 의인법과 문답법의 수사 효과를 적절히 활용하였다.
② 떠돌이의 방향 상실감에서 오는 비애를 노래하였다.
③ 일제에 대한 치열한 민족적 저항 의지를 보이고 있다.
④ 자문자답의 대화체로 자아의 내면적 정감을 토로하고 있다.
⑤ 정처 없이 떠도는 나그네의 의지할 곳 없는 서글픈 심정을 형상화 하였다.

09. 위의 (나) 시에 쓰인 '바람'의 이미지와 가장 가까운 것은?
① 꽃이 지기로서니 바람을 탓하랴.
② 오늘 밤에도 별이 바람에 스치운다.
③ 순정은 물결같이 바람에 나부끼고
④ 바람이 절로 이는 소나무 굽은 가지
⑤ 가지 많은 나무에 바람 잦은 날 없다.

10. 다음 중 한자의 독음이 바르게 된 것은?
    ① 알견 – 謁見
    ② 유설 – 遊說
    ③ 질호 – 桎梏
    ④ 간고 – 看做
    ⑤ 뇌쇄 – 惱殺

11. 다음 글의 (   ) 안에 들어가기에 적당한 것은?

    (   )는 특별히 신기한 꽃은 물론 아니다. 그러나 인가에서 멀리 떨어진 산중에 외로이 피어 있는 그 기품이 그윽하고, 봄·여름 다 지나 가을에 피는 기개가 그윽하고 모든 잡초와 어울려 살면서도 자기의 개성을 끝끝내 지켜 나가는 그 지조가 또한 귀여운 것이다.

    ① 진달래
    ② 다알리아
    ③ 칸나
    ④ 들국화
    ⑤ 장미

12. 다음 글을 두 문장으로 고칠 때 가장 알맞은 접속어는?

    나는 대한민국의 공무원이기 때문에 투철한 사명감과 막중한 책임감을 가지고 맡은 임무를 성실히 이행하여야 한다.

    ① 왜냐하면
    ② 그러므로
    ③ 그리고
    ④ 그러면
    ⑤ 그러나

13. 문학을 '동적 구조'로 보는 근거는 무엇인가?
① 구조 자체가 변화하기 때문이다.
② 생물체와 같은 구조로 되었기 때문이다.
③ 판본에 따라서 내용의 차이가 발생하기 때문이다.
④ 의식의 변화와 독자의 개인차 때문이다.
⑤ 생성, 발전, 쇠퇴, 소멸하는 구조이기 때문이다.

14. 다음 글의 밑줄 친 부분의 내용과 관련이 있는 한자성어는?

> 우리는 남의 이야기를 제대로 듣지 않고 <u>남의 말을 임의로 판단하여 자기 의사를 말한다</u>.

① 아전인수(我田引水) ② 연목구어(緣木求魚)
③ 타산지석(他山之石) ④ 어불성설(語不成說)
⑤ 언즉시야(言則是也)

15. 글을 쓰는데 아래와 같이 하는 것을 무엇이라 하는가?

> 사람은 누구나 자기 글을 보다 아름답게 쓰고 싶어 한다. 그러나 한 번에 그런 글을 쓰기는 매우 어렵다. 글을 다 쓰고 나서 처음에 의도한 주제가 잘 드러났는가를 살펴서 부족한 점을 보충하고 잘못된 곳을 다듬어야 한다.

① 가필 ② 첨삭
③ 정서 ④ 퇴고
⑤ 교정

16. 다음 중 문장의 주성분을 옳게 지적한 것은?
① 주어, 서술어, 목적어, 보어
② 주어, 서술어, 관형어, 부사어
③ 목적어, 보어, 관형어, 부사어
④ 주어, 서술어, 목적어, 독립어
⑤ 주어, 서술어, 보어, 독립어

17. 다음 중 호칭이 바르지 않은 것은?
① 춘부장(春府丈) – 살아계신 남의 아버지
② 엄친(嚴親) – 살아계신 자기 아버지
③ 훤당(萱堂) – 살아계신 자기 어머니
④ 인형(仁兄) – 벗을 높이어 부를 때
⑤ 가돈(家豚) – 남에게 자기 아들을 일컬을 때

18. 어떤 조직에서 각 개인의 중요성을 '유추(類推)'를 통해 더욱 알기 쉽게 설명하려고 할 때 유추의 내용으로 가장 적절한 것은?
① 강의실의 교수와 학생
② 자동차의 핸들과 타이어
③ 기계의 작동과 톱니바퀴
④ 기차의 기관사와 승객
⑤ 시계의 문자판과 바늘

19. 우리의 고전 '춘향전'에 대한 설명으로 옳지 않은 것은?
① 우리나라를 배경으로 한 사실적이고 한국적인 정취가 넘친다.

② 열녀설화, 신원설화, 암행어사 설화가 복합된 설화이다.
③ 이인직이 신소설 옥중화로 개작하였다.
④ 옥단춘전, 숙향전과 같은 아류작을 낳게 하였다.
⑤ 주제는 사랑과 정절이다.

20. 다음은 '기미독립선언문'의 일부이다. 밑줄 친 '하도다'를 현대어로 바꿀 때 가장 알맞은 것은?

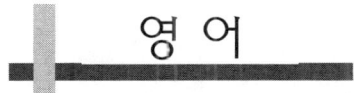

① 하사
② 하였다
③ 하노라
④ 하라
⑤ 하는구나

영 어

01. 다음 빈칸에 들어갈 단어로 알맞은 것은?

His _____ directions misled us ; we did not know which of the two roads to take.

① arbitrary
② ambiguous
③ complicated
④ narrow
⑤ suitable

02. 다음 밑줄 친 부분과 같은 의미를 나타내는 것은?

> We should always acknowledge gifts promptly.

① admit the truth of
② express thanks for
③ show recognition of
④ accept the existence of
⑤ state the receiving

03. 다음 빈칸에 들어갈 알맞은 것은?

> You will be punished if you _____ against law.

① demand
② obey
③ desire
④ invade
⑤ offend

04. 다음 밑줄 친 두 단어의 의미가 적절히 연결된 것은?

> They should have known that political agreement can never be realized through murder and intimidation. The overwhelming desire among our people to see a just and lasting peace has to be heeded.

① terror – made nothing of
② threat – paid attention to
③ perturbation – got rid of
④ fright – taken charge of
⑤ intolerance – taken notice of

※ 다음 문장의 밑줄 친 부분과 바꿔 쓸 수 있는 단어를 고르시오. (05~06)

05.

Don't <u>make light of</u> what your brother has accomplished as a service to the public.

① lighten ② explain
③ praise   ④ despise
⑤ imitate

06.

Some political analysts think that the power of Europe is seriously <u>on the wane</u>.

① forgotten   ② stabilizing
③ dwindling   ④ old-fashioned
⑤ increased

07. 다음의 빈 칸에 공통으로 들어갈 알맞은 전치사는?

- He fainted and it was half an hour before he came _____ himself.
- I was frozen _____ the bone.

① of   ② to
③ for   ④ with
⑤ from

08. 다음 밑줄 친 부분을 통해 Edgar가 의도한 것과 Bob이 이해한 것이 바르게 짝지어진 것은?

> Edgar Allen Taylor went to his girlfriend's house with a box of chocolates, but she was not at home. He left the box with his signature on it. The next day he phoned his girlfriend to see if the chocolate was good. She answered no. Because she had never seen the chocolate, she suspected her little brother, Bob. Asked by his sister, Bob said, "When I came home from school, I saw a box of chocolates with a note on it that said <u>E. A. T.</u> So I did, as his word said."

   Edgar가 의도한 것   Bob이 이해한 것
① 초콜릿을 가져감   초콜릿을 돌려 줌
② 초콜릿을 놓고 감   초콜릿을 전달함
③ 전화번호를 알려 줌   초콜릿을 먹어도 됨
④ 자신이 다녀간 것을 알림 전화번호를 알려 줌
⑤ 자신이 다녀간 것을 알림 초콜릿을 먹어도 됨

09. 다음 빈칸에 들어갈 어구로 알맞은 것은?

> Since I left in such a hurry leaving all my household belongings in the old house, I had to buy _____.

① some furnitures   ② many new furnitures
③ much new furniture   ④ much new furnitures
⑤ many new furniture

10. 다음 글에서 세금 전문가는 일주일에 몇 시간을 사무실에 머무는가?

> The office has been closed since 5 p.m. If you require an accountant to look over your income tax form, come by the office between 3 p.m. and 5 p.m, Tuesdays and Thursdays. Our specialist, who is qualified in tax law, will be happy to spend time with you.

① 2 hours a week
② 3 hours a week
③ 4 hours a week
④ 5 hours a week
⑤ 62 hours a week

11. 다음 밑줄 친 부분 중 어법상 옳지 않은 것은?

> He was in <u>such an</u> ecstasy <u>of delight</u> that he <u>could</u> <u>get hardly</u> <u>a wink of</u> sleep.
>   ①   ②   ③   ④   ⑤

12. 다음 중 빈칸에 들어갈 알맞은 말은?

> AMDA is a humanitarian and non-profit organization. This organization's mission is to promote the health and well-being of poor people in Asia. These principles are expressed in its slogan "Better quality of life for a better future." AMDA considers three main _____ to improving the quality of life of the poor people : war, natural disaster, poverty. Thus, AMDA projects seek to overcome these _____.

① obligations ② profits
③ incentives ④ obstacles
⑤ results

13. 다음 글에 나타난 필자의 주장으로 가장 적절한 것은?

> Sometimes it may take a lifetime to make the world around you change. When you are young, it is easy to feel impatient and frustrated with the delays and seemingly stupid hitches that take place. However, if you are aware of local and global issues when you are young, your devotion to making the world a better place will continue. And who knows what you might achieve in fifty years?

① First come, first served.
② Easier said than done.
③ No news is good news.
④ Ignorance is bliss.
⑤ Water will wear away stone.

14. 다음 글의 바로 다음에 올 문단의 내용으로 가장 자연스러운 것은?

> Men's clothes will continue to vary only slightly and within a narrow range depending on where they work. There are, to be sure, regional differences in what are considered suitable clothes. It is in the leisure or sports clothes that the greatest revolution has taken place. Last year the number of sports coats that were sold increased from 12.5 million to 13.4 million. Now, let us turn to the changes in the other sex's fashions.

① 여성 패션의 변화 ② 남녀 복장의 차이

③ 여성의 여가 선용 ④ 남성 패션의 지역적 편차
⑤ 외국 패션의 추세

15. 주어진 문장이 들어가기에 가장 적절한 곳은?

> We have a second memory system, which is called the long-term memory.

> We have two different types of memory. One is for remembering things over a short period. (①) For example, we remember the beginning of a sentence until we have heard the end of it. (②) This type of memory is called short-term memory, because we use it for things we want to remember for a short time only. (③) The number of items we can remember at the same time in this way is extremely small, and we forget them quickly if our attention is diverted. (④) This is permanent store of learning. (⑤) There is no obvious limit to the amount that can be stored in the long-term memory, but it is sometimes difficult to find the remembered item.

16. 다음 글에서 전치 흐름과 관계없는 문장은?

> It took jeans many years to climb the ladder of social acceptance. ① They were first worn as work clothes, so they were always associated with laborers. ② Attitudes changed in the 1980s, when jeans were finally accepted. ③ The word 'jean' comes from Genoa, the town in Italy where they were first made. ④ They could be worn almost anywhere, including places where they had previously

been banned, such as fine restaurants. ⑤ Today jeans have become a symbol of life in the United States and wil probably be popular for many decades to come.

17. "사람은 아무리 나이를 먹어도 배울 수 있다."를 올바르게 영작한 것은?

① No one is so old but he may learn.
② No one is so old but he may not learn.
③ Anyone can not be so old but he may learn.
④ Anyone cannot be so old that he may learn.
⑤ No one is so old that he may learn.

18. 다음 빈칸에 들어갈 말로 가장 적절한 것은?

A Greek philosopher who lived more than two thousand years ago believed that philosophy had its origin in man's sense of _____. Man thought it was so astonishing to be alive that philosophical questions arose of their own accord. It is like watching a magic trick. We cannot understand how it is done. So we ask : How can the magician change a white silk scarf into a rabbit? A lot of people experience the world with the same surprise they feel when a magician suddenly pulls a rabbit out of a hat.

① duty   ② time
③ space   ④ humor
⑤ wonder

19. 다음 대화의 밑줄 친 곳에 들어갈 알맞은 말은?

> A : What kind of job do you want to get after finishing high school?
> B : Well, I'm interested in making or repairing machines rather than having a desk job.
> A : Do you have any job in mind?
> B : Yes, I'd like to be a _____.

① mechanic
② plumber
③ soldier
④ teacher
⑤ social worker

20. 다음 대화의 밑줄 친 부분의 의미를 알맞게 표현한 것은?

> A : Why is she in such a bad mood?
> B : Well, it seems she's been stood up.

① she has worked without pay
② someone has stood her up.
③ someone has told her a lie
④ someone made a pass at her
⑤ someone has not showed up

한국사

01. 다음은 발해의 역사이다. 옳지 않은 것은?
① 발해의 자기는 품질이 우수하여 당에 수출하기도 하였다.
② 발해의 정치조직은 2원적인 지배구조로 볼 수 있다.
③ 발해의 중정대는 조선시대의 사헌부와 성격이 같다고 볼 수 있다.
④ 발해는 동일민족인 신라와 밀접한 교류를 하였다.
⑤ 발해의 문화는 패기가 넘치는 고구려 문화의 영향을 많이 받았다.

02. 다음은 고대 불교문화의 발전을 위해 노력한 인물이다. 잘못 설명한 것은?
① 원광 – 새로운 사회윤리와 국가정신을 확립하였다.
② 원효 – 화쟁사상을 주장하여 여러 종파를 융합하려 하였다.
③ 혜초 – 왕오천축국전을 지어 신라 불교의 교단을 조직·정비하였다.
④ 의상 – 신라 화엄종을 창설하여 중국과 다른 불교사상을 발전시켰다.
⑤ 원측 – 당(唐)에서 유식 불교를 깨달아 교리이해의 우위성을 보여 주었다.

03. 다음과 같은 시기에 있었던 일로 보기 어려운 것은?

> 농민 생활이 악화되어 각 지방에서 유민이 증가하였다. 유민들 중 일부는 도적이 되어 양반들과 중앙 정부로 바치던 물품을 빼앗기도 하였으며, 이들이 도성에까지 출현하는 사건이 일어나기도 하였다. 그 중에도 명종 때 황해도와 경기도 일대에서 활동한 임꺽정이 대표적이다.

① 방납의 폐단이 나타나 농민의 부담이 가중되었다.
② 동전이 제대로 유통되지 않아 시중에서 동전 부족 현상이 나타났다.
③ 방군수포가 행해져 농민의 군포 부담이 과중해졌다.
④ 환곡제가 고리대화 되어 농민의 부담을 가중시켰다.
⑤ 지주제가 점차 확대되어 소작농으로 몰락하는 농민이 증가하였다.

04. 다음에 해당하는 세력이 집권하고 있을 때의 상황을 옳게 설명한 것은?

> ㉮ 고려 후기의 집권 세력으로서 고관 요직을 장악하고 거대한 농장을 소유하였다.
> ㉯ 주로 음서에 힘입어 관인으로서의 신분을 세습시켜 나갔다.
> ㉰ 주로 원의 세력을 배경으로 하여 등장한 경우가 많았다.
> ㉱ 도평의사사를 독점하여 정권을 장악하였다.

① 토지 겸병이 성행하여 국가 재정과 민생에 끼치는 피해가 심했다.
② 천민 계층의 신분 해방 운동이 광범위하게 전개되었다.
③ 관료 체제가 정비되고 모범적인 유교 정치가 실시되었다.
④ 북진 정책의 이념 아래 이민족과의 투쟁을 통하여 영토를 크게 확장시켰다.
⑤ 권문세족과 신흥세족의 원만한 관계가 지속되었다.

05. 고려시대의 전시과 체제하에서 토지와 관련된 내용으로 옳은 것은?

① 농민인 乙은 자기 소유의 토지를 경작한 후 국가에 생산량의 1/10을 세로 바쳤다.
② 부친이 5품의 관리인 甲은 과거 급제 후 국가로부터 한인전을 지급받았다.
③ 6품 관리였던 부친 사망 후 丙은 부친의 수조지를 그대로 구분전으로 지급받

았다.
④ 음서를 통하여 관직에 진출한 丁은 상속받은 모든 토지를 국가에 반납해야 했다.
⑤ 직산관(현직, 퇴직)에게 나누어 지급하였으며 세습이 불가능했다.

06. 조선시대 토지제도 변천에 대한 설명이다. (   ) 안에 들어갈 내용으로 알맞은 것은?

과전법 → (   ) → 관수관급제 → 직전법 폐지

① 국가의 토지 지배력이 강화되었다.
② 현직 관리에게만 수조권이 지급되었다.
③ 하급관리의 자제로 관직에 오르지 못한 자에게 한인전이 지급되었다.
④ 관료의 유가족에게 수신전, 흉양전이 지급되었다.
⑤ 신진사대부의 경제적 기반을 마련하는 계기가 되었다.

07. 다음은 삼국의 발전과정에서 나타난 사실들이다. 이러한 사실들과 가장 유사한 배경에 의해 나타났던 사실을 추론하면?

㉠ 고구려에서는 계루부 고씨가 왕위를 독점적으로 세습하고 관료조직이 갖추어지기 시작하였다.
㉡ 백제는 마한을 대신하여 새로운 정치세력의 중심으로 발전하였고, 대외적으로는 중국의 한군현과 항쟁하였다.
㉢ 신라는 내물왕 때 김씨에 의한 왕위세습권이 확립되었고, 대수장이라는 정치적 의미를 지닌 마립간이라는 왕호가 사용되었다.

① 발해에서는 인안, 대흥, 건흥 등 독자적인 연호가 사용되고 왕위의 장자상속제가 확립되었다.
② 고구려에서는 중대한 범죄가 있으면 제가회의에 의해 사형에 처하고 그 가족을 노비로 삼았다.
③ 삼한에서는 소도로 죄인이 도망을 하여 숨어도 군장이 이를 잡아가지 못하였다.
④ 부여에서는 가(加)들이 따로 행정구획인 사출도를 다스리고 왕을 추대하기도 하였다.
⑤ 농경문화를 바탕으로 철 생산과 일본으로의 중계무역이 크게 번성하였다.

08. 다음 ㉠, ㉡의 설명과 관련이 있는 것으로 올바르게 연결된 것은?

> ㉠ 일본의 강요에 의해서 맺어진 조약 중에서 우리나라와 러시아 사이에 맺어진 조약의 폐기를 가져왔다.
> ㉡ 시일야 방성대곡(是日也 放聲大哭)과 관계가 깊다.

	㉠	㉡
①	한·일 신협약	제1차 한·일협약
②	제2차 한·일협약	한·일 신협약
③	한·일 의정서	제2차 한·일협약
④	한·일 신협약	한·일 의정서
⑤	한·일합병조약	제2차 한·일협약

09. 다음 중 1920년대의 항일민족운동과 거리가 먼 것은?

① 신간회가 활동하였다.

② 물산장려운동을 전개하였다.
③ 산미증식계획이 추진되었다.
④ 농민, 노동자들의 소작 · 노동쟁의운동이 일어났다.
⑤ 조선교육회의 설립과 민립대학 설립운동이 전개되었다.

10. 다음은 일제의 침략에 대한 우리 민족의 줄기찬 저항을 연결한 내용이다. 가장 연결이 잘못된 것은?

① 일제의 황무지 개간권 요구 – 보안회 조직
② 을사조약 – 나철, 오기호의 활약
③ 군대해산 – 의병활동의 고조
④ 기유각서 – 국채보상운동
⑤ 일제의 경제침략 – 방곡령 선포

11. 다음에서 설명하고 있는 사회 세력과 거리가 먼 것은?

> ㉮ 무신 정권 시기부터 중앙 정계에 등장하기 시작하였다.
> ㉯ 충선왕의 개혁 정치에서 한때 두각을 나타내기도 하였다.
> ㉰ 공민왕의 개혁 정치를 통하여 중앙 정계에 진출하였다.

① 요동 정벌을 무시하고 '위화도 회군'으로 정원의 실세가 되었다.
② 중소 지주로서 향촌에서 영향력을 행사하였다.
③ 무인 세력과 협력하면서 국가적 시련을 해결하려 하였다.
④ 성리학을 수용하여 자신들의 행위를 정당화하였다.

⑤ 음서를 통하여 중앙 관리로 진출하였다.

12. 다음 내용 중에서 왕권강화책이라고 볼 수 없는 것은?
① 신라시대 때 집사부의 시중 세력 강화
② 고려 공민왕의 정방 폐지
③ 조선시대 세조의 6조직계제 실시
④ 고려시대 때 등음전 지급
⑤ 흥선대원군의 비변사 기능 축소

13. 고려시대의 풍속과 행사에 관한 설명으로 옳은 것은?
① 단오절에는 씨름, 그네가 행해졌다.
② 연등회는 토속신앙, 불교융합의 2월 행사였다.
③ 전국적으로 행하여진 팔관회에서는 외국상인이 물건을 진상하였다.
④ 민간인 제례는 토착신앙이 배제된 불교의식을 따랐다.
⑤ 고려 중기부터는 주문공가례에 의한 의식이 행해졌다.

14. 다음 내용과 같은 교리를 내세운 불교의 종파와 관련된 사실은?

㉮ 불교 수행의 중심 요소인 정·혜를 함께 닦자는 실천 운동을 전개하였다.
㉯ 화엄과 선의 근본이 다르지 않다고 하고, 이러한 기초 위에 송의 선(禪) 사상을 받아들였다.

① 이론과 실천의 양면을 강조하였다.
② 불교에서 성리학으로 넘어가는 과도기적 역할을 수행하였다.
③ 문벌 귀족과 결탁하여 융성하였다.
④ 최씨 무신 정권에 저항하여 탄압을 받았다.
⑤ 교종의 입장에서 선종을 통합하려 하였다.

15. 신라 말 호족과 고려 후기 신진 사대부의 공통점에 해당하는 것은?

> ㉮ 호족 - 호족들은 군 단위의 지방을 다스리면서 성주나 장군으로 자처하였다.
> ㉯ 신진 사대부 - 조선을 건국하는 역성혁명의 주체 세력이 되었다.

① 혼란한 사회를 극복하기 위하여 귀족 세력에 대항, 전제 왕권을 뒷받침하였다.
② 대농장을 기반으로 성장하였으며, 사병을 소유한 독립적 세력이었다.
③ 지배층의 핵심을 형성하고 새로운 사회 건설을 위해 국왕의 조언자로 활동하였다.
④ 지방에 경제적 기반을 가지고 있었으며, 새로운 사상을 수용하였다.
⑤ 구질서와 권문세족의 횡포를 비판하고 성리학을 사상적 토대로 삼았다.

16. 다음 고려와 조선의 관청이 그 기능에 있어서 같은 것 끼리 올바르게 연결된 것은?

　　　고려　　조선　　　　　　　고려　　조선
① 상서성 - 춘추관　　　② 삼사 - 의금부
③ 중추원 - 홍문관　　　④ 어사대 - 사헌부
⑤ 중서문하성 - 예문관

17.
다음 자료를 읽고 알 수 있는 임시 정부의 활동 방향에 대한 설명으로 옳은 것은?

- 임시 정부는 김규식을 파리 강화 회의에 파견하여 우리 민족의 독립을 주장하게 하였다.
- 국제 연맹과 워싱턴 회의에도 우리 민족의 독립 열망을 전달하게 하였다.
- 임시 정부는 스립 직후 군사 활동을 전개하고자 하였으나, 중국영토 내에서 직접 군사 활동을 하는 데는 많은 제약과 한계가 있었다.
- 임시 정부가 직접 무장 부대를 편성하여 항전을 주도적으로 전개한 것은 한국광복군이 창설된 이후였다.

① 임시정부는 외교적 노력만으로도 독립을 달성할 수 있다고 보았다.
② 임시 정부의 위치는 무장 투쟁보다 외교 활동을 하기 적합한 것이다.
③ 임시정부는 초기부터 격렬한 무장 투쟁을 전개하여 큰 성과를 거두었다.
④ 임시정부는 초기부터 격렬한 무장 투쟁을 전개하여 큰 성과를 거두었다.
⑤ 임시정부의 외교활동은 만주, 연해주 지역 무장 독립군의 적극적인 지지를 받으며 전개되었다.

18.
다음 내용들의 개혁이 실패한 공통점이라고 할 수 있는 것은?

㉮ 공민왕은 전민변정도감을 설치하여 개혁을 추진하였으나 실패하였다.
㉯ 조광조는 현량과를 실시하여 개혁 정치를 추진하였으나 실패하였다.
㉰ 급진 개화파는 갑신정변을 통해 근대화를 추진하였으나 실패하였다.

① 왕권이 미약하여 개혁을 뒷받침하지 못했다.
② 개혁을 담당한 주체 세력의 힘이 약했다
③ 개혁의 필요성을 느끼지 못한 민중이 외면하였다.

④ 외세의 간섭으로 개혁이 이루어질 수 없었다.
⑤ 실용보다 명분에 집착하여 현실 이해에 한계가 있었다.

19. 다음 설명 중 삼국통일의 역사적 의의와 관계가 없는 것은?
① 우리 민족이 하나의 통일정부를 수립하게 되었다.
② 민족사의 새로운 출발을 의미한다.
③ 국가의 경제력이 증가하게 되었다.
④ 고구려 옛 영토를 대부분 차지하게 되었다.
⑤ 민족문화의 기반이 확립되었다.

20. 다음에서 언급한 기관의 설치와 동일한 목적으로 추진된 것은?

| 조선 시대에 중앙에서 설치한 기관으로 의금부와 승정원이 있었다. |

① 노비안검법 실시　　② 광군 설치
③ 대간 제도 실시　　④ 상대등 강화
⑤ 붕당 정치 발달

최종 제7회 모의고사

국 어

01. 다음 문맥으로 보아 (   )에 들어갈 알맞은 한자 숙어는?

> 우리의 경제, 특히 산업 기술 부분은 대일(對日) 의존도가 높아 일본 기계들이 한국의 생산 공장을 지배하고 있는 실정이다. 일본 시설재에 의존하며, 그 시설에 맞는 부품을 들여와 쓰기만 하고, 기술 개발을 하지 않는 상황이 계속되는 한, 대일 무역 역조 개선은 그야말로 (   )이다. 그러니 우리는 하루 빨리 산업 구조 개선과 기술 자립을 이루도록 노력해야 한다.

① 고장난명(孤掌難鳴)　　② 백년하청(百年河淸)
③ 중과부적(衆寡不敵)　　④ 주마가편(走馬加鞭)
⑤ 칠종칠금(七縱七擒)

02. 다음 중 "자규(子規)"의 별칭이 아닌 것은?
① 불여귀(不如歸)　　② 두견(杜鵑)
③ 오조(烏鳥)　　　　④ 귀촉도(歸蜀途)
⑤ 망제혼(望帝魂)

03. 다음 밑줄 친 부분의 풀이로 알맞은 것은?

> 수필은 인생과 사물에 대한 개인의 느낌과 사색을 비교적 자유로운 형식으로 쓴 <u>대화적 산문</u>이다.

① 언어의 압축이나 구성상의 제약이 따른다.
② 희곡적 구성으로 이루어지는 문학이다.
③ 극적 대화가 삽입되는 문학이다.
④ 대화체의 문체를 중시하는 문학이다.
⑤ 독자와의 교감(交感)을 중시하는 문학이다.

04. 다음과 같은 현상과 관계 깊은 것은?

> 왕이 '왕정(王政)의 최고 책임자'를 뜻하는 말에서 '암산왕'과 같이 '제1인자', 또는 '왕방울, 왕거미'와 같이 '크다'의 의미를 지닌다.

① 의미이동, 심리적인 원인   ② 의미축소, 사회적 원인
③ 의미확대, 언어적 원인   ④ 의미확대, 사회적 원인
⑤ 의미축소, 언어적 원인

05. 다음 시의 제재로 알맞은 것은?

> 둥기둥 줄이 울면
> 초가 삼간 달이 뜨고

> 흐느껴 목메이던
> 꽃잎도 떨리는데
> 푸른 물 흐르는
> 정에 눈물 비친 흰 옷자락

① 꽃잎　　　　　② 달
③ 가얏고　　　　④ 물
⑤ 백의 민족

06. 다음 글에 대한 설명으로 옳지 않은 것은?

> 어느 시골에 가난한 아버지가 살고 있었다. 그는 얼마나 가난했던지 아들들에게 남겨 줄 것이라는 맷돌과 표주박과 대나무 지팡이와 장구뿐이었다. 가난한 아버지는 숨을 거두기 전에 세 아들을 불러 앉혔다.
> "내가 너희들에게 남겨 줄 것이라곤 아주 보잘 것이 없는 이런 것밖에는 없구나. 내가 죽거든 이 물건들이라도 가지고 분수대로 잘 살도록 해라."
> 아버지는 이런 말을 남긴 다음 큰아들에게는 맷돌을, 둘째 아들에게는 표주박과 대나무 지팡이를, 그리고 셋째 아들에게는 장구를 준 후에 숨을 거두었다.
> 장사를 치른 세 아들은 한 자리에 모여 앞으로 어떻게 살아갈 것인가를 의논하였다. 그 결과, 그들은 아버지의 유언대로 각자 헤어져서 가지 분수껏 살기로 했다.

① 작가가 전해지지 않는 문학이다.
② 신이나 영웅의 업적에 관한 이야기이다.
③ 현실 세계 속에는 있을 수 없는 비현실적인 내용이다.
④ 시간적·공간적 배경이 구체적으로 나타나 있지 않다.
⑤ 입에서 입으로 전해 내려오는 문학이다.

07. 다음 문장에서 외래어 표기가 잘못된 것은?

㉠ <u>사라다</u>는 서양 오래의 하나인데, 대개 생야채나 과일을 주재료로 하여 ㉡ <u>마요네즈</u>나 ㉢ <u>프렌치드레싱</u> 따위의 ㉣ <u>소스</u>로 버무린 ㉤ <u>디저트</u> 음식이다.

① ㉠　　　　　　　　　② ㉡
③ ㉢　　　　　　　　　④ ㉣
⑤ ㉤

08. 다음 두 단어 사이의 관계가 <보기>와 다른 것은?

행정부 -------------------- 교육부

① 학생 – 학교　　　　② 자연 – 호수
③ 문화 – 언어　　　　④ 문학 – 소설
⑤ 나무 – 향나무

09. '빈대떡'이나 '행주치마' 등에는 '민간어원'이 관련되어 있다. 다음 중 어원연구에서 경계해야 하는 이유로 옳은 것은?

① 과학적 근거가 희박하기 때문이다.
② 시대적 한계가 있기 때문이다.
③ 성격상 불건전하기 때문이다.
④ 외래어와 무관하기 때문이다.
⑤ 계통연구가 불가능하기 때문이다.

10. 다음 글의 밑줄 그은 부분에 잘 나타나 있는 것은?

> 가게 문에 달린 조그만 방울이 울릴 때마다 위그든 씨는 언제나 조용히 나타나서, 진열대 귀에 뒤에 와 섰다. 그는 꽤 나이가 많았기 때문에 머리는 구름처럼 희고 고운 나는 그처럼 마음을 사로잡는 맛있는 물건들이 한꺼번에 펼쳐진 것을 본 적이 없었다. 그 중에서 한 가지를 고른다는 것은 꽤나 어려운 일이었다. 먼저 어느 한 가지를 머릿속으로 충분히 맛보지 않고는 다음 것을 고를 수가 없었다. 그러고 나서 마침내 내가 고른 사탕이 하얀 종이 봉지에 담길 때에는 언제나 잠시 괴로운 아쉬움이 뒤따랐다. 다른 것이 더 맛있지 않을까? 더 오래 먹을 수 있지 않을까?

① 상황적 배경
② 시대적 배경
③ '나'와 '위그든' 씨와의 외적 갈등
④ 사건의 실마리
⑤ '나'의 내적 갈등

11. 조선 전·후기 문학 특성의 변화가 사실과 다른 것은?
① 한문, 기록문학 → 국문, 구비문학 중심으로
② 유교적, 형식적 → 현실적, 풍자적 주제로
③ 관념적 성리학 → 실천적 실학사상으로
④ 운문 중심 → 산문 중심의 문학 장르로
⑤ 양반 중심 → 평민작가 중심으로

12. 다음 중 밑줄 친 부분의 띄어쓰기가 바르게 된 것은?
① 광역시에는 부산, <u>광주등이</u> 있다.
② 그가 <u>떠난지가</u> 벌써 10년이 되었다.

③ 학교 부터 집까지는 약 5km이다.
④ 구급차가 쏜살같이 달리고 있다.
⑤ 아버지의 동생이 작은 아버지이다.

13. 다음 밑줄 친 부분과 같은 뜻으로 쓰인 것은?

> 옛날에는 개인이 중심이고 사회가 부수적인 현상같이 느껴졌으나, 오늘에 이르러서는 사회가 중심이 되고 개인은 그 사회의 부분들인 것으로 생각하기에 이르렀다. 특히 사회가 그 시대의 사람들을 만든다는 주장이 대두되면서부터 그 성격이 점차 ㉮ 굳어졌다.

① 비온 뒤에 땅이 더 굳어지는 법이다.
② 한 번 굳어진 인상은 좀처럼 바뀌지 않는다.
③ 내가 협조를 거절하자 그의 표정이 굳어졌다.
④ 너무 당황하니까 혀가 굳어져 말이 잘 안 나온다.
⑤ 오랫동안 책을 읽지 않아서 머리가 굳어진 것 같다.

14. 다음 내용과 관련 있는 좋은 글의 요건으로 옳은 것은?

> ㉠ 플로베르의 일물일어설(一物一語說)
> ㉡ 베이컨은, "학자와 함께 생각하고, 대중과 함께 말하자."라고 했다.

① 표현의 명료성   ② 태도의 진실성
③ 구성의 치밀성   ④ 내용의 충실성
⑤ 문장의 독창성

15. 다음 중 의미가 두 가지 이상으로 해석될 수 있는 문장은?

① 이것이 우리 아버지께서 그리신 그림이다.
② 정수는 자기의 차에 영호를 태웠다.
③ 모든 국민은 집회의 자유를 가진다.
④ 고향의 아름다운 하늘을 생각한다.
⑤ 초대 받은 손님이 모두 오지 않았다.

16. 다음에서 밑줄 친 '無'의 뜻이 바르게 쓰인 것은?

> 無足之言이 飛于千里라. 無道人之短하고 無說己之長이라.

① 말라 - 없다　　　② 없다 - 말라
③ 없다 - 아니다　　④ 없다 - 없다
⑤ 말라 - 말라

17. 다음 글의 내용에 해당되는 비평은?

> 작품을 대할 때 떠오르는 생각이나 느낌을 일관된 논리나 철학의 정리 없이 오직 감상자의 주관을 중심으로 하여 나타내는 태도로서 이는 전문적 비평이라기보다는 예술체험을 주제로 한 하나의 감상문, 수필이 된다.

① 신화비평　　　　② 분석비평
③ 인상비평　　　　④ 원형비평
⑤ 역사주의비평

18. 다음 밑줄 친 단어의 한자를 올바르게 표기한 것은?

① 그를 죄인으로 간주(看做)해서는 안 된다.
② 자주국가임을 내외에 천명(闡明)했다.
③ 성적(成積)을 향상시키도록 노력하자.
④ 흥부전은 해학(該學)이 넘치는 작품이다.
⑤ 자기 자신을 비하(非下)하는 것은 어리석은 짓이다.

19. 다음 문장 중 어법상 호응이 자연스러운 것은?

① 영희는 전혀 공부만 해서 지망한 대학에 합격했다.
② 이 책을 읽는 순간 당신은 틀림없이 매료될 것이다.
③ 아뢸 말씀은 다름이 아니오라, 학부모 회의에 꼭 참석해 주시기 바랍니다.
④ 할아버지께서는 돈이 계시므로 여행을 자주 가신다.
⑤ 요즘 수학여행을 떠나는 학생들은 보통 삼박 사일 코스다.

20. 다음 중에서 어법상 가장 어색한 문장은?

① 그 뒤 일 년은 그의 생에서 아주 특이한 시기이다.
② 우리 팀의 올 시즌 목표는 꼴찌를 벗어나 중위권으로 뛰어 올라가는 것이다.
③ 기재 사항의 정정 또는 금융 기관의 수납인 및 취급자인이 없으면 무효입니다.
④ ㄱ대학, ㅂ대학 등 5개 대학 학생회는 등록금 인상률을 낮추라고 건의하였다.
⑤ 달빛이 휘영청 밝은 밤에 소년과 소녀가 다소곳이 이야기를 나누고 있다.

영어

01. 다음 빈칸에 들어갈 내용으로 가장 적절한 표현은?

> Most people believe that things will turn out all right, but, some in fact, are still _____.

① passionate
② enthusiastic
③ skeptical
④ credulous
⑤ optimistic

02. 다음 글을 쓴 목적에 해당하는 것은?

> On March 12, at 6;32 am, you became aunt and uncle to a beautiful baby girl, 8 pounds 7 ounces! The delivery was so fast we didn't even have time to get to the delivery room, and I gave birth to her in the elevator! We nicknamed her "Speedy." I thought the doctor was going to faint, he was so confused. Her official name is Mary Sharon, after both our maternal grandmothers. Please come to see her as soon as you can. I want her to meet her Aunt Pauline and Uncle Sam.

① 아기의 탄생을 알리기 위해
② 아기의 생일 파티에 초대하기 위해
③ 아기의 안부를 묻기 위해
④ 아기의 탄생을 축하하기 위해
⑤ 아기를 돌봐달라고 부탁하기 위해

03. 다음 빈칸에 들어갈 알맞은 말은?

Since she felt that the tragedy was _____, she ascribed its cause to fate.

① justified
② unavoidable
③ irrelevant
④ poignant
⑤ tenacious

04. 다음 글의 밑줄 친 부분과 바꿔 쓸 수 있는 것은?

Young women who participate in beauty contests are helping to keep alive an outdated view of women : that a woman's most important <u>property</u> is how she looks.

① aspect
② characteristic
③ asset
④ ingredient
⑤ weapon

05. 다음 문장의 내용상 밑줄 친 곳에 들어갈 가장 알맞은 것은?

There is often a great distinction between character and reputation. Reputation is what the world believes us to be for the time being ; Character is what we really are. Character and reputation my be in harmony, but they frequently are as _____ as light and darkness.

① opposite ② natural
③ same ④ important
⑤ trivial

06. 다음 글을 읽고 글쓴이의 심정으로 알맞은 것을 고르면?

> When I looked in my purse, it was empty. I knew the money in my bank account was long gone. I searched under the cushions on the couch but found only a penny. How was I ever going to pay my bills this month?

① 모멸 ② 분노
③ 곤혹 ④ 무관심
⑤ 동정

07. 다음 글의 빈칸에 들어갈 알맞은 것을 고르면?

> A mail-order firm is a kind of retail business that sells directly to customers by mail. Mail-order firms publish attractive catalogues that picture and describe the merchandise. The customer orders the products that are shown in the catalogue. For the mail-order firm, the catalogue takes the place of the _____.

① publisher ② customer
③ wholesale ④ retailer
⑤ sales clerk

※ 다음 대화의 빈칸에 들어갈 알맞은 어구를 고르시오. (08~09)

08.

A : What did you do yesterday?
B : I spent most of my time doing something urgent. The roof my house needed _____.

① to repair
② being repaired
③ repairing
④ to being repair
⑤ of repairs

09.

A : Do you like the Chinese food served in American restaurants?
B : It's not bad but I prefer _____.

① Chinese food authentically
② Chinese authentic food
③ food Chinese authentic
④ authentic Chinese food
⑤ authentically Chinese food

※ 다음 글의 밑줄 친 부분이 어법상 옳지 않은 것은? (10~11)

10.

Imagine my surprise when I saw one man in the car pulled out a pocket
          ①   ②   ③
book and begin to read.
         ④   ⑤

11.

The rest of the stock holders will receive his reports in the mail along with
　　　　　　　　　　　　　　① 　　　② 　　　　　③ 　　　　　④
a copy of today's proceedings.
　　　　　⑤

12. 다음 중 어법상 가장 올바른 문장을 고르면?

① I have finished my work an hour ago.
② When have you returned from the journey abroad?
③ I don't know if she comes tomorrow.
④ I told my teacher that I left my books at home.
⑤ If it is fine tomorrow, I will go fishing.

13. 다음 글의 흐름으로 보아 밑줄 친 부분을 가장 잘 고친 것은?

Freud showed that man is largely directed by a part of his mind which he has no control, that he is not completely the master of what he is, what he thinks, or what he says and does.

① that he has no control
② over which he has no control
③ in which he has to control
④ by which to control
⑤ without which he has no control

14. 다음 글에서 우주선에 관하여 필자가 이야기하는 요지는?

The intense heat caused by friction is also a problem in space travel. If you rub your hand hard on your forehead, you will feel this kind of heat. Once a spaceship is in outer space, there is no friction because there is no air to press against. But when the spaceship returns to the earth, it must go through the air again. At first the air is very thin. But the closer the ship comes to the earth, the denser the air it meets. A spaceship entering the earth's atmosphere at full speed would get so hot that it would burn up completely and disappear.

① 대기권에서는 공기 저항력으로 인해 최고 속력을 낼 수 없다.
② 대기권 진입 시에 공기와의 마찰로 인해 열이 발생하게 된다.
③ 대기권 밖과 대기권 내에서의 속력이 현저히 다르다.
④ 공기의 저항이 많을수록 속력은 더욱 빨라진다.
⑤ 진공 비행 시에 마찰로 인해 열이 생기는 문제가 있다.

15. 다음 글의 분위기로 가장 알맞은 것은?

They have been suffering from intolerable heat. Wherever they go, they cannot protect themselves from the burning rays of the sun. Despite all the hard work they did in the farm this year, there has been no harvest to speak of. The vegetables that they did manage to grow smelled so bad that they threw them out. Now everyone in the family thinks their end is near. They have just finished eating the food they had in storage last year. There is nothing left to eat now.

① disturbing   ② weary
③ desperate   ④ hopeful
⑤ tranquil

16. 다음 글의 빈칸에 들어갈 말로 가장 적절한 것은?

Doing regular exercise can be dangerous, especially if you are over 40. This is why it is a very good idea to see your doctor before starting if you think you are not very fit. Some people try to exercise too vigorously and too hurriedly, and _____ it causes themselves injures and it can take a long time to heal them. However, it is not only older people who should take care. Everyone should. Doctors warns many injuries such as backaches, sprained ankles and pulled muscles.

① in addition
② in brief
③ as a matter of fact
④ as a result
⑤ in short

17. 다음 글에서 전체 흐름과 관계없는 문장은?

① Many winds are given names to personify them, and perhaps as an ancient way of pacifying them. ② You can plead with a named object, whether it is wind, or mountain for storm god, and you can ask it to spare you. ③ The Chinook was named after an Indian tribe, and in the United States we name our hurricanes. ④ The destructive power of hurricanes lies in the physical damage they can do. ⑤ But the old practice of giving them women's names has been replaced, after protest, by naming them alternately for men and women.

18. 다음 중 영작이 어법상 잘못된 것은?

① 그는 시인이라기보다는 학자이다.

⇒ He is not so much a poet as a scholar.
② 당신이 편리한 때에 찾아오세요.
　⇒ Please come to see me when you are convenient.
③ 그녀가 그 불쌍한 소년을 돌봐 주었다고 한다.
　⇒ She is said to have taken care of the poor boy.
④ 안개 때문에 사고가 났다.
　⇒ The accident was due to the fog.
⑤ 그는 결코 그런 짓을 할 사람이 아니다.
　⇒ He knows better than to do such a thing.

19. 다음 대화의 밑줄 친 부분의 응답으로 가장 적절한 것은?

A : Excuse me, where is the bus stop near here?
B : I'm sorry but I'm stranger here.
A : _____.

① Well, it depends.　　　② You can't miss it.
③ Thanks anyway.　　　④ What's the matter?
⑤ I don't want to help you.

20. 다음 대화의 밑줄 친 부분에 들어갈 내용으로 옳은 것은?

A : What can I do for you?
B : No, thanks. _____.

A : Let me know if you see anything you want to try on.
B : Okay. Thanks.

① I feel rather dull.
② Keep the change.
③ I'm just browsing.
④ I've had enough.
⑤ I'd like to cash this check, please.

한 국 사

01. 조선시대에 다음과 같은 제도의 시행이나 노력들이 공통적으로 의도한 바는 무엇인가?

㉮ 「구황촬요」 등을 편찬하여 만약의 사태에 대비하도록 하였다.
㉯ 신분에 관계없이 남자들에게 호패를 패용하도록 하였다.
㉰ 춘대 추납에 의하여 빈민을 구제하는 환곡제를 시행하였다.
㉱ 오가작통법을 시행하였다.

① 성리학적 정치 이념을 보다 널리 보급하려 하였다.
② 세금을 부과하기 위해 인구통계 조사를 실시하였다.
③ 토지로부터 농민들이 이탈하는 것을 막으려 하였다.
④ 국가의 재정을 확충하려는 노력으로 볼 수 있다.
⑤ 민본적인 왕도 정치의 실현을 목적으로 하였다.

제 7회 최종모의고사

02. 다음과 같은 글을 쓴 사람은?

> 일본은 처음 얼마 동안 근대적인 개혁을 실시했으나 곧 이어 마각을 드러냈고 조선 민족은 독립 항쟁을 줄기차게 계속하였다. 그 중에서도 중요한 것은 1919년의 독립 만세 운동이었다. 조선 청년들은 맨주먹으로 일본에 항거하며 용감히 투쟁하였다.

① 미국의 닉슨 ② 인도의 마하트마 간디
③ 중국의 장제스 ④ 티베트의 달라이 라마
⑤ 인도의 자와할랄 네루

03. 고려의 사심관에 대하여 바르게 설명한 것은?

① 신라의 상수리제도에서 유래되었다.
② 공물 징수 등의 업무를 담당하였다.
③ 중앙고관 중에서 임명하며 출신지를 담당하였다.
④ 자제들을 중앙에 인질로 오게 하였다.
⑤ 화폐, 곡식의 출납 및 회계를 담당하였다.

04. 다음은 조선 전기 어느 양반의 일생이다. 이에 대한 설명으로 옳지 않은 것은?

㉮ 24세 - 진사시 급제	㉯ 26세 - 문과(대과)급제, 집현전 박사
㉰ 38세 - 이조 판서	㉱ 54세 - 좌의정
㉲ 60세 - 은퇴	

① ㉮는 성균관에 입학할 자격을 얻었다.
② ㉯는 과전과 녹봉을 처음으로 지급받았다.
③ ㉰는 정부 재정에 관련된 정책을 주관하였다.
④ ㉱는 다른 재상과 합의하여 국정을 총괄하였다.
⑤ ㉲는 직전법 실시로 지급 받던 토지를 받지 못하였다.

05. 다음 내용과 관련이 있는 사학자는?

> ㉮ 대거 나라는 形(형체)이요, 역사는 神(정신)이다. 지금 한국의 형은 허물어졌으나, 신만이라도 독존할 수 없는 것인가?
> ㉯ 이것이 통사를 저술하는 까닭이다. 신이 존속하여 멸하지 않으면 형은 부활할 때가 있을 것이다.

① 박은식　　　　② 정인보
③ 신채호　　　　④ 문일평
⑤ 최남선

06. 다음 조선 시대의 법전 편찬 순서가 올바르게 연결된 것은?

| ㉮「조선경국전」 ㉯「육전조례」 ㉰「대전통편」 ㉱「경국대전」 |

① ㉰ → ㉮ → ㉱ → ㉯　　② ㉮ → ㉱ → ㉰ → ㉯
③ ㉱ → ㉮ → ㉯ → ㉰　　④ ㉮ → ㉯ → ㉰ → ㉱
⑤ ㉯ → ㉰ → ㉱ → ㉮

07. 다음의 사실들을 바탕으로 조선 후기 사회를 파악할 때 가장 적절한 것은?

> ㉮ 조선 후기에는 한글 소설이 보급되었다.
> ㉯ 상공업의 발달로 인한 도고가 출현하였다.
> ㉰ 실학이 발생되었다.
> ㉱ 농민 의식의 향상으로 봉건적 신분 질서가 동요되었다.

① 유민을 방지와 요역 대상자 파악을 목적으로 16세 이상의 모든 남자(양반에서 노비까지)에게 호패를 발급하였다.
② 피지배 계층을 위한 정책이 적극 실시되었다.
③ 생산력 증대를 통하여 자본주의 사회로 이행하고 있었다.
④ 근대적 시민운동이 활발하게 전개되었다.
⑤ 내재적 역량에 의한 사회의 발전적 변화가 이루어지고 있었다.

08. 다음 중 신민회의 활동과 관계 깊은 것은?

① 해외독립운동의 선구적 업무를 담당하였다.
② 2·8 독립운동을 주도하기도 하였다.
③ 태극서관, 도자기 회사를 설립하여 국산품 애용운동을 일으켰다.
④ 광주학생운동 시 투옥된 학생들을 무료로 변호하였다.
⑤ 민립대학 설립운동을 추진하였다.

09. 실학의 중농·중상 두 학파의 공통된 주장이라고 볼 수 있는 것은?

① 자영농민의 육성방안을 제시하였다.

② 화폐사용의 긍정적 태도를 보였다.
③ 부국강병과 민생안정을 꾀하였다.
④ 농업의 상업화·기술화에 관심을 가졌다.
⑤ 주변국가와 통상의 필요성을 주장하였다.

10. 다음 주어진 내용과 관련 있는 국왕의 업적을 바르게 연결한 것은?

> ㉮ 소론과 남인의 일부 강경파가 이인좌의 난을 일으켰다.
> ㉯ 붕당 간의 관계를 다시 조정하였고, 이조 전랑직의 권한을 약화시키기 위하여 자신의 후임자를 천거하고 3사의 관리를 선발할 수 있게 해 주던 관행을 없앴다.

① 숙종 – 금위영   ② 영조 – 균역법
③ 정조 – 신해통공 시행   ④ 광해군 – 대동법
⑤ 정조 – 탕평책

11. 신라 말기의 사회현상에 관한 설명으로 옳지 않은 것은?

① 각 지방의 성주·장군들 가운데는 대외적으로 중국과 통교를 할 정도의 세력가도 출현하였다.
② 사무역을 위주로 한 서해안의 해상세력이 강하였다.
③ 지방호족이 사병을 거느리고 그 세력을 확대시켰다.
④ 선종과 풍수사상이 유행하였으나 화엄종에 억눌려 큰 역할을 수행하지 못하였다.
⑤ 과도한 수취로 농민은 유랑하거나 초적이 되어 중앙에 항거하였다.

12. 신라 후기의 사회변동과 거리가 먼 것은?

① 진골귀족의 내부 분열로 인한 왕위쟁탈전이 계속되었다.
② 유불과 풍수도참사상이 결합되는 변화가 나타났다.
③ 골품제의 붕괴로 실력에 의해 좌우되는 사회로 변화해 갔다.
④ 진골귀족들은 사회혼란을 수습하기 위해 관반제를 실시하였다.
⑤ 지방호족세력은 신라의 붕괴시키는 결정적인 역할을 하였다.

13. 다음의 내용을 통해서 알 수 있는 것은?

> ㉠ 자연현상이나 자연물에 정령이 있다고 믿는 애니미즘이 생겨났다.
> ㉡ 바위의 평평한 면에 태양을 상징하는 동심원을 그렸다.
> ㉢ 5월 수릿날과 10월에 계절제를 열어 하늘에 제사를 지냈다.

① 제사와 정치를 분리시켜 나갔다.
② 내세에 대한 관념이 발달하였다.
③ 조상숭배와 영혼숭배를 중시하였다.
④ 농경에서의 풍요로운 결실을 기원하였다.
⑤ 신·구 문화의 갈등을 해소시켜 주었다.

14. 다음은 조선시대의 붕당 정치에 대한 설명이다. 옳은 것은?

① 북인 정권은 5군영을 설치하여 권력 기반으로 삼았다.
② 윤선도가 송시열과 송준길을 비난하는 상소를 올려 1차 예송논쟁이 벌어져 후에 1차 예송논쟁은 남인의 승리로 일단락되었다.

③ 서인은 자영농의 육성에 치중하여 상업과 기술 발전에 소극적이었다.
④ 붕당 간의 정치적 갈등을 화합시키려는 탕평책은 영조에 의해 처음 제기되었다.
⑤ 남인은 서인들의 북벌 운동을 비판하면서 예송 논쟁을 일으켰다.

15. 다음 내용은 조선 후기의 경제상황이다. 이에 의하여 어떤 상황이 이루어졌을지 옳은 것은?

㉮ 이앙법	㉯ 견종법
㉰ 광작	㉱ 상품 작물의 재배
㉲ 도고의 성장	㉳ 경영형 부농과 임노동자 출현

① 상민과 노비의 수가 증가하였다.
② 피지배층에 의해 권력 구조가 개편되었다.
③ 빈부의 격차가 줄어들었다.
④ 신분 변동이 활발하였다.
⑤ 양반의 수가 줄어들었다.

16. 고려의 대외관계에 관한 사실 중 옳지 않은 것은?
① 초조대장경은 여진의 침입과 관계가 있다.
② 여진족을 축출하고 청천강에서 영흥까지 국토를 확장하였다.
③ 송과는 친교를 맺고 거란과는 충돌하였다.
④ 금은 요를 멸한 뒤 고려에 대하여 사대관계를 요구해 왔다.
⑤ 강동성에서 몽고군과 거란족을 격퇴시켰다.

제 7회 최종모의고사

17. 다음의 농작물들이 재배되기 시작한 순서를 바르게 배열한 것은?

㉮ 담배, 고추, 호박　　㉯ 인삼　　㉰ 고구마　　㉱ 감자

① ㉮ → ㉯ → ㉰ → ㉱
② ㉯ → ㉮ → ㉰ → ㉱
③ ㉰ → ㉱ → ㉯ → ㉮
④ ㉱ → ㉯ → ㉮ → ㉰
⑤ ㉮ → ㉱ → ㉯ → ㉰

18. 조선 후기 경제구조의 변화에 따른 수취체제의 변화와 그 영향을 바르게 설명한 것은?

① 전세제도는 영정법의 시행으로 병작농의 부담이 감소되었다.
② 공납제도는 대동법의 시행으로 상품·화폐경제가 발달하였다.
③ 군역제도는 호포법의 시행으로 양반도 군역을 부담하였다.
④ 지대는 지주권의 강화로 타조법이 시행되고 도조법이 사라졌다.
⑤ 조세는 미곡·포목·전화 등으로 납부에서 현물징수제로 대체되었다.

19. 조선 후기에 다음과 같은 움직임을 보인 신분층은?

㉮ 시사(詩社)를 조직하여 문학 활동을 전개하였다. ㉯ 서학 등 외래문화 수용에 주도적 역할을 하였다. ㉰ 일부는 개항, 개화사상의 선구가 되었다.

① 잔반　　　　　　　　② 향반
③ 중인　　　　　　　　④ 벌열 양반

⑤ 양인

20. 조선전기 수취체제에 대한 설명으로 옳은 것은?
   ① 과전법 시행으로 조세에 구별이 없이 1결당 30두를 조세로 냈다.
   ② 잉류 지역은 평안도와 함경도만 해당된다.
   ③ 공물은 장정수 기준으로 각 가호별로 부과되었다.
   ④ 16세 이상 정남에게는 군역과 요역의 의무가 있었다.
   ⑤ 군역제가 호포제로 바뀌었다.

최종 제8회 모의고사

국 어

01. 다음 시에서 밑줄 친 '까마귀'의 원관념을 찾는다면?

> 가을에는
> 호올로 있게 하소서 …….
> 나의 영혼,
> 굽이치는 바다와
> 백합의 골짜기를 지나,
> 마른 나뭇가지 위에 다다른 까마귀같이.

① 가을
② 나의 영혼
③ 굽이치는 바다
④ 마른 나뭇가지
⑤ 백합의 골짜기

02. 다음 외래어 표기 중 어법에 맞게 된 것은?

① 같이-gachi
② 성주-Songju
③ 법문-beopmun
④ 백마-Baekma
⑤ 낳지-nagi

03. 다음 문장 중 불필요한 의미 중복이 없이 올바르게 된 문장은?

① 순간 그의 머리 속에는 뇌리 속을 스치는 기억 하나가 있었다.
② 도저히 수용하지 못해 용납할 수 없는 경우가 허다히 많습니다.
③ 제가 산첩첩 둘겹겹한 이 산골까지 와서 살게 된 이유가 있습니다.
④ 미리 자료를 예비한 분은 별도의 자료를 따로 만들 필요가 없습니다.
⑤ 돌이켜 회고해 보건대 형극의 가시밭길을 우리는 걸어 왔습니다.

04. 다음 중 밑줄 친 조사의 쓰임이 나머지 넷과 다른 하나는?

① 이번 경기는 우리회사<u>에서</u> 우승을 했다.
② 호젓한 오솔길을 둘<u>이서</u> 거닐었지.
③ 우리가 길러야 할 것<u>은</u> 자주적 기백이다.
④ 여기가 너희 집<u>은</u> 아니지만 편히 지내라.
⑤ 할아버지<u>께서</u> 지금 막 오셨다.

05. 다음 문장 중 어법 상 가장 자연스런 문장은?

① 전방부대에 입소해 들어갔습니다.
② 궁금한 점이 있으면 문의해 주십시오.
③ 자세를 반드시 해야 한다.
④ 이 집은 할아버지에 의해 지어졌습니다.
⑤ 칠판에 글이 써 있다.

06. 다음 글 (가)~(다)에 대한 설명으로 옳지 않은 것은?

(가) 시골에 사는 할머니가 판결문 때문에 어려움을 겪었다. '오른손으로 얼굴을 한 대 때리고 왼발로 걷어차서 땅에 넘어지게 했다.'라고 하면 될 것을 '右手로 面相을 一回 加擊한 후 左足으로 一蹴하여 地上에 顚倒케 했다.'라고 한 판결문 때문이었다. 할머니는 어려운 한자 표기 때문에 읽을 수조차 없어 내용을 이해할 수 없었던 것이다. 이는 글이 생활에서 쓰이는 말과 다르기 때문이다. 공인 중개사 사무실에서 자주 쓰는 '裸垈地'라는 말도 마찬가지이다. '빈 집터'라고 하면 누구나 쉽게 이해할 수 있는데도 굳이 뜻이 잘 통하지 않는 어려운 한자어를 쓰고 있는 것이다.

(나) 요즘 젊은이들은 한자를 너무 몰라 거의 문맹 수준이다. 대학을 나왔다는 사람들도 마찬가지이다. 민족문화의 미래를 생각할 때 참으로 우려되고 통탄스러운 상황이다. 한자 지식이 부족하니 언어생활을 편리하게 영위할 수 없다. 언어와 문자의 민주주의를 주장하는 사람들도 있지만 민주주의의 이념이 아무리 좋은 것이라 하더라도 말과 글이 갖추어야 할 품위보다 앞서는 것은 아니다. 말과 글은 어렵고 중후해야 한다. 이는 한자어 사용으로 가능하다.

(다) 누구나 쉽게 글을 읽고 쓸 수 있다는 것은, 지식의 민주화, 문화적 평등의 성취라는 점에서 대단한 축복이다. 이를 위해서는 여러 가지 요건이 필요하다. 일상생활의 말과 글이 같아야 하며, 사회 구성원 대부분이 익히 알고 있는 한글로 표기함으로써 읽고 쓰는 데 불편이 없어야 하며, 언중들의 일상 언어생활에서 거의 사용되지 않는 낯설고 이해하기 힘든 어휘들을 누구나 쉽게 이해할 수 있는 말로 바꿔 사용하는 것 등이 그것들이다.

① (가)와 (나)의 공통된 요소는 '한자어 사용에 관한 내용'이라는 제재이다.
② (가)는 한자어 사용이 일상생활에서 주는 불편함을 예로 들어 한자어 사용에 반대하는 입장을 나타내고 있다.
③ (나)는 편리한 언어생활과 품위 있는 언어 사용을 위해 한자어를 사용해야 한다는 견해를 나타내고 있다.
④ (다)는 사회·문화적 측면에서 모든 사람이 함께 공유할 수 있는 순수 우리말

사용을 옹호하고 있다.
⑤ (가) 내용은 (나) 내용에 대해 구체적인 사례를 제시하고 있다.

07. 다음에서 가장 서사적인 글을 찾으면?

① 지시적 의미는 사전적인 뜻을 말한다.
② 저녁놀이 산 위로 곱게 흐르고 있었다.
③ 경로사상은 아직도 지켜야 할 덕목이다.
④ 길동은 차차 자라 비범한 인물이 되어 집을 나간다.
⑤ 내 마음은 호수요. 배 저어 오오.

08. 다음 시에서, 이 시의 제목이 되는 제재를 비유한 것과 거리가 먼 시어는?

> 이것은 소리 없는 아우성.
> 저 푸른 해원(海原)을 향하여 흔드는
> 영원한 노스텔지어의 손수건.
> 순정은 물결같이 바람에 나부끼고
> 오로지 맑고 곧은 이념(理念)의 푯대 끝에
> 애수(哀愁)는 백로처럼 날개를 펴다.

① 푯대 ② 손수건
③ 순정 ④ 아우성
⑤ 애수

09. 다음 밑줄 친 부분에서 '이성'과 '지혜'를 어떤 관점으로 파악하고 있는가?

> 청춘의 피는 끓는다. 끓는 피에 뛰노는 심장은 거선(巨船)의 기관같이 힘 있다. 이것이다. 인류의 역사를 꾸려 내려온 동력은 꼭 이것이다. <u>이성(理性)은 투명하되 얼음과 같으며, 지혜는 날카로우나 갑(匣) 속에 든 칼이다.</u> 청춘의 피가 아니더면 인간이 얼마나 쓸쓸하랴?

① 인류에게 해가 되는 것이다.
② 실로 보배로운 것이다.
③ 전연 무가치한 것이다.
④ 청춘의 더운 피로 보완해야 제 가치가 살아날 수 있는 것이다.
⑤ 청춘의 피보다 더 가치가 큰 것이다.

10. 다음 글에서 밑줄 친 ㉮, ㉯의 문맥적 의미를 바르게 지적한 것은?

> 세시풍속일(歲時風俗日)은 1년간의 생활과정(生活科程)에 ㉮ <u>리듬</u>을 주어, 다음 단계(段階)로 넘어가는 데 박차(拍車)를 가하는, 생활의 ㉯ <u>악센트</u>와 같은 役割(역할)을 해 왔다. 설을 맞아 心機一轉(심기일전) 한다든지. 秋夕(추석)을 지내며 祖上(조상)과 秋收(추수)에 대한 感謝(감사)를 느끼게 된다든지 하는 것들은 그 한 두 예라 하겠다.

	㉮	㉯		㉮	㉯
①	흥미	생동감	②	흥취	생명력
③	생동감	강조	④	운율	율동감
⑤	변화	활력소			

11. 다음 ( )에 들어갈 시나리오 용어는?

> S #11. 약국 앞.
> ( ) '약국'이란 글자가 쓰인 들창이 보인다. 카메라 이동하며, 문을 열고 약국에서 베어먼이 나온다.

① F. I.
② F. O.
③ PAN
④ Insert
⑤ O. L.

12. 다음 글은 황순원의 소설 '학'의 결말 부분이다. 이 글에 대한 설명으로 옳지 않은 것은?

> "어이, 왜 멍추같이 게 섰는거야? 어서 학이나 몰아 오너라." 그제서야 덕재도 무엇을 깨달은 듯, 잡풀 새를 기기 시작했다. 때마침 단정학 두 세 마리가 높푸른 가을 하늘에 큰 날개를 펴고 유유히 날고 있었다.

① 주제를 암시 받을 수 있다.
② 기술의 방법이 '보여주기(Showing)'로 표현되었다.
③ 시대적 배경을 알 수가 없다.
④ 인물의 설정방법이 간접적 제시로 되었다.
⑤ 인물의 유형이 입체적 인물임을 알 수 있다.

13. 소설의 시점에 대한 다음 설명으로 옳지 않은 것은?

① 작가 관찰자 시점은 작가가 이야기를 전개하되 자기의 주관을 버리고 객관적인

관찰자의 태도를 취하는 경우에 해당하는 3인칭 시점이다.
② 1인칭 관찰자 시점은 말하는 이 '나'가 관찰자로 등장하여 주인공에 관한 이야기를 읽는 이에게 들려주는 것으로 이광수의 '무정', 김동인의 '감자', '명문', 염상섭의 '두 파산', 정한숙의 '금당벽화' 등의 작품이 있다.
③ 1인칭 주인공 시점은 말하는 이 '나'가 등장하여 이야기를 전개해 나가는 것으로 이광수의 '무정', 김유정의 '봄봄', 이상의 '날개, 알퐁스 도데의 '별' 등의 작품이 있다.
④ 전지적 작가 시점은 말하는 이인 작가가 인물과 사건에 대하여 마치 신(神)처럼 다 알고 있다는 입장에서 이야기를 전개한다.
⑤ 전지적 관찰자 시점은 객관적이고 극적인 장점이 있으나, 작중인물의 생각을 읽는 이가 쉽게 알 수 없어서, 단조로운 느낌을 준다.

14. 다음 작품에 대한 설명으로 옳지 않은 것은?

> "요담부터 또 그래 봐라, 내 자구 못살게 굴 테니."
> "그래 그래, 인젠 안 그럴 테야."
> "닭 죽은 건 염려 마라, 내 안 이를 테니."
> 그리고 뭣에 떠다밀렸는지 나의 어깨를 짚은 채 그대로 퍽 쓰러진다. 그 바람에 나의 몸뚱이도 겹쳐서 쓰러지며, 한창 피어 퍼드러진 노란 동백꽃 속으로 푹 파묻혀 버렸다.
> 알싸한, 그리고 향긋한 그 냄새에 나는 땅이 꺼지는 듯이 온 정신이 고만 아찔하였다.
> "너, 말 마라!"
> "그래!"
> 조금 있더니 요 아래서,
> "점순아! 점순아! 이년이 바느질을 하다 말구 어딜 갔어?"

① 향토적 정서를 느낄 수 있다.

② 1인칭 주인공 시점
③ 토속적인 미학이 뛰어나다.
④ 이 소설의 지배적인 어조는 관조적이다.
⑤ 시골 남녀의 순박한 사랑이 주제이다.

15. 다음 글과 가장 연관성이 깊은 단어는?

> 그리워하는데도 한 번 만나고는 못 만나게 되기도 하고, 일생을 못 잊으면서도 아니 만나고 살기도 한다. 아사코와 나는 세 번 만났다. 세 번째는 아니 만났어야 좋았을 것이다.

① 애착(愛着)
② 세월(歲月)
③ 상념(想念)
④ 운명(運命)
⑤ 인연(因緣)

16. 다음 글의 진술 방식은 어디에 해당하는가?

> 사람은 언어로써 자기의 사상과 감정을 표현하여 전달한다. 언어 표현 방식에는 여러 가지가 있다 그 중에서도 음성으로 표현하는 방법은 매우 어렵다.

① 상징
② 설명
③ 묘사
④ 서사
⑤ 비유

17. 다음 문장 중 띄어쓰기가 바르지 않은 것은?

① 학교에서만이라도 공부를 열심히 하자.
② 집에 들어가기는 커녕 놀고 있다.
③ 그가 올 듯도 하다.
④ 조기 한 손을 샀다.
⑤ 오신 지 삼 년이 되었다.

18. 다음 시에서 '아가'가 실제로 가리키는 것은?

> 꿈에서 지금 막 돌아와
> 꿈의 이슬에 젖은 나래를
> 내 팔 안에서 기진맥진 접는 아가야

① 나비　　　　　　② 벌
③ 제비　　　　　　④ 소망
⑤ 꿈

19. 다음 글을 세 부분으로 나눌 때 바르게 된 짜임은?

> 성숙(成熟)한 인격(人格)에 이르는 길은 끝이 없는 도정(道程)이다. 끝이 없는 길이기에 종점(終點)을 경험할 수 없다. 어떤 일을 성취한 후에 성숙한 인간이 되었다고 생각하는 것은 어리석은 일이다. 그것은 마치, 2층 옥상에 올라가서 세상을 다 내다볼 수 있다고 자부하는 것과 흡사한 것이다. (　　), 성숙한 인격에 이르기 위해서는 평생토록 인격 도야에 힘써야 한다.

① 이유 - 근거 - 강조 ② 전제 - 강조 - 단정
③ 단정 - 부연 - 결론 ④ 근거 - 이유 - 전제
⑤ 강조 - 단정 - 부연

20. 다음 중 조사의 쓰임이 다른 하나는?

① 이번 경기는 우리 회사<u>에서</u> 우승을 했다.
② 호젓한 오솔길을 둘<u>이서</u> 거닐었지.
③ 우리가 길러야 할 <u>것은</u> 자주적 기백이다.
④ 여기가 너의 집<u>은</u> 아니지만 편히 지내라.
⑤ 할아버지<u>께서</u> 지금 막 오셨다.

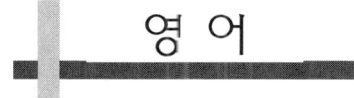

01. 다음 (A), (B) 두 글의 공통된 제목으로 가장 적합한 것은?

(A) In some Asian countries water is often taken from a well using a hand pump. The water is usually clean and safe to drink. In some villages people use earthen jars that help keep the water cool. On the other hand, the water for the fields is taken from a number of small ponds or streams. This water is carried into the fields through a long waterway.

(B) In some villages in many developing countries people obtain their water from ponds nearby. The water is not very clean but it is all they have. Women

제 8회 최종모의고사

and children fill the buckets or cans with water and carry them back to their homes. In some countries, they make the water a little safer by passing it through a water filter

① Development of Water Pumps ② Methods of Getting Water
③ Problems of Water Pollution ④ Uses of Water Filter
⑤ Technology of Cleaning Water

02. 다음 밑줄 친 곳에 들어갈 가장 적당한 것은?

I _____ unhappy businessmen would increase their happiness more by walking six miles everyday.

① convince
② am convincing
③ am convinced
④ have convinced
⑤ convinced

03. 다음 이야기가 시사하는 바와 의미가 가장 잘 통하는 것은?

According to ancient lore, every man is born into the world with two bags suspended from his neck-one in front and one behind, and both are full of faults. But the one in front is full of his neighbor's faults; the one behind, full of his own. Consequently, men are blind to their own faults but never lose sight of their neighbor's.

① Look before you leap. ② Blood is thicker than water.
③ The pot calls the kettle black. ④ Slow and steady wins the race.
⑤ Two heads are better than one.

04. 다음 글의 내용을 가장 적절하게 표현한 것은?

> People become quite illogical when they try to decide what can be eaten and what cannot be eaten. If you lived in the Mediterranean, for instance, you would consider octopus a great delicacy. You would not be able to understand why some people find it repulsive.

① All that glitters is not gold.
② There is no accounting for tastes.
③ Never judge by appearance.
④ Birds of a feather flock together.
⑤ Do to others as you would have others do to you.

05. 다음 글의 내용을 가장 잘 표현한 속담은?

> For most people playing tennis or going to gym is a good way to exercise. However, Some people think it's not enough. They think such sports as mountain climbing, scuba diving, or hang gliding are better. These people love the adventure of reaching the top of the highest mountain, swimming underwater in dangerous areas of the ocean, or jumping off a mountain and silently gliding down to flat land. Still other people think only running like marathon is a true sport.

① Seeing is believing.   ② Like father, like son.
③ Well begun, half done.   ④ No news is good news.
⑤ So many man, so many minds.

06. 다음 글의 빈 칸에 알맞은 것은?

If politics is to be for people, then the first requirement is that the powers of government must be limited, that those in power must be accountable to the people and that governments must be able to be changed if they forfeit popular support. Socialism without _____ is not worth having, for socialism without will in time create a new and arrogant ruling class.

① liberty   ② power
③ authority   ④ love
⑤ coercion

07. 다음 글을 쓴 목적으로 가장 적절한 것은?

Applicants are invited for three full-time one-year appointments, commencing April 1, 1995 to conduct a research project on gender and primary school education in Asia. It is anticipated that up to one half of the period of appointment will be spent working in Asia. Applicants must have at least a master's degree in economics or education, together with demonstrated research competence in the economies of the developing countries. Applications should be submitted by January 15, 1995. For further information contact Mrs. Lisa, Simpson Institute of Development Studies, the University of Wisconsin, Madison, WI, U. S. A

① 구인 광고　　　　　　② 대학의 입학 과정 안내
③ 면접 요령 고지　　　　④ 연구모임 통보
⑤ 대학의 박사 과정 자격 기준 고시

08. 주어진 문장에 이어질 글의 순서가 가장 적합한 것은?

Most bike accidents are due to equipment failure, weather conditions and biker carelessness.

(A) For example, if a bike does not have good brakes, it cannot be stopped effectively.
(B) Similarly, a weak light will make it more difficult for a biker to see at night.
(C) To begin with, many different pieces of bicycle equipment can become defective, and cause bike accidents.

① (A) – (C) – (B)　　　　② (B) – (A) – (C)
③ (B) – (C) – (A)　　　　④ (C) – (A) – (B)
⑤ (C) – (B) – (A)

09. 다음 글에 나타나는 필자의 어조를 가장 잘 적절히 표현한 것은?

My best school report was in the first grade from Mrs. Varulo. First, she told my parents about my amazing physical energy "Lisa is never tired of chasing and punching her classmates." Next, she praised my class participation and active, questioning mind. After every instruction-even one as simple as 'Please take out your pencils'-Lisa asks 'Why? 'Mr. Varulo was so impressed with my vocabulary that she commented, "I don't know where Lisa has picked up some of the words she uses, certainly not in my classroom." Somehow she even knew I would become a famous fiction-writer. "More than any other student I have ever had." she wrote, "Lisa is a born liar."

① annoyed and bitter
② ironic and humorous
③ angry and revengeful
④ regretful and solemn
⑤ serious and critical

10. 다음 글의 밑줄 친 부분에 들어갈 내용으로 알맞은 것은?

You can fly to London this evening _____ you don't mind changing planes in Paris.

① whether
② except
③ unless
④ so far as
⑤ so that

11. 다음 글에서 밑줄 친 They가 뜻하는 것은?

They are made when the summer air near the ground is hot but the air a few miles up is freezing cold. As the hot air carrying water with it pushes up into the freezing air, the water freezes into drops of ice. Then they fall down into warmer air, where another icy coat is made because of the moisture there. Sometimes the wind pushes them back up into the freezing air, which makes them bigger. They can be big enough to cause damage to crops or cars when they reach the ground.

① 비
② 눈
③ 서리
④ 우박
⑤ 안개

12. 다음 밑줄 친 곳과 가장 유사한 단어는?

Insecurity, worry, and nervous breakdown are rampant among white-collar workers.

① unavoidable
② obstinate
③ prevalent
④ revealed
⑤ troublesome

13. 다음 글 중 밑줄 친 곳에 들어갈 가장 알맞은 것은?

The urban population of the United States has slowly _____, the urban decline in births being more than balanced by migration from the rural areas.

제 8회 최종모의고사

① decreased
② consolidated
③ disintegrated
④ increased
⑤ assimilated

14. 다음 글에서 밑줄 친 the problem이 뜻하는 것은?

> The problem is a broad one and demands a broad attack. Educational programs, job opportunities, recreational facilities, adult counseling - all these projects and many more must be combined in a comprehensive program if we are to make a major impact on the problem. We must show every young person, no matter how deprived his background may be, that he has a genuine opportunity to fulfill himself and play constructive role in our society. We cannot solve <u>the problem</u> by building new prisons. We must create new opportunities for our nation's youth.

① 주택 부족
② 청소년 범죄
③ 절대 빈곤
④ 실업률 증가
⑤ 재정 적자

15. 다음 밑줄 친 부분에 들어갈 내용으로 알맞은 것은?

> It seems difficult for a man who enjoys _____.

① to like many people who enjoy solitude
② liking solitude of many people
③ to be fond of solitude for many people

④ solitude to like many people
⑤ many people to like solitude

16. 다음 문장의 내용상 밑줄 친 곳에 들어갈 가장 알맞은 것은?

The computer does just what its name implies; it computes. _____, it is like a hand calculator that you might use every day to solve simple numerical calculations.

① However
② In this sense
③ On the other hand
④ By the way
⑤ In the end

17. 다음 문장의 내용상 밑줄 친 곳에 들어갈 가장 알맞은 것은?

_____ is the first principle of community ; it is the spirit which conserves the best that all men think. No loss by flood and lightning, no destruction of cities and temples by the hostile forces of nature, has deprived man of so many noble lives as those which his intolerance has destroyed.

① Sacrifice
② Honesty
③ Tolerance
④ Freedom
⑤ Democracy

제 8회 최종모의고사

18. 다음 글의 주제를 고르면?

> I consider ignorance the primary enemy of mankind. The worst fool in the world is the man who will admit nothing that he cannot see or taste, who has no place for imagination or vision or faith. Man is capable of various kinds of education. He is possessed of physical, social, religious, intellectual and moral capabilities. Each requires education. The education of all makes him complete: the education of part only leaves him deficient.

① The necessity of education
② Man and ignorance
③ Social ability of man
④ The best investment policy
⑤ The danger of ignorance

19. 다음 밑줄 친 부분에 들어갈 가장 적당한 것은?

> Country life has many advantages. For one thing the air is fresh and clean. Another advantage is that in many ways country life is more _____ than city life.

① expensive
② unpleasant
③ inconvenient
④ artificial
⑤ economical

20. 다음 글의 주제로 가장 알맞은 것은?

> We are all inclined to accept conventional forms or colors as the only correct

ones. Children sometimes think that stars must be star-shaped, though naturally they are not. The people who insist that in a picture the sky must be blue, and the grass green, are not very different from these children. They get very angry if they see other colors in a picture.

① 미술교육 ② 고정관념
③ 자연관찰 ④ 참된 예술
⑤ 현실인식

한 국 사

01. 다음의 사실을 종합하여 내릴 수 있는 결론은?

㉮ 영조 - 탕평파를 육성하고 경제·군제 개혁을 단행하였다.
㉯ 정조 - 장용영을 설치하고 규장각을 두었다.

① 붕당 간의 균형 관계가 실현되었다.
② 왕권을 강화하기 위한 조치였다.
③ 양반 중심의 지배 체제를 유지하기 위한 목적이다.
④ 붕당 간의 대립 양상이 근절되었다.
⑤ 유능한 인재들을 등용하였다.

제 8회 최종모의고사

02. 다음과 같은 제도의 실시로 인해 공통적으로 초래된 것은?

> ㉮ 정부는 연분 9등법을 따르지 않고 흉년이건 관계없이 전세를 토지 1결당 4두로 고정시켰다.
> ㉯ 농민 집집마다 부과하여 토산물을 징수하였던 공물 납부 방식을 토지 결수에 따라 쌀, 삼베나 무명, 동전 등으로 납부하게 하였다.
> ㉰ 2필씩 내던 군포를 농민들은 1년에 1필만 내면 되었다.

① 지주와 농민 간의 격차가 점차 감소하였다.
② 다수의 농민들은 농토에서 쫓겨났다.
③ 장기적으로 농민의 부담이 감소하였다.
④ 조세의 전세화로 인한 자급자족적 농업 경제가 고착화되었다.
⑤ 소작농의 세금은 감면되지 못하였다.

03. 다음은 조선 후기 농업 경제의 변동을 설명한 것이다. 이런 변화가 미친 영향을 설명한 것은?

> ㉮ 이앙법이 전국적으로 보급되었다.
> ㉯ 담배, 면화, 약초, 채소 등의 재배가 점차 증가하였다.
> ㉰ 대동법이 전국적으로 확대 실시되었다.

① 양반들의 향촌 지배력이 강화되었다.
② 농촌 사회의 계층 분화가 야기되었다.
③ 대동법의 전국적인 확대 실시를 지연시켰다.
④ 지대 납부 방식이 화폐에서 생산물로 변화하였다.
⑤ 양반들의 수가 점차 감소하였다.

04. 고려시대의 경제에 대한 설명 중 옳지 않은 것은?

① 국가에 대한 농민들의 부담은 보통 조세, 공납, 역의 세 가지로서 국가재정의 주요원천이 되었다.
② 불교가 융성함에 따라 사원도 중요한 경제활동의 중심지가 되었다.
③ 고려 초에는 상품매매에 이용된 교환수단은 대체로 곡물과 포였으나, 숙종 때에는 전폐, 은병 등이 주조되어 널리 유통되었다.
④ 고려는 일본과는 무역을 하였으나, 송·거란 등에 비해 그리 활발하지는 못하였다.
⑤ 고려 후기에는 농업기술상 우경(牛耕)에 의한 심경법(深耕法)이 일반적으로 행해짐에 따라 휴경기간의 단축과 생산력의 증대를 가져왔다.

05. 조선 후기 중간 계층의 신분 변화 사실과 거리가 먼 것은?

① 납속책의 실시 등으로 서얼도 관직에 진출하게 된다.
② 중인은 철종 때에 대규모의 소청 운동으로 신분이 상승되었다.
③ 박제가 등은 규장각 검서관에 기용되기도 하였다.
④ 개항기에는 역관 등이 외래문화 수용을 주도하였다.
⑤ 양반 계층에 비해 차별대우를 받았고, 중인의 신분과 직업은 세습되었다.

06. 19세기에 다음과 같은 주장을 한 사람들의 활동과 관련이 가장 깊은 것은?

㉮ 서양의 공산품과 우리의 농산물을 교역하면 경제적 파멸을 가져온다.
㉯ 일단 문호를 개방하면 열강의 계속되는 침략을 막을 수 없게 된다.

① 개항 이전부터 형성되어 온 동도서기론에 바탕을 두고 있다.
② 통리기무아문을 설치하고 그 아래 12사를 두어 정책을 추진하였다.
③ 영선사 일행은 중국의 톈진에서 무기 제조법과 근대적 군사훈련을 배웠다.
④ 「조선책략」의 유포 등에 반발하여 영남만인소를 일으키기도 하였다.
⑤ 청국의 속방화 정책에 대항하여 '독립'을 매우 강조하였다.

07. 다음과 관계 깊은 유학의 학풍은?

㉮ 가례를 수입하게 되었다.
㉯ 가묘를 세우게 되었다.
㉰ 정통과 대의명분을 중시하게 되었다.

① 훈고학 ② 성리학
③ 양명학 ④ 고증학
⑤ 공양학

08. 다음 제도의 시행에 따른 영향을 올바르게 설명한 것은?

공납의 폐단을 막고 농민의 부담을 경감시키기 위해 농민 집집마다 토산물을 징수하였던 공물 납부 방식을 토지의 면적에 따라 쌀과 베나 무명, 동전 등으로 납부하게 하였다.

① 군역에 전세화 되었다.
② 결작이 부과되었다
③ 별공과 진상이 폐지되었다.

④ 공인의 등장으로 상품화폐 경제가 발달하였다.
⑤ 보충책을 마련하였다.

09. 다음과 같은 개혁정치를 행한 근본 목적은 무엇이었는가?

| ㉮ 향약 시행　　㉯ 현량과 실시　　㉰ 소격서 폐지 |

① 붕당정치의 규제　　　　　② 국왕의 왕권 전제화
③ 지방자치제도의 강화　　　④ 훈고학적 유학교육의 강화
⑤ 사림세력의 지위 강화

10. 다음 농작물들이 재배되기 시작한 순서를 바르게 배열한 것은?

| ㉮ 담배, 고추, 호박　　㉯ 인삼　　㉰ 고구마　　㉱ 감자 |

① ㉯ → ㉱ → ㉰ → ㉮　　　② ㉰ → ㉯ → ㉮ → ㉱
③ ㉯ → ㉮ → ㉰ → ㉱　　　④ ㉰ → ㉮ → ㉯ → ㉱
⑤ ㉮ → ㉯ → ㉰ → ㉱

11. 다음 개혁안들의 공통점에 해당하는 것은?

| ㉮ 갑신정변 14개조　　㉯ 동학농민운동 12개조　　㉰ 갑오개혁 2차 홍범 14조 |

① 관리채용 시 지벌을 타파와 토지 제도 개선
② 행정기구의 개편과 연좌법의 폐지
③ 토지의 균분과 도량형의 통일
④ 사법권의 독립과 경찰제의 실시
⑤ 신분질서의 타파와 조세제도의 개혁

12. 신간회에 관한 설명으로 옳지 않은 것은?
① 좌·우협력운동의 양상이 확대되어 1927년 신간회가 조직되었다.
② 김활란 등 여성들이 조직한 근우회가 자매단체로 활동하였다.
③ 평양에 자기 회사를 설립하고 평양·대구에 태극서관을 운영하였다.
④ 당시 진행되고 있던 자치운동을 기회주의로 규정하여 철저히 규탄하였다.
⑤ 민족적·정치적·경제적 예속의 탈피, 언론·집회·결사·출판의 자유의 쟁취, 파벌주의·족보주의의 배격, 동양척식회사 반대 등을 활동목표로 삼았다.

13. 다음 중 고려시대 의천의 불교활동에 관해 설명으로 옳은 것은?

㉮ '천태사교의'를 저술하여 중국천태종 제13조가 되었다.
㉯ 왕건의 전제화를 위해 교·선의 통합사상인 性相融會 사상을 내세웠다.
㉰ 교·선 통합은 교리적 측면에서 교단의 단순한 통합에 그쳤고 법상종을 의식한 정치적 통합의 성격이 짙었다.
㉱ 천태종은 돈오점수와 정혜쌍수로서 선종을 위주로 하여 교종을 통합시키는 것이다.
㉲ 원효의 불교통합을 크게 평가하여 그의 '대승기신론소'와 '금강삼매경론'을 부각시키고 화쟁론을 중시하였다.

① ㉮, ㉯
② ㉯, ㉰
③ ㉰, ㉱
④ ㉰, ㉲
⑤ ㉱, ㉲

14. 신라시대의 촌주에 관한 설명으로 옳은 것은?
① 진촌주는 6두품, 차촌주는 5두품 출신자가 임명되었다.
② 신라 중대엔 호족과 대립관계에 놓여 있었다.
③ 지방민의 통치를 위해서 중앙정부가 파견한 지방관이다.
④ 촌주제는 선덕여왕대 이후에 비로소 설정되었다.
⑤ 남산 신성비에서도 군상촌주, 군중촌주 등의 명칭이 보인다.

15. 고려 후기 역사인식에 대한 서술로 옳은 것은?
① 삼국사기와 달리 삼국유사에서는 고려가 계승한 왕조인 고구려를 중심으로 역사를 이해하였다.
② 고려사나 고려사절요처럼 고려왕조 역사만을 전체적으로 정리할 필요성은 아직 제기되지 않았고, 그러한 작업은 조선건국 이후에 시작되었다.
③ 삼국유사는 불교중심의 사관을 토대로 하여 토속신앙에 대해서는 부정적으로 인식하였다.
④ 이승휴의 제왕운기에서는 삼국사기에서처럼 아직 발해를 우리 역사로 인식하지 못하였다.
⑤ 제왕운기에서는 요동 이동이 중국과 다른 독자적 지역이라는 천하관 속에서 역사를 서술하였다.

16. 군역제의 변동과 관련된 사실들이 시대 순으로 올바르게 배열된 것은?

   ㉮ 결작의 징수   ㉯ 군적 수포제의 시행
   ㉰ 보법의 실시   ㉱ 호포법의 시행

   ① ㉯ → ㉱ → ㉰ → ㉮
   ② ㉯ → ㉮ → ㉰ → ㉱
   ③ ㉰ → ㉯ → ㉮ → ㉱
   ④ ㉰ → ㉮ → ㉯ → ㉱
   ⑤ ㉮ → ㉯ → ㉰ → ㉱

17. 다음 중 고구려 광개토대왕의 업적에 해당하지 않는 것은?

   ① 백제를 공략하여 한강 이북의 영역을 확보하였다.
   ② 내물왕의 요청으로 군대를 보내 왜군을 격파하였다.
   ③ 평양천도를 단행하여 고조선문화를 계승하였다.
   ④ 후연을 정벌하여 요동지방을 차지하였다.
   ⑤ 숙신지방을 점령하여 북쪽 판도를 넓혔다.

18. 다음은 친일파 청산을 위한 노력의 일환이다. 이와 관련하여 나타난 사실로 옳지 않은 것은?

   반민족 행위 처벌법은 1948년 9월 22일 제정된 것으로서 그 주요내용은 일제시대에 친일행위를 한 사람들을 처벌하고 공민권을 제한하는 것 등이었다.

   ① 민족정기가 정립되지 못한 것은 반민 특위의 붕괴 때문이다.
   ② 일제에 협력한 자들을 미군정 당국에 이들의 제재를 요구하였으나 미군정은 이

들을 군정청에서 이용하였다는 이유로 처벌을 반대하였다.
③ 반민족 행위 처벌법은 제헌국회에서 제정하였다.
④ 반민족 행위 특별조사위원회를 설치하였으며 식민지시대 청산을 위한 친일파 처벌문제는 항상 논란의 초점이다.
⑤ 이승만 정부의 협조에도 불구하고 친일세력의 방해공작으로 성과를 거두지 못하였다.

19. 대한제국의 성립과 개혁사업, 이른바 광무개혁에 대한 설명으로 옳지 않은 것은?

① 자주독립의 근대국가를 세우려는 국민적 자각과 조선에서의 러시아 독점을 막으려는 국제적인 여론이 뒷받침 되었다.
② 대한제국의 집권층은 갑오·을미개혁에서의 급진성을 비판하고 점진적인 개량을 추구하였다.
③ 광무정권의 시정원칙은 구본신참(舊本新參)이었다.
④ 대한국제에서는 황제의 권한을 약화시켜 다분히 근대적인 국가의 정치체제 모습을 노였다.
⑤ 경제면에서는 양전사업과 상공업진흥책을 실시하였다.

20. 다음 내용과 관련 있는 통일 방안으로 옳은 것은?

> 자주통일, 평화통일, 민족적 대단결 등 통일을 위한 3대 기본원칙과 통일문제를 협의하기 위한 남북조절위원회 설치에 합의하였다.

① 6·23 평화통일선언   ② 한민족공동체 통일방안

③ 남북기본합의서   ④ 6·15 남북공동선언
⑤ 7·4 남북공동성명

정답 및 해설

국어 한국사 영어

★ 제1회 정답 및 해설
★ 제2회 정답 및 해설
★ 제3회 정답 및 해설
★ 제4회 정답 및 해설
★ 제5회 정답 및 해설
★ 제6회 정답 및 해설
★ 제7회 정답 및 해설
★ 제8회 정답 및 해설

정답 해설

제 1 회

국 어

```
01. ④  02. ④  03. ⑤  04. ③  05. ④
06. ②  07. ⑤  08. ④  09. ②  10. ①
11. ②  12. ①  13. ④  14. ②  15. ④
16. ③  17. ②  18. ③  19. ①  20. ⑤
```

01. ① '매화향기', '눈' 등은 강한 상징성을 띠고 있어 시적의미 형성에 핵심을 이룬다.
② '광야'를 형상화하기 위해 의인화, 은유, 대유, 활유 등의 다양한 비유를 사용하고 있다.
③ (가)~(라)연 전반부까지 객관적 상황을 제시하고, 그에 대한 자신의 의지적 행동을 (라)연 후반부와 (마)연에 걸쳐 제시하였다.
④ 주로 청각과 후각에 의한 감정을 표출하고 있다.
⑤ '과거 – 현재 – 미래'의 구성을 취하고 있다.

02. (라)연은 현실적 상황제시와 시적화자의 의지표현이다.

03. '큰 강물'은 광야에 최초로 길을 여는 존재이고, '노래의 씨'는 먼 훗날 이곳에 올 '백마 타고 오는 초인'을 위한 길트기의 의미를 함축하는 이미지라 할 수 있다.

04. ⓒ의 '씨'는 '희생'의 이미지를 지닌다.

05. ④ 강다리 – 쪼갠 장작 100개비

06. 김광섭의 「성북동 비둘기」
㉠ 갈래: 자유시, 서정시, 순수시
㉡ 성격 : 비판적, 상징적, 풍자적
㉢ 주제 : 비정한 현대문예 비판, 자연에 대한 향수
㉮ 인간의 삶의 터전(문명을 상징)
㉯ 비둘기의 삶의 터전(자연을 상징)

07. 예문은 이양하의 '나무'이며 주제는 '나무가 지닌 덕(德)을 칭송함'이다.
"천명(天命)을 다한 뒤에 하는 뜻대로 다시 흙과 물로 돌아가는 나무는, 자기를 해하는 어떤 것에도 원망(怨望)하지

제 1회 정답 및 해설

않으며, 이렇다 하는 법도 없다"에서 유추해야 하며, 안분지족과 안빈낙도는 의미가 상통하나 안빈낙도는 가난한 생활을 하면서도 편안한 마음으로 도를 즐긴다는 뜻이고 안분지족은 편안한 마음으로 제 분수를 지키며 만족할 줄 아는 것을 의미하므로 안분지족이 정답이다.

08. 수필은 내용이나 형식에 제한을 받지 않고 작가의 관조와 체험을 바탕으로 하여 붓 가는 대로 쓰는 글로서 산문문학의 한 장르이다.

09. ① 최치수는 딸 서희에게 무서운 존재로 그려져 있다.
② "무슨 짓을 하는가. 우리도 좀 알고 싶구나."라고 삼수가 하는 말로 보아 농사일이 힘들어서가 아니라 자신 내면의 문제가 있음을 알 수 있다.
③ 서희는 아버지에게 문안을 드리는 것이 싫어 가지 않으려고 떼를 쓰고 있다.
④ 삼수가 곁눈질로 구천의 기색을 살피고 있는 것은 가급적 구천의 신경을 건드리지 않으려는 의도로 볼 수 있다.
⑤ 볏섬을 나르던 구천이 나동그라지자 삼수는 이것을 빌미로 구천의 비밀스러운 행적을 알아내려고 한다.

10. '그라다가'라는 말에서 구천의 행동에 대해 못마땅하게 생각하고 있음을 알 수 있으므로 비꼬는 어투로 말했을 것이다.

11. 희곡에서는 화제를 바꾸거나 할 경우에 이와 같은 엉뚱한 화제를 끄집어내는 경우가 있는데 이를 반전이라 한다.

12. 이 글은 유현종의 '들불' 중 일부로 '미투리'는 삼, 모시 등으로 만든 신발로 순 우리말이다.

13. 띄어쓰기의 주요 원칙
㉠ 단위를 나타내는 의존명사는 띄어 쓴다. (예 열두 켤레)
단, 그러나 숫자와 같이 쓰이거나 순서를 나타내는 경우에 붙여 쓸 수 있다. (예 3학년, 2층)
㉡ 연월일, 시각 등도 붙여 쓸 수 있다(예 이천년 오월 이십일, 여덟시 오분).
단, 수효, 또는 경과한 시간 등은 붙여 쓰지 않는다(예 개년, 개월, 일, 시간).
㉢ 두 말을 이어주거나 열거할 때 쓰이는 말들은 띄어 쓴다(예 겸, 내지 등).
㉣ 보조 용언은 원칙적으로 띄어 씀을 원칙으로 하되, 붙여 쓸 수 있다. 그러나 용언이 각각의 의미를 지닐 경우에는 띄어 쓴다.(예 깎아 드렸다)
㉤ 이름 이외의 고유 명사나 전문 용어는 단어별로 띄어 씀을 원칙으로 하되, 붙여 쓸 수 있다.(예 서울 대학교 사범대학 / 서울대학교 사범대학)
③ 철호는 할머니께 사과를 깎아 드렸다.

14. 보기의 시는 윤동주 시인의 '또 다른 고향'이다. 윤동주는 우리 민족이 암울했던 일제 강점기시절의 시인으로 시대적으로 절망적이고 괴로움을 느끼는 어둠의 세계에서 이상적이고 아름다운 고향으로 가고자 했다. 핍박 받는 백골이 누워있는 어두운 방에서 밝고 넓은 초현실의 또 다른 고향 우주로 향하려는 동경을 노래하고 있어 ②의 전통 도덕률과 초극의 의지와는 거리가 멀다.

15. ① 그리고 → 그러나
    ② 두려워하였다 → 두려워하지 않았다.
       그들은 죽음을 두려워하였다.
    ③ 철썩철썩 → 떼굴떼굴
    ⑤ 주신다. → 드린다.

16. ③ '두텁다'는 '정이나 인정이 많다 사랑이 많고 깊다'라는 뜻으로 쓰인다.

17. 주제문 작성의 원칙
    ㉠ 주어와 서술어를 갖춘 완전한 문장이어야 한다.
    ㉡ 평서문이어야 한다.
    ㉢ 하나의 주제가 담겨있어야 한다.
    ㉣ 내용이 정확한 근거에 의해 증명 가능해야 한다.
    ㉤ 주제가 명료하게 표현되어야 한다.
    ㉥ 비유적인 표현은 피한다.
    ㉦ 서술이 일관적이고 모순되어서는 안 된다.
    ①, ③, ④, ⑤는 불의 사용이 인류에 미친 영향을 구체적으로 표현한 문장이고, ②는 나머지 문장을 통괄하는 추상적 진술로서 주제문으로 적합하다.

18. ① 수불석권(手不釋卷) : 손에서 책을 놓지 않는다는 뜻으로 열심히 공부함을 이른다.
    ② 오합지졸(烏合之卒) : 까마귀 떼처럼 아무 규율도 없이 몰려 있는 무리를 뜻한다.
    ③ 한우충동(汗牛充棟) : 소가 땀을 흘리고, 들보까지 가득 찰 정도로 책이 많음을 뜻한다.
    ④ 형설지공(螢雪之功) : 고생하면서 열심히 학문을 닦는 모습을 말한다.
    ⑤ 괄목상대(刮目相對) : 눈을 비비고 서로 대한다는 뜻으로 학식이나 재주가 갑자기 늘어남을 이른다.

19. ㉠ 제목 : 유한라산기
    ㉡ 작자 : 최익현
    ㉢ 문체 : 우유체, 번역체
    ㉣ 주제 : 한라산의 진면목을 살펴 세상에 알림

    밑줄 친 부분에 나타난 작자의 기상은 속세를 잊고 자연을 찬미하며 자연과 작자가 하나인 물아일체의 만족감을 나타내고 있다.

    ① 송순의 자상특사황국옥당가 : 국화와 같이 절개를 지키는 신하가 되어달라는 임금님의 뜻을 받들어 도리(桃李)와 같이 변절하는 일이 없이 충

성된 절개를 지키겠노라는 작자 자신의 강한 의지를 나타낸 것이라 할 수 있다.
② 정극인의 상춘곡 : 청풍명월 외에 어떤 벗이 있겠는가? 단표누항에 헛된 생각하지 않고 안빈낙도의 생활을 즐김을 나타내고 있다.
③ 정철의 관동별곡 : 강원도 관찰사로 부임하여 내·외·해금강과 관동팔경 등의 절승(絶勝)을 두루 유람한 후 그 도정과 산수·풍경·고사·풍속 및 자신의 소감 등을 읊은 노래로 이 또한 자연과 작자의 물아일체 사상을 엿볼 수 있다.
④ 이현보의 어부사시사 : 강호자연의 아름다움과 그 안에서의 고매한 즐거움을 향유를 노래하고 있다.
⑤ 송순의 시조로 중장에서는 '나'와 시적 대상인 '달, 청풍'이 '초려' 속에서 한데 어우러지는 물아일체, 혼연일체의 경지를 보여주고 있다.

20. ① 써있다 → 씌어 있다
② 총뿌리 → 총부리
③ 공부하므로써 → 공부함으로써
④ 했오 → 했소

영 어

01. ③ 02. ④ 03. ③ 04. ⑤ 05. ③
06. ① 07. ⑤ 08. ④ 09. ③ 10. ⑤
11. ⑤ 12. ⑤ 13. ③ 14. ⑤ 15. ④
16. ① 17. ① 18. ④ 19. ② 20. ③

01. educated 편리 / available 이용할 수 있는 / discover 발견하다, 해결하다 / invent 발명하다

「오늘날, 보통사람은 삶의 이기를 즐기고 있고, 그것은 백년 전에는 가장 부자인 사람들도 이용할 수 없었다. 왜냐하면 그런 것들은 그때까지 <u>발견</u>되지 않았기 때문이다.」

02. dubious 의심스러운 / meticulous 꼼꼼한 / inexplicable 설명할 수 없는 / doubtful 의심스럽다 / vulnerable 상처받기 쉬운 / harmful(=detrimental) 해로운 / mordant 신랄한 / prodigious 굉장한 / sporadic 산발적인 / considerate 동정심 많은

「A : 그는 어제 용의자가 말한 것에 대해 <u>의심스럽게</u> 여긴다.
 B : 몇몇 박테리아는 유익한 반면에, 질병을 야기한다는 면에서 다른 것들은 <u>해롭다</u>.」

03. pedestrian 행인 / traffic jam 교통체증 / trouble 문제 / violation 위반 / Pedes-trian 보행자 / Protect 장치

「아무도 진정으로 사고가 나길 원하지 않는다. 문제는 사람들이 사고가 나지 않을 만큼 간절히 원하지를 않는다는 것이다. 사람들은 너무 빨리 운전을 한다. 그들은 철도 건널목을 건너기에 앞서 양쪽을 살피지 않는다. 그들은 자신

이외의 모든 이들 – 다른 운전자들과 보행자 모두 – 자신이 가는 길을 방해하지 않기를 기대한다.」

① 교통체증 문제
② 교통 위반
③ 교통사고의 원인
④ 보행자 안전요령
⑤ 교통법규 준수 요령

04. overcome 극복하다 / reasonable 분별이 있는 / expressive 표현적인

「보통 사람들은 글과 말에서 자기 자신을 다르게 표현한다. 적절한 연습에 의해 이러한 차이점은 극복될 수 있고, 그러면 그의 글은 말과 좀 더 비슷해질 것이다.」

① 이해하기 쉬운
② 완벽한 상태
③ 납득하기 어려운
④ 정확하게 표현하는

05. evidence 증거 / credential 신용장 / credible 믿을 수 있는 / credulous 잘 속는 / counterfeit 위조품 / creditable 훌륭한

「충분한 증거도 없이 남의 말을 잘 믿는 사람들은 귀가 얇다고 한다.」

06. propose 계획되다 / excavation 구멍 파기, 굴착 / consequently 결과적으로 / interruption 가로막힘이 없이 / digging 굴착 / burying 대장 / beating 타도 / repairing 수리 / piling 말뚝 박기

「세계최초 지하도 체계는 1843년에 런던에서 제기 되었다. 1886년에 런던시가 지하철을 위한 굴착을 시작했다. 두 개의 쌍방터널이 런던지하도에서 깊숙이 파졌으며 결과적으로 건물의 지지나 교통방해는 없었다. 1890년에 런던지하도가 열려서, 최초의 지하전철이 되었다.」

07. ① out of season 철이 지난
② figure out 이해하다
③ set out 출발하다
④ put out 불을 끄다
⑤ take in 이해하다, 속이다.

08. blanket 담요 / bough 나뭇가지 / deserted 버려진, 황폐한 / dust 먼지 / festive 즐거운 / gust 돌풍, 격발 / horizon 지평선 / isolation 고립 / landscape 풍경 / passionate 열렬한 / pine 소나무 / scan 훑어보다 / scent 향기 / smiling (풍경 등이) 청명한 / stir 휘젓다 / passionate 열렬한

「지난여름의 그 청명한 풍경은 없어져 버렸다. 따스한 풀냄새도 꽃과 소나무의 향기도 없다. 해는 지고 있다. 하늘이 짙은 색 담요처럼 내리 누르듯, 평지는 지금 지평선 쪽으로 멀리 밀려가고 있다. 나는 마을을 살펴보지만, 아

제 1회 정답 및 해설

무런 움직임의 기미도 없다. 마을 전체가 황폐화된 것으로 보인다. 나는 완전한 고립 속에 홀로 있는 내 자신을 발견한다. 단지 이따금 부는 바람이 모든 것을 날려버릴 듯 위협하면서 부러진 나뭇가지를 휘젓고 먼지를 일으키고 있을 뿐이다.」

① 들썩이고 붐빔
② 흥분과 축제
③ 즐겁고 유머스러운
④ 외롭고 침울한
⑤ 신비롭고 강렬한

09. sigh 한숨 / laughter 웃음 / snore 코를 골다

「감기가 걸렸을 때 폐나 목의 불편함으로 거친 소리와 더불어 목에서 공기를 불어내는 것」 - 기침

10. announce 큰 소리로 알리다, 공고하다, 방송하다 / beat 이기다, 물리치다 / colony 식민지 / Mars 화성 / melt 녹다 / proudly 자랑스럽게 / spaceship 우주선

「동물 우주 과학자들의 모임에서, 침팬지가 자랑스럽게 말하기를, "우리는 달에 로켓을 보냈다. 그 로켓은 지구로 되돌아오는 긴 여행을 하기 전에 거기서 한 달을 머물렀어." "그것은 아무 것도 아니지."라고 여우가 말했다. "우리는 화성에 첫 식민지를 건설하기 위하여 이미 우주선을 보냈어." "우리는 너희 둘 모두를 꺾을 수 있어."라고 돼지가 말했다. "우리는 직접 로켓을 태양에 보낼 거야." 침팬지와 여우가 큰 소리로 웃으면서 말하기를, "어리석은 소리하지 마. 그 로켓은 거기에 도착하기도 전에 녹아버릴 거야." "아니야, 그렇지 않을 거야. 우리는 그 로켓을 밤에 올려 보낼 거니까."라고 돼지가 말했다.」

11. ① had better+동사원형
② marry
③ discuss
④ enter 들어가다 enter into 착수하다

12. patiently 참을성 있게 / penetrating 통찰력이 있는 / sympathetic 호의적인 / vessel 용기 / pour 쇄도하다 / anxiety 염원, 걱정 / not only~but also 의 병렬구조/ come to 하게 되다.

「참을성 있게 귀를 기우려 주기 때문에, 예리한 질문에 호의적인 목소리의 톤으로 얘기하기 때문에, 사람들은 나를 <u>신뢰할 뿐만 아니라</u>, 자신의 염려와 사생활을 쏟아낼 용기로 나를 <u>유용하게</u> 되었다.」

13. oceanographer 해양학자 / bottom 기초, 밑바닥 / characteristic 독자적인 / concise 간결하게 / convey 전달하다 / clear 명확한

명확한 의사전달을 하지 못할 경우에 받게 될 문제점들을 설명하고 있다.

「만일 해양학자가 해저바닥을 조사하기 위해 해저로 내려가면 자신의 발견내용을 특징적이며 간결한 방식으로 보고 할 수 있어야 한다. 그렇지 않으면 자신의 연구가치의 상당한 부분이 손실된다. 이건 한 가지 예에 불과 하다. 상당한 부분을 들 수 있다. 학생이 타인에게 자신의 의미가 명확할 수 있도록 정보와 생각을 전달하는 것을 배우는 것은 중요하다.」

14. consider ~ 여기다, 간주하다 / besides ~ 외에도 / consequently 따라서 / although 비록 ~이지만 / otherwise 그렇지 않고는 / on the other hand 다른 한편으로는

「부자로 간주되려면 얼마나 많은 돈을 소유해야 하는가?

일부 사람들은 부자로 간주되려면 연간 백만불의 소득을 가져야 한다고 나에게 말을 했다. 하지만 그 이상의 소득을 가지고 있지만 행복해 보이지 않는 많은 사람을 나는 알고 있다. 반대로 나는 세금을 지불할 때 고충이 따르지만 진정으로 유복한 많은 사람도 알고 있다. 요컨대 많은 돈을 소유한다는 것이 부를 의미하지는 않는다. 타인과 어떤 문제를 공유 할 수 있다면 부자인 것이다. 숨길 것이 없다고 정직하게 말할 수 있다면 여러분은 진정으로 부자인 것이다.」

15. coordination 조화 / frequent 빈번한 / physical 신체의 / physiological 생리학적인 / take advantage of 이용하다.

「우리는 하루 중 어떤 때에 어떤 다른 일을 더 잘 할 수 있다고 일쿠 조사에서 보여준다. 예를 들어, 신체적 조화는 낮 동안에 최고조에 이른다. 이 시간에 목수일이나 타이핑 같은 수작업을 하기 위한 최상의 시간이다. 또 다른 조사에선 매일 8~9시간의 수면은 필요하지 않을 수 있다는 것이다. 자주 낮잠을 자는 것이 오히려 좋을 수도 혹 더 좋을 수도 있다는 것이다. 이와 같은 조사들이 자신의 삶을 영위하도록 도움을 주는 것이다. 자연적인 리듬에 반하기보다는 순응해서 일을 할 수 있도록. 우리 인체는 (A) 생리학적 시계를 갖고 있다. 그래서 그것을 (B) 이용하는 것이 도움이 될 것입니다.」

16. event-oriented 사건지향적인 / time-oriented 시간지향적인 / convenience 편익 / demonstrate 시범을 보이다 / lengthy 지루한 / relative 친척 /

「여러 아프리카문화권에 있는 사람들은 서양 사람이 시간지향적인 경향이 있는 것에 반해 사건 지향적이다. 아프리카 사람들에겐 현재 일어나는 일이 시

간보다 더 중요하다. 예를 들어 요리법이 요리책에 나와 있지 않고 다른 이에게 편리하도록 기술되어 있지도 않다. 대신 한 여인이 비록 요리준비가 복잡하고 지루해도 요리를 어떻게 하는지 시연을 보이기 위해 친구 집에 가는 것이다. 제시간에 약속지점에 도착하기 위해 친구나 친척들과의 대화를 짧게 끊지도 않는다.」

17. 「우리의 사전에는 개미는 사회적 동물이라고 언급하고 있다.
    (A) 그러나 과학자들은 개미는 하는 일의 대부분을 본능적으로 한다는 것이다.
    (B) 그것은 개미는 사회생활을 하며 서로에게 의지한다는 의미이다.
    (C) 개미사회에서 자신을 통치하는 규칙은 지상에서 생존해온 수백년 동안을 걸쳐서 발전해왔다.」

18. occur to = strike 떠오르다(생각, 계획이 주어) / hit upon = come upon 떠올리다(사람이 주어)

19. major 전공하다 / depend 사정에 따라서 / unemployed 실직
    ② A : 생계비를 어떻게 벌어요?
      B : 지하철을 이용해요, 정말 편리합니다.

20. 「A : 저 영국인의 노래는 매우 서정적이야.
    B : 그는 노래가사를 쓸 뿐만 아니라 작곡도 해.」
    not only A but ~B : A뿐만 아니라 B도 역시

한국사

01. ④ 02. ⑤ 03. ② 04. ④ 05. ③
06. ⑤ 07. ④ 08. ④ 09. ② 10. ③
11. ⑤ 12. ② 13. ④ 14. ④ 15. ②
16. ② 17. ③ 18. ⑤ 19. ① 20. ①

01. ④ 혈연중심의 씨족사회는 족외혼을 통하여 지역적 단일사회인 부족을 형성하여 나갔다.

02. 임오군란은 1882년에 구식군대가 일으킨 반란을 진압하기 위해 민씨 일파가 청나라에게 청원하자 군대를 파견하였고 일본은 조선정부에 주모자 처벌과 손해 배상을 내용으로 하는 제물포조약을 맺게 했다. 군변으로 시작된 이 난은 결국 대외적으로는 청나라와 일본의 조선에 대한 권한을 확대시켜주는 결과가 되었고, 대내적으로는 개화세력과 보수세력의 갈등을 노출시켜 갑신정변의 바탕이 되었다.

03. 삼국통일로 말미암아 지배계층이 감소되었고 국가 경제력이 증대되어 전제왕

권이 강화되었다.

04. 조선왕조는 향리나 도호가 농민을 사적으로 지배하는 것을 막고 중앙집권을 강화하였으며 인구와 토지를 기준으로 지방제도를 재정비하였고, 또한 모든 군현에 수령을 파견하여 직접 군현을 다스리게 하였다.

05. ㉮ 공민왕의 개혁이 실패한 것은 당시에 개혁을 적극적으로 추진할 세력이 미약하였고, 홍건적과 왜구의 침입으로 인해 국내의 정세가 불안하였기 때문이다.
㉯ 급진개화파는 갑신정변을 통해 정권을 장악하고, 그를 통해 급진적인 개혁을 일으키려 하였으나 청나라의 개입으로 실패하였다.

06. 조선 초기에는 왕권 중심의 중앙 집권적 체제를 강화시키는 방향으로 정비되었다. 도 관찰사의 감찰 권한이 강화되어 중앙 행정 기구가 발달하였으며, 모든 군현에 파견되어 속현이 소멸되었다. 또한 수령의 권한을 강화하는 반면, 향리의 지위가 격하되어 수령의 행정 실무를 보좌하는 세습적인 아전으로 격하시켰고, 군현 아래에 면·리·통을 두어 5가를 하나의 통으로 편성하였으며, 특수 행정 단위인 향·소·부곡이 일반 군현으로 승격되었다. 이러한 제도 정비는 백성에 대한 국가의 지배력이 커진 것을 의미하는 동시에, 백성이 지방 세력가의 임의적인 지배로부터 벗어나게 된 것을 의미한다.
⑤ 지방 사림 세력의 사회적 기반이 강화된 것은 16세기 후반부터이다.

07. 대동법은 공납을 전세화한 것으로 토지 소유의 정도에 따라 차등을 두어 과세하였으므로 합리적인 세제라 할 수 있다. 또, 종래의 현물 징수가 쌀·베·돈으로 바뀌게 됨에 따라 조세의 금납화가 이루어졌다는 데에도 의의가 있다. 더욱이 대동법의 실시는 상품 및 화폐 경제의 발달을 가져와, 장기적으로는 원래의 의도와는 반대로 양반 중심의 신분 질서와 경제 질서를 붕괴시키는 요인이 되었다.

08. ① 서울 석촌동에 있는 백제 고분은 고구려의 적석총 형식의 돌무지무덤이다.
② 웅진시대의 공주고분은 고구려 계통의 돌무덤인 적석총이 없어지고, 고구려계의 방형석실묘, 장방형 석실묘가 등장하여 중국 남조의 영향을 받아 중국계 벽돌무덤이 새로 만들어진 것이 특징이다.
③ 백제의 목조건축 양식인 처마 끝부분의 곡선과 상승감은 정림사지 5층 석탑과 이 석탑을 계승한 백제의 탑에 잘 나타나 있다.
④ 능산리 황혈식 석실고분은 사비시대의 것으로 규모는 작으나 건축기술과 벽화가 크게 세련되어 있다.

제 1회 정답 및 해설

⑤ 강서고분은 사신도로 유명하며 고구려에 도교가 유입되었음을 보여주는 대표적인 증거로 추정되고 있다.

09. ① 초대 대통령으로 이승만을 선출하였으나, 재정적인 곤란과 사상적인 분열로 많은 타격을 받았다.
② 연통제는 임시정부가 국내외를 연결하기 위하여 설치한 행정체제이자 정부의 비밀활동을 위해 도, 군, 면 등을 연결하는 지하 조직으로 이를 통해 계속적인 항일운동의 전개가 가능했다.
③ 군자금은 부산의 백산상회나 단동의 이륭양행을 통하여 전달되었다.
④ 이상설은 이준, 이위종과 함께 헤이그에서 열린 만국 평화 회의에 사절로 파견되었고 파리강화회의에 파견된 사람은 김규식이다.
⑤ 조선사편수회는 일제가 조선의 역사를 통치목적에 부합되도록 편찬하기 위해 설치한 한국사 연구기관이다

10. ① 주택 규모도 신분에 따라 달랐다.
② 장관 장군은 진골이 차지하였다.
④ 29대 김춘추 때 진골이 왕위를 계승하였다.
⑤ 신라에 대하여 6두품들이 반신라적인 경향을 띠었다.

11. ㉣ 호족은 자칭 장군, 성주라 했으며 지방촌주가 호족의 주류를 이루고 중앙에서 낙향한 진골, 그리고 6두품도 약간 있었다.

12. ② 허헌은 남조선 노동당(남도당), 김성수는 한민당, 안재홍은 국민당을 결성하였다.

13. ① 실력에 따라 입학 신분을 제한한 것이 아니라 신분에 따라 제한하였다.
② 제술과 – 한문학, 명경과 – 유교경전
③ 취재는 조선시대 때 하급 관리 채용을 위해 실시한 과거제도이다.
⑤ 무과는 조선에서 실시되었다.

14. ㉣에서 5정보가 아니라 3정보이다.

15. ③ 이앙법의 확산은 조선 후기 기층 농민들의 자구책 도모를 바탕으로 이루어져, 사회계층의 분화, 수리시설의 확산 등을 가져왔다.

16. ② 흥선대원군은 동포제(호포제) 서원철폐, 원납전징수, 통행세(4대문)를 거두자 양반의 반발을 크게 샀다.

17. 개화파는 상공업 진흥과 지조법 개혁은 지주전호제 틀을 유지하였다.

18. ① 운요호사건 → 강화도조약(1876) → 최초의 근대적 불평등조약
② 임오군란 → 제물포조약(1882) → 일본공사관의 경비병 주둔
③ 갑신정변 → 한성조약(1885) → 보상금 지불, 일본공사관 신축비 부담

④ 러일전쟁 → 포오츠머드조약(1905)
→ 요동반도와 사할린섬 차지

19. 강세황은 김홍도의 스승으로 김홍도는 서민적인 그림을 그렸다.

20. ① 발해는 돌궐과 통교하여 당을 견제하였다.
② 거란의 침략으로 발해가 멸망하자, 신라는 고구려 계통의 발해유민을 받아들였다.
③ 고구려 문화를 바탕으로 당 문화를 받아들여 독자적인 문화를 이루었다.
④, ⑤ 일본과 통교하여 신라를 견제하였다.

정답해설 제2회

국 어

01. ④	02. ①	03. ②	04. ②	05. ①
06. ④	07. ①	08. ①	09. ①	10. ②
11. ⑤	12. ②	13. ②	14. ⑤	15. ③
16. ⑤	17. ⑤	18. ②	19. ③	20. ①

01. 묘사는 사물을 있는 그대로 그려낸다는 의미로서, 예술작품에 있어서 어떤 대상을 객관적·구체적으로 표현하여 옮기는 것이다.

02. 정한숙의 「금당벽화」: 조국애의 예술적 승화를 주제로 쓴 전지적 작가 시점의 소설로 구성단계상 절정에 속한다.

03. ② 이것은 내 것이고, 저것도 내 것이다.
㉠ 홑문장 : 주어와 술어가 각각 하나씩 있어, 주어와 서술어의 관계가 한 번만 이루어지는 문장
㉡ 겹문장 : 홑문장이 다른 문장 속에 한 성분으로 들어가 있거나, 홑문장이 서로 이어지거나 하여 여러 겹으로 된 문장

04. '아니다'와 '어디쯤이다', '누리자', '살자' 등 단정적 진술과 청유형 어미의 반복을 통해 시적 화자의 의지를 다지고 있다. 또한 시각적 이미지를 통해 형상화하고 있으며 자신을 향한 다짐으로 차분한 어조의 자기 고백체이다.

② 섬세한 감성적 표현과 잔잔한 리듬감이 어우러지면서 시 전체를 차분하면서도 설득적이며 관조적인 분위기로 이끌고 있다.

05. 절망감에 빠져 있는 것이 아니라 삶과 사랑에 대한 신앙적 이해와 인생에 대한 이해로 삶을 긍정적으로 인식하고 받아들이고 있다.

06. (라)연은 (가), (나), (다)연에 나타난 성찰과 인식에 대한 결과에 해당한다.

07. ㉮ 시적 화자를 둘러싼 환경으로서의 의미를 나타낸다.
㉯ 시적 화자가 외로울 때, 함께 한 존재로서의 의미를 나타내고 있다.

08. 인과 : 어떤 결과를 가져오게 하는 원인, 또는 이 원인에 의해 결과적으로 초래된 현상에 관계되는 사고 유형을 말한다.

09. 무녀리 : 한 떼의 새끼 중 맨 처음 나온 새끼를 가리키는 말로써 언행이 좀 모자라는 사람을 이에 비유하기도 한다.

10. '괄다'는 화력이 세고 급한 성격을 나타내는 2가지 뜻을 지녔다.

11. ① 고식지계(姑息之計) : 근본적인 해결책이 아닌 일시적 미봉책을 말함.
② 침소봉대(針小棒大) : 바늘을 몽둥이라고 말하듯 과장해서 말함.
③ 학수고대(鶴首苦待) : 몹시 기다림.
④ 유구무언(有口無言) : 변명할 말이 없거나 못함.
⑤ 모순(矛盾), 자가당착(自家撞着) : 말이나 행동의 앞뒤가 맞지 않음.

12. 장돌뱅이 허 생원을 통해 인간 본연의 속성으로서의 정을 드러내려고 했다.

13. 현재와 과거의 추억을 회상하며 허 생원이 과거의 아쉬웠던 일을 음미하기 위한 행위라 볼 수 있다.

14. 허생원의 회고담 사이사이에 분위기를 맞추고 있는 조선달의 대사는 판소리의 추임새와 같다고 할 수 있다.

15. 언어가 사회 · 문화에 영향을 끼치며 고유한 문화를 이루는 근거가 된다는 것을 알 수 있다.

16. ㉠ 체언과 결합하면 조사 : 너대로, 나만큼
㉡ 관형어의 다음어 오면 의존명사 : 먹는 대로, 할 만큼

17. ㉮ 나룻터 → 나루터
㉯ 고기배 → 고깃배
㉰ 뒷뜰 → 뒷들
㉱ 조개살 → 조갯살

18. 언어가 사회 · 문화에 영향을 끼치며 고유한 문화를 이루는 근거가 된다는 것을 알 수 있다.

19. 사이시옷은 단어와 단어가 합성될 경우에 두 단어 사이에 표기하는 것이다.
① 제사 + 날
② 나루 + 배
④ 귀 + 병
⑤ 회 + 수

20. ㉮ 보조 형용사
㉯, ㉰, ㉱, ㉲ 보조 동사

영 어

01. ⑤ 02. ② 03. ③ 04. ③ 05. ②
06. ④ 07. ③ 08. ② 09. ⑤ 10. ③
11. ④ 12. ⑤ 13. ① 14. ③ 15. ④
16. ⑤ 17. ③ 18. ⑤ 19. ① 20. ③

01. expedient 편의주의적인, 적절한, 상책

제 2회 정답 및 해설

인 / cruel 잔인한 / insolent 무례한 / disrespectful 불손한 / tentative 임의의, 잠정적인(=temporary, interim, provisional.) / sustainable 지탱할 수 있는 / absurd 어리석은

「A : 그녀는 자신의 어머니에게 자기가 어디에 있었는지 말하지 않는 것이 <u>상책</u>이라고 생각했다.
B : 주말 계획을 <u>잠정적</u>으로 짤 수 있으나 아무것도 확신할 수 없다.」

02. ancient civilization 고대 문명 / fit together 맞추다 / invention 발명 / prior to ~전에 / record 기록 / remnant 자취, 조각 / betray 배반하다

「과학자들은 고대 문명의 문자 기록에서 발견되는 것보다 고대 문명에 대해서 더 많은 것을 알고 있다. 전 세계의 연구자들은 과거의 자취를 연구하고 인간의 역사를 꿰 맞추고 있다. 심지어 문자의 발명 이전에 있었던 인류의 발달에 대한 사실들이 더 이상 <u>완전히 미지</u>의 것은 아니다.」

03. ancestor 조상 / branch 가지 / by means of ~에 의해 / compare 비교하다 / isolated 고립된 / one another 서로 / related 연관된 / relationship 관계 / trace 추적하다

「많은 언어를 비교하면 그들 중 몇몇 언어는 서로 어느 정도 관련성이 있는 것처럼 보인다, 반면에 어떤 언어들은 상당히 고립되어 있는 것처럼 보일 수 있다. 만약 우리가 여러 언어들 가운데서 이러한 일단의 관련된 언어 형태를 고문서를 통해 공동의 조상어까지 추적 할 수 있다면, 이 언어 형태들이 같은 뿌리에서 갈라져 나온 어족들임이 틀림없다는 것이 때때로 확실시 될 수도 있다.」

04. attic 다락방 / disappointed 실망한 / greeting 인사 / in need 어려울 때 / later on 이후 / sound 건전한 / tide 조수 / toss (가볍게) 던지다

「어떤 해에는 난 단지 몇 장의 크리스마스카드만을 받았다. 나는 내 친구들에게 실망했다. 후에 다락방을 청소하다 가 난 작년 크리스마스 때 친구들로부터 받은, 펴보지도 않은 연하장들로 가득찬 상자 하나를 발견했다. 나중에 보려고 상자 안에 던져 놓았는데 완전히 잊어버렸던 것을 난 기억해 냈다. 나는 그들이 나의 카드를 받지 않았을 때 어떻게 느꼈을 것에 대해 상상할 수 있었다.」

① 시간은 사람을 기다리지 않는다.
② 건강한 신체에 건강한 정신이 깃든다.
③ 대우받고 싶은 대로 다른 사람을 대우해라.
④ 돈을 빌려주면 친구를 잃는다.
⑤ 어려울 때 친구가 진정한 친구이다;

05. be used to ~에 익숙하다 / get along 살아가다 / capture 포획하다 / polar bear 북극곰

「북극곰은 무척 추운 북극에서 산다. 비록 추운 날씨에 익숙해 있지만, 이 북극곰들은 그들의 고향에서 포획당한 후 동물원에 가두어 놓아도 <u>따뜻한 곳</u>에 살던 여러 동물들보다 여름을 더 잘 보낸다.」

06. ① 수동형 다음에 목적어는 곤란하다. 그러므로 were를 제거하여야 마땅하다.

② shoulder → on the shoulder

③ disengage himself of → disengage himself from

⑤ which he had been sitting → which he had been sitting on

「그녀의 팔은 그를 포옹했고, 그녀의 몸이 떨리는 것으로 보아서 그는 그녀가 흐느낀다는 것을 느낄 수 있었다. 그녀의 울음은 자비를 구하는 애원의 흐느낌인 것 같았다. 그는 그녀의 어깨를 두드려 주었고, 그녀의 포옹을 떼어 내면서 일어섰다. 그는 자신이 앉아 있었던 의자 옆의 마룻바닥에서 아직도 웅크린 채 앉아 있는 그녀를 남겨두고 떠났다.」

07. a good manager. Her biggest asset is~ : 소유격 관계대명사 convince 확신시키다 / be convinced that S~ : ~확신하다.

「A : 그녀는 자신의 가장 큰 재산은 프로젝트를 조직할 수 있는 능력인 훌륭한 매니저이다.

B : 나는 불행한 사업가가 매일 6마일을 걸음으로 자신의 행복을 더 증가시킨다고 확신한다.」

08. ② to be carried.

「사전은 크기가 다양하다 호주머니에 갖고 다닐 정도의 작은 것에서부터 거의 들어 올릴 수 없을 정도의 축소되지 않은 것까지」

09. 「가벼운 점심식사를 <u>대접받고</u> 위원회 의원들이 식량과 인구에 대한 토론을 개재했다.」

분사구문 : 과거분사로 시작되는 구문은 수동의 의미.

10. ① quite a decent person

② off duty

④ a used car

⑤ was elected president of the co.

11. ④ explain 사물 to 사람이므로, whom → to whom으로 수정하여야 한다. whom은 목적격 관계대명사이다.

「그 학자는 자신과 뜻이 맞는 동료가 필요하다. 그리고 특히, 그는 산뜻한 마음을 가지고 있는 동료가 필요한데, 그에게 처음부터 사정을 설명해 주어야 하기 때문이다.」

12. 「한 과학자가 동물은 어떻게 문제를 해

제 2회 정답 및 해설

결하는지는 조사했다. (①) 첫째 그는 방 천장에 바나나 한 다발을 걸어두고 바닥엔 나무상자를 두었다. (②) 그가 여섯 마리 침팬지를 넣어두자 침팬지들은 바나나를 먹으러 뛰어봤지만 다다를 수 없었다. (③) 곧 그 중 한 마리는 점 핑을 그만두고 생각하면서 방 주위를 돌아다녔다. (④) 갑자기 그 상자가 해결책이란 걸 알았다. (⑤) <u>그녀석이 바나나 아래 상자를 두고 올라가서 과일에 닿을 수 있었다.</u> 과학자는 이 침팬지가 문제해결을 위해 통찰력을 사용했다고 주장했다.」

13. geologist 지질학자 / enthusiasm 열정 / botanical 식물의 / municipal council 도시위원회 / Papaveracea 꽃양귀비

「"이 종은 Papaveracea 군에 속하는 지요?"
"도시위원회 소속인데요."」

14. effort 노력 / extra 여분의, 추가의 / gather 모으다 / goodwill organization 자선단체 / hardly 거의 ~하지 않다 / homeless 집 없는 / reward 보상 / thumb 엄지

「1센트는 가치가 매우 적기 때문에 거리에서 일부러 주우려 하지 않는 게 보통이다. 엄지와 검지사이로 줍기가 어렵고 그렇게 얻게 되는 보상도 노력만큼의 가치가 있어 보이지는 않는다. 그러나 약간의 추가적인 노력으로 이 작은 동전들은 자선 단체들에 의해서 수집된다. 한 사람이 열 개의 동전을 줍고, 열 사람은 100개의 동전을 줍고, 그래서 (결국에는) 수백, 수천, 심지어 수백만 달러가 된다. 이러한 돈은 모두 전 세계 수천만 명의 집 없고 굶주리는 이들을 돕는데 사용되고 있다.」

① 무소식이 희소식이다.
② 그 아버지에 그 아들(부전자전)
③ 낙숫물이 바위를 뚫는다.
④ 쇠가 달았을 때 두드려라(기회를 놓치지 말라는 뜻)
⑤ 집만 한 곳이 없다.

15. want + 목적어 + to + 동사.

「그녀는 임신을 해 몸집이 커지고 있었고 <u>내가 자신을 보는 것을</u> 원치 않았다.」.

16. devise 고안하다 / psychologist 심리학자 / objective 객관적인 / identify 밝히다 / resolve 해결하다

「최초 IQ 테스트는 매우 실용적 목적에 부합하기 위해 두 명의 프랑스심리학자-알프레드비넷과 티 사이먼-에 의해 고안되었다. 프랑스 교육청은 심각한 지적어려움으로 학교에서 학업을 할 수 없는 어린이를 가리기 위한 공정하고 객관적인 방법을 원했다. 그런 어

린이들은 학습부진아 학급으로 투입되곤 했었다. 이런 어린이들을 색출하는 업무는 이전에는 의사에게 전적으로 맡겨졌었다. 하지만 여러 의사들은 지적능력판단을 위한 다양한 기준을 갖고 있었고 이런 차이점을 해결하기 위한 방법이 없었다. 그래서 어떤 형태의 공정한 시험이 필요했었다.」

① IQ 검사의 단점
② IQ 검사의 공정성
③ IQ 검사의 기준
④ IQ 검사의 창시자
⑤ IQ 검사의 유래

17. observe 관찰하다 / chart 도표를 만들다 / heavenly body 천체 / foretell 예언하다 / horoscope 천궁도 / astronomer 천문학자 / astrologer 점성술사 / astronaut 우주비행사 / alchemist 연금술사 / anatomist 해부학자

「그들은 인간생활에 미치는 별과 혹성의 영향을 연구한다. 그들은 천체의 이동을 관찰하고 도표를 그려서 미래사건을 예측할 수 있다고 주장한다. 그것을 지지할 과학적 증거가 없으므로 때로 엉터리 과학자로 불리기도 한다. 별(star)로써 인간사를 예언하기 위해선 먼저 그들은 천궁도라고 불리는 지도를 그려야 한다.」

18. ① 제발 부탁이니 혼자 있게 해 주세요.
② 이제 배 안 고파요.
③ 저는 커피를 블랙으로 주세요.
④ 계산서 주세요.
⑤ 이미 충분히 먹었어요.

19. 길을 묻는 표현에는 Can you tell/show me ~?가 많이 이용되며 간단히 Where is ~라고도 할 수 있지만 공손하게 Could you show me the way to the station?라고 묻는 것이 좋다.

20. weather forecast 일기예보 / the heat of the city 도시의 열기

더운 날씨에 어울리지 않는 장소를 찾으면 된다.

① 해변으로 가자.
② Hillside 수영장은 어때?
③ 테니스를 치는 건 어때?
④ 써핑 하러 가고 싶은데.
⑤ The Raging Water(LA 근교에 있는 워터파크)는 꼭 가 봐야할 곳이다.

한 국 사

01. ③ 02. ② 03. ③ 04. ④ 05. ③
06. ① 07. ⑤ 08. ⑤ 09. ② 10. ③
11. ④ 12. ② 13. ⑤ 14. ② 15. ①
16. ② 17. ③ 18. ④ 19. ⑤ 20. ⑤

01. ㉠ 중앙 집권 국가가 확립 : 고구려 태조왕(2C) (㉮), 백제 고이왕(3C

제 2회 정답 및 해설

초) (ⓐ), 신라 내물 마립간(4C 말) (나)에 각각 중앙 집권 국가가 확립되었다.
ⓒ 율령 반포 : 고구려 소수림왕(373년) (㉮), 백제 고이왕 (3C) (ⓐ), 신라 법흥왕(520년) (다)
ⓒ 영토 확장 : 고구려 광개토왕(4C) (㉯), 백제 근초고왕(4C) (ⓑ), 신라 진흥왕(6C) (다)

02. 김흠돌 모역 사건 : 통일 신라 신문왕(681-692)이 즉위하던 해에 왕의 장인인 김흠돌이 일으켰으며, 이 사건에 많은 귀족들이 관련되어 있어 귀족들에 대한 대대적인 숙청을 할 수 있었다. 따라서 왕권이 전제화 되는 계기가 되었으며, 이 시기에 유교 정치 이념의 확립을 위하여 유학 사상이 강조되었고 유학교육을 위하여 국학이 설립되었다(㉰). 또한 무열왕(654~661) 때부터 집사부의 장관인 시중의 기능을 강화하였고, 귀족의 세력을 대변하던 상대등의 세력을 억제함으로써 왕권이 전제화 될 수 있는 바탕을 마련하였다. 따라서 6두품이 집사부 시랑으로 임명되기도 했다(㉠)

03. 임진왜란을 맞아 국가적인 위기를 타개하기 위한 대책을 수립하기 위하여 고위 관원들이 합의하는 기구의 필요성이 증대되자 비변사의 구성원이 확대되고 기능이 강화되었다. 비변사의 기능이 강화되자 왕권이 약화되고 의정부와 6조 중심의 행정 체계도 유명무실해졌다(19세기에 이르러서는 비변사가 세도 정치의 중심 기구로서의 역할을 담당하였다).

04. 사림들 즉, 향촌의 지주들은 서원, 향약, 향규, 향안, 유향소(향청 또는 향소)를 통해 향촌 사회에서 영향력을 행사하였다.

05. ① 신석기시대의 사실이다.
② 고조선시대의 사실이다.
④ 청동제 농기구의 보급은 없었다.
⑤ 북방계통에서 영향을 받았다.

06. 종교생활에서 나온 불교 미술을 중심으로 통일신라에서는 조형 미술이 가장 발달하였다. 이러한 문화는 귀족 중심으로 발달하였고, 중앙에서 지방으로 확산되어 갔다.

07. ① 신간회가 좌우합작으로 조직되어 일본에 저항한 시기는 1926년으로 1920년대의 현상이다.
② 1906년
③ 1907년
④ 순한글로 쓴 신소설이 등장하여 자주 독립의식을 고취시킨 대표적인 작품으로 이인직의 혈의 누(1906년), 이해조의 자유종(1910년)이 있다
⑤ 이상설이 간도에 서전서숙(1906년) 설립, 안창호가 평양에 대성학교(1907년) 설립, 이승훈이 정주에 오산학교(1907년) 설립하였다.

08. ① 법전이 완비된 법치주의 사회는 조선 전기이다.
② 주자가례에 의한 유교의식이 주로 행해진 시기는 조선 전기이다.
③ 호족들은 통일 신라 말기에 등장한 지방 세력가로 지방사회의 실질적 지배자로 등장해 사회변동을 주도했다.
④ 고려시대 때에는 향, 소, 부곡민과 진척 재인은 양인이었다.
⑤ 고려는 신분제 사회로서 가문에 따른 신분이 중요시 되었다.

09. 제시된 자료는 1949년에 정부에서 발표한 농지 개혁법의 내용이다. 정부는 유상 매수, 유상 분배를 통해 자영 농민을 육성하고자 하는 이른바 경자유전 원칙을 표방하였다. 그러나 이는 임야, 대지 등을 제외한 농토에만 한하였고, 시행 과정이 철저하지 못했다는 한계성을 가지고 있다.

10. ① 청동기 시대
② 6,000년 전
④ 웅기, 만포진, 부산 동삼동 등지에서는 원시무문토기가 출토되었다.
⑤ 토테미즘이다.

11. 청동기 시대에 대한 설명이다.
① 철기 시대
②, ③ 신석기 시대
⑤ 구석기시대

12. 제시된 내용은 신라의 소지왕 때의 사실로 6촌이 6부의 행정 구역으로 개편되었으며, 눌지왕 때 불교의 수용, 법흥왕 때 율령 반포 등의 제도 정비가 있었다.
① 고구려 소수림왕
② 신라 법흥왕
③ 백제 성왕
④ 고구려 미천왕 때 마지막으로 낙랑을 축출
⑤ 신라 진평왕

13. ㉮ 문무왕 때(676년) 신라 수군은 금강 하구 기벌포에서 설인귀가 이끄는 당군을 섬멸하였다.
㉯ 신라 김유신의 아들 김원술이 675년에 연천 매소산성에서 이근행이 이끄는 당군 20만 명을 격파하였다.
㉰ 고구려 보장왕 때(645년) 안시성 성주인 양만춘이 당나라 군대를 격퇴하였다.
㉱ 문무왕 때(675년) 당, 말갈, 거란의 연합군을 마전, 적성에서 격퇴하였다.

14. ② 청동기 시대에는 농경이 본격화되고 저습지에서 벼농사가 시작되었다. 벽골제, 대제지 등의 저수지는 철기 시대 삼한에서 축조된 저수지이다.

15. ① 고려 후기의 귀족들은 귀족사회 내부의 족벌, 지연의 대립으로 분열되었다.

16. ① 진경산수화 → 정선
③ 서양화법 → 강세황

④ 도회지 양반의 풍류 → 신윤복
⑤ 김홍도는 산수화·풍속화 등을 많이 그렸는데 예리한 붓으로써 한국산수화의 또 다른 정형을 세웠다.

17. 제시된 내용은 풍수지리 사상을 설명한 것으로 지금까지 경주를 중심으로 하여 운영해 오던 행정 조직을 고쳐 국토를 지방 중심으로 재편할 것을 주장하여 신라 정부의 권위를 약화시키는 구실을 하였다. 고려 시대에는 크게 유행하여 초기에는 서경·개경 명당설에, 중기 이후에는 한양 명당설에 영향을 주어 조선이 한양을 수도로 정한 것도 풍수 사상이 반영되었다. 16세기에는 풍수설에 의해 양반 사대부들의 묘지 쟁탈전인 산송 문제가 많이 발생하였다.

③ 산수문전, 백제 금동 대향로는 백제에 도교가 생활화되어 있었음을 말해주며, 백제 금동 대향로는 도교와 불교의 색채가 강하게 드러난 공예품이다.

18. (가) 풍수지리설에 대한 설명이다.
(나) 도교에 대한 설명이다.
① 강서 고분의 사신도는 도교의 방위신을 그린 것으로서, 죽은 자의 사후 세계를 지켜 주리라는 믿음을 표현하고 있다.
② 산수무늬 벽돌은 자연과 더불어 살고자 하는 사람들의 생각을 표현하는 도교적 성격을 보여 주는 삼신산이 있다.

③ 도교는 불교와 달리 먼저 귀족 사회에 전래되었으나, 연개소문은 왕실과 불교 세력을 누르기 위해 도교를 장려하기도 하였다.
④ 조선 초기에는 도교 행사를 줄여 재정의 낭비를 막으면서도 소격서를 두어 도교 행사인 초제를 주관하였는데, 초제는 국가 차원에서는 왕실의 자주성을 높이고 민족의식을 높여 사대(事大)를 보완하는 기능을 갖고 있었다.
⑤ 노장사상·유교·불교, 통속적인 신앙 요소들을 받아 들여 형성된 것은 도교이다.

19. ① 구석기시대
② 철기시대
③ 신석기시대
④ 내세신앙은 원의 정토교 도입 이후이다.
⑤ 청동기시대 부족장들은 자신의 지위를 높이기 위하여 선민사상과 세력 강화를 위한 신앙을 갖기 시작했다.

20. ① 장군총은 석총 형태의 돌무지무덤이다.
② 돌무지덧널무덤은 시신과 껴묻거리를 넣은 나무 덧널을 설치하고 그 위에 댓돌을 쌓은 다음 흙으로 덮었는데 도굴이 어려워 많은 껴묻거리가 그대로 남아 있다. 널방을 만들고 그 위에 흙으로 덮어 봉분을 만드는 양식은 굴식 돌방무덤으로 벽의 표면에

벽화를 그려 넣기도 하였다.
③ 무령왕릉에서 출토된 오수전과 연화
　무늬 벽돌은 양을 비롯한 남조와의
　문화적 교류를 보여 준다.
④ 천마도는 다래(장니)에 그린 그림으
　로 벽화가 아니다.

정답해설 제3회

국 어

01. ③ 02. ② 03. ② 04. ① 05. ②
06. ③ 07. ② 08. ① 09. ⑤ 10. ⑤
11. ④ 12. ⑤ 13. ② 14. ② 15. ③
16. ① 17. ⑤ 18. ③ 19. ④ 20. ③

01. 이 작품은 (가)연에서 자연물의 구체적 모습을 감각적으로 제시하고, (나)연에 와서 (가)연에 제시된 자연물의 모습을 통해 삶에 대한 새로운 인식을 하게 된다. 그리고 (다)연에서 (나)연의 깨달음이 바로 신의 섭리에 의한 것이라는 점을 밝히고, (라)연에서 앞으로는 너그러운 삶을 살아가자고 다짐한다. 따라서 삶이 외톨이라는 점이 신의 은총에 의한 고통(돌층계)이라는 인식을 할 때 그 마음은 순수(백설)하다는 것을 노래하고 있는 것이므로 ③이 가장 자연스럽다.

02. 이 작품은 혼자여서 고독하지만 그것이 신의 섭리에 의한 은총의 하나라고 신이 함께 하기에 외롭지 않다는 것을 표현아고 있어 이런 작품에 정서적 반응을 가장 잘 나타낼 수 있는 인물은 현재 고독한 상황에 처해 있는 인물이라 할 수 있다.

03. 임연수어(O) : 쥐노래밋과의 바다물고기, 한해성 어종이다.
② 이면수 – 새치

04. ① 나타내야 → 표출해야로 고친 것은 '표출'이 한자어로써 더 어렵게 고쳐진 예이다.

05. 전통 문화의 유지와 변화에 대해 의견이 접근을 보인다고 해서 '보수주의와 진보주의가 본질적으로 차이가 없다'고 보는 것은 논리적 비약이다.

06. ③ 문병을 갈 때에도 필요한 물건을 사가거나 위로금을 가지고 갈 수 있다. 이때 쾌유를 비는 문구인 '기 쾌유(祈 快癒)' 또는 '(조속한) 쾌유를 빕니다'라고 쓴다.

07. 강물이 불어 → 'ㄷ' 변칙
① 'ㄹ' 변칙

② 'ㄷ' 변칙
③ 'ㄹ' 변칙
④ 'ㄹ' 변칙
⑤ 'ㄹ' 변칙

08. 경기체가는 여러 절이 연속된 분장체로 한문구가 나열되었고, 부분적으로 이두를 사용한다. 또한 기본 음수율은 3·3·4조의 3음보이다.

① 정극인이 지은 '불으헌곡'은 경기체가이다.

09. 시나리오는 영화의 대본으로 스크린을 통해서 상영되는 상영(上映)의 예술인 반면, 희곡은 무대상연을 목적으로 하는 문학양식이다.

10. ①, ②, ③, ④는 다른 형상 또는 내용의 불로 변용된 것이고 ⑤의 불은 불티를 날리면서 튀는 불 자체이다.

11. 이 시는 30년대 식민지 하에 쓰여진 시라는 점을 감안한다면 안개라는 어두운 이미지를 통해 시적자아가 처한 암담한 현실(일제 식민지 하의 현실)을 암시적으로 드러낸다고 볼 수 있다. 또한 밤과 안개라는 퇴폐적이고 어두운 분위기를 통해 미래에 대한 어떠한 희망이나 전망도 없는 시적 자아의 심정을 간접적으로 드러내고 있는 것으로도 볼 수 있다.

① 스산한 분위기
② 달의 일부만 보이는 어두운 이미지
③ 길을 안내해야 할 등대가 제 기능을 못함을 비유
④ 어둠속에서 생활하는 박쥐는 흐릿하고 불안한 이미지
⑤ 삶에 대한 희망의 이미지

12. ⑤ 촉수 엄금 → 손대지 마시오.

13. ② 看做 - 간주

14. ② 겨울밤 고요한 정적이 흐르는 겨울 산에서 시름과 슬픔과 꿈도 없는 무념무상의 세계를 지향하고 있다.

15. ③ (나)에서 두 인물은 일제 식민지 치하에서 역적(친일)질 한 사람(매국노)에 대한 죄를 물을 것인가 그렇지 않을 것인가에 대한 문제로 대화하고 있다.

16. '글(문체)은 곧 사람이다' 라는 말은 프랑스의 철학자 뷔퐁(Buffon)의 말로서 글은 그 사람의 개성과 인격을 나타낸다는 뜻이다.

17. ⑤ 기와 결구에서는 자연의 물소리를, 승구와 전구에서는 세상 사람들의 소리를 제시하여 서로 대조시키고 있다.

18. ③ 농암이라는 바위에 올라 보니 나이가 들어 눈이 어두움에도 불구하고 밝아진다고 했다. 이는 벼슬을 버리고 고향으로 돌아온 화자의 홀가분한 심리의 표출과 함께 고향에 대한 반가움이 담겨 있는 것이다.

253

제 3회 정답 및 해설

19. ④ 육관대사의 말에는 현실과 꿈이 분리되지 않은 일원론적 세계관이 담겨져 있다.

20. '3.'의 내용은 영어 공용화론자들의 주장에 대한 반대의 입장을 밝힌 내용인데 '3.'의 'ㄱ' 내용은 오히려 영어 공용화론자들의 주장을 뒷받침 하는 내용으로 되어 있어 개요 작성 상에 문제가 있다.

영 어

01. ②	02. ③	03. ⑤	04. ⑤	05. ④
06. ③	07. ③	08. ③	09. ①	10. ⑤
11. ③	12. ③	13. ③	14. ①	15. ④
16. ③	17. ④	18. ③	19. ⑤	20. ③

01. editor 편집자 / nobody 보잘 것 없는 사람 / poem 시 / poet 시인 / publish 출간하다

「그녀의 시 가운데 하나는 "나는 보잘 것 없는 사람이다. 당신은 누구인가?"로 시작된다. 평생 그녀는 실제로 정말 보잘것없는 사람인 것처럼 느꼈을지도 모른다. 왜냐하면 그녀의 작은 고향 밖에서는 그녀를 알고 있는 사람들이 거의 없었으니까. 그러나 이 조용하게 살던 여인은 사후에 미국의 가장 사랑 받는 시인 중의 한 명이 되었다. 언제 그녀가 시를 쓰기 시작했는지, 어느 누구도 진정 알지 못한다. 그녀는 자신의 시들이 발표되기를 원했지만, 신문사들은 그것들을 원치 않았다. 마침내 두 편이 신문에 발표되었지만, 편집자가 그것들을 고쳤고 그녀의 이름조차 쓰지 않았다.」

02. height 높이, 키 / precede 앞서가다 / reputation 명성 / shadow 그림자 / vision 시력, 통찰력

「사람의 명성은 자신의 그림자와 같다. 그것은 때때로 그를 뒤따라오고 이따금 그를 앞선다. 그것은 가끔씩 그의 실제 크기보다 더 작기도 하고 가끔씩 더 크기도 한다.」

03. a number of = 많은 (복수의미) + 복수명사 motor responses (운동반응)

04. determination 결정 / punishment 형벌 / convict 유죄판결을 내리다 / convicted person 기결수 / amusement 즐거움 / disposal 처분 / sentence 판결, 언도

「법정에서의 기결수 처벌의 결정」

05. approval 인가 / extension 확장, 증축 / guarantee 보증 / insulate 단열하다 / local authority 지방 당국 / lounge 휴게실/ match ~와 어울리다 / obtain 얻다 / permanent 영원한 / superbly 최

고로 / throughout 완전히 / tile 타일로 덮다 / traditionally 전통적으로

「당신이 Blacknell을 선택하면 아름답고 새로운 벽돌 증축, 부엌, 라운지, 식당 또는 당신이 필요로 하는 것은 어느 것이나 빠르고, 놀랄 만큼 싼 가격으로 당신의 것이 될 수 있습니다. 영구적인 집 증축은 전통적으로 당신의 집에 어울리는 벽돌이나 타일로 짓습니다. 겨울과 여름 내내 안락함을 위해 최고로 단열 처리되어 있습니다. 그리고 유리창은 페인트칠을 할 필요가 없습니다. 모든 것이 당신을 위해 수월하게 만들어집니다. Blacknell은 당신이 필요로 하는 디자인을 설계하며, 지방 당국의 승인을 얻으며, 반드시 만족스럽게 증축하여 드립니다.」

06. annoy 괴롭히다 / bother 괴롭히다 / disturb 방해하다 / glaringly 역력하게 / impatience 조바심 / out of focus 초점이 맞지 않는 / prevail 설득하다 / throughout 내내

「몇 주 전에 한 대형 영화관에서 난 아내에게 몸을 돌려 "화면이 초점이 안 맞았어."라고 말했다. 아내는 "조용히 해요."라고 대답했다. 나는 그렇게 했다. 그러나 몇 분 후 나는 더 참지 못하고 다시 그 점을 지적했다. 아내는 "좀 지나면 괜찮아질 거예요."라며 주위 관객을 방해하지 않으려고 낮은 목소리로 말했다. 나는 기다렸다. 그것은 눈에 띄게는 아니지만, 어쨌든 초점이 안 맞았다. 그래서 영화의 전반부 내내 아내를 괴롭히고 난후에야 나는 마침내 그녀를 설득해 영화가 초점에서 벗어났으며 그것이 매우 짜증스러운 것이라는 사실을 그녀가 인정토록 했다.」

07. deal with 다루다 / keep up with 따라잡다 / engage in 종사하다 / come across 우연히 만나다.

「사람은 세상에서 일어나고 있는 일들을 따라잡기 위해선 매일 신문을 읽어야 한다. 그렇지 않으면 자신의 정보는 구식이 되어버린다.」

08. enormous 거대한 / in contrast 대조적으로 / negative 부정적인 / reaction 반응 / seascape 바다경치 / remind A of B : A에게 B를 생각나게 하다 / violent 격렬한, 난폭

「당신은 친구와 함께 박물관에 가서 같은 그림을 보고 그것에 대해 다르게 반응한 적이 있습니까? 만약 당신이 본 그림이 바다 풍경이었다면, 당신은 짙은 색과 거대한 파도가 당신이 고향에서 가졌던 좋은 추억들을 떠올리게 하기 때문에 그것을 좋아했을 수도 있습니다. 대조적으로 당신 친구는 부정적인 반응을 보였을 수도 있으며, 그는 심한 독풍이 이는 거친 바다를 항

제 3회 정답 및 해설

해했던 것을 기억하기 때문에 똑같은 것이 그의 마음에는 공포를 가지고 왔다고 말할 수도 있습니다.」

⇒ 우리의 경험은 어떻게 그림을 해석할 지에 대해 영향을 끼칠 수도 있다.

09. bank 둑 / be about to 막~하려 하다 / bow 구부러지다 / drown 물에 빠지다 / fishing rod 낚싯대 / grasp 움켜잡다 / pull 당기다 / roll 구르다 / tightly 단단히

「강둑에서 낚싯대를 잡고 있는 동안, 한 어린 소녀는 갑자기 뭔가를 느꼈고 낚싯대가 활처럼 휘는 것을 보았다. 힘센 고기가 그녀의 낚싯줄을 끌고 갈 때 그 소녀는 그것을 꼭 붙잡았다. 강둑에 있는 돌맹이가 그녀의 발 밑으로 굴렀고, 그녀는 강으로 끌려 들어가고 있었다. 7살 난 소녀는 두려움에 사로잡혀 주위를 둘러보았지만, 아무도 보이지 않았다. 그녀는 그녀 쪽으로 고기를 끌어당기려고 열심히 노력했지만, 더 깊은 강으로 끌려 들어갔다. 그녀는 물고기 때문에 막 익사하려 했다.」

10. on edge 조바심이 나는, 흥분한(= nervous) / bored 지겨운 / on pins and needles 불안한(= uneasy.)

「나는 최근에 진짜 조바심이 났었어.」

11. victim 희생자 / infection 전염 / synthetic 합성의 / wound 부상 / amplify 확장하다 / swallow 그대로 받아들이다 / remain 남아있다, 없어지지 않고 있다, 머무르다 / swallow 삼키다 / wriggle 꿈틀거리다.

「심각한 화상희생자는 수분 결여, 박테리아 감염, 혹은 이 두 가지로 즉시 죽음의 위협을 받는다. 그래서 인체가 새 피부를 재생 할 수 있을 때까지 즉각 부상을 덮어주는 것이 중요하다. 이제는 50일 동안이나 그 상처에 붙일 수 있는 합성물질이 구입 가능하다 - 대부분의 작은 부상이 완전히 치료될 수 있는 충분한 시간이다.」

12. limited 제한된 / decide upon(on) 여러 가지 가능성 가운데 ~으로 결정하다 / concentrate 집중하다 / accident 돌발사고

「인생에는 여러 종류의 일이 있다. 우리는 능력과 지능이 한정되어 있기에 그들 가운데서 선택을 해야 한다. 모든 것을 하려는 사람은 어떤 것도 할 수 없다. 우리는 공격점을 결정해서 그것에 집중해야 한다. 일단 결정이 이루어지면 심각한 사건이 생기지 않는 한 변경해서는 안 된다. 우리의 목표를 성취하기 위해 최선을 다하자.」

① 기회를 잘 이용하다.
② 두 마리 토끼를 다 잡을 수는 없다
③ 어중간하게 하면 절대 일을 끝낼 수 없다.

④ 구르는 돌에는 이끼가 끼지 않는다.
⑤ 그럴 수도 없지만 그럴 리도 없다.

13. ③ Her innocence was taken advant-age of by him으로 고쳐야 옳다.

14. valuable 귀중한 / dissatisfaction 불만 / abundance 풍부함 / compensate 보상하다. / patient 인내심이 강하다

「여러분 배울 수 있는 가장 소중한 것은 완전한 삶을 살 수 있도록 어떻게 생각하느냐이다. 불행의 고통, 실패, 불만은 마땅한 사고와 행동을 하지 않고 있다는 것이며 건강하지 못한 방식으로 삶의 방식을 이용하고 있다는 것을 여러분에게 이야기하는 자연의 방식이다. 반면에 행복, 풍요, 건강마음의 평화는 바르게 생각하고 옳게 행동하는 것에 대한 여러분에게 보상하는 자연의 방식이다.」

15. forbid + 목적어 + to + V, from staying ⇒ to stay.

「기숙사의 학생들은 특별 통행증을 갖고 있지 않으면 밤 11:30 이후에 외출은 금지되었다.」

16. typical 전형적인 / concentrate 집중하다 / reflect 반영하다 / political 정치적인 / religious 종교적인 / ancestor 선조, 조상

「예술역사 연구가 일반역사 연구보다 문화에 대해 더 많이 알 수 있는 좋은 방법일 수도 있다. 대부분의 전형적인 역사과정은 정치 경제 전쟁에 집중되어 있다. 그러나 예술역사는 문화에 훨씬 더 집중되어 있다 왜냐하면 예술은 사람의 정치적 가치관뿐만 아니라 종교적 신념, 감성, 그리고 심리학도 반영하기 때문이다. 그 외에도 우리조상의 일상활동에 대한 정보도 예술로 알 수 있다. 요컨대 예술사연구는 분명히 우리에게 보다 심오한 이해를 할 수 있게 한다.」

17. make oneself understood in + 언어 : 의사 전달하다.

18. inventions 발명 / stimulate 자극하다 / practical 실제의 / application 적용, 응용 / initiative 발의, 창의 / unconsci-ous 무의식의 / deliberate 고의의, 계획적으로 / attempt 시도하다
some invention ~ other inventions~

「발견과 발명은 문화변화를 자극할지도 모른다.
(A) 발견은 알고 있는 것에 대한 어떤 첨가로 정의 될 수 있다. 발명은 알고 있는 것의 실제적인 적용을 내포한다.
(D) 어떤 발명들은 새로운 것을 생산하려는 의식적인 시도이다.
(C) 다른 발명들은 무의식적인 것이다.
(B) 그것들은(발명) 아마 하나의 발명

을 완성시킴에 있어 자신들이 하는 역할을 인식하지 못하는 사람들에 의해 수년의 세월에 걸쳐서 수십 차례 작고도 아마 우연한 창의력의 결과일지도 모른다.」

19. transfer this call to~ : 이 전화를 ~로 돌려주세요.

20. break down 고장난
「A : 실례합니다. 근처에 휴게소가 어디 있나요?
B : 음.... 내가 알기론. 이 근처에는 없는데요.
A : 내 차가 고장 났어요. 정비사를 찾아야 해요.
B : 차가 고장 났다구요?
A : 예.
B : <u>참 안 됐군요.</u>
A : 여기에 가스충전소는 가까이에 있나요?
B : 네. 왼쪽으로 가면 다음 모퉁이서 두 블록 오른쪽에 있어요.
A : 감사합니다.
B : 천만에요.」
① 상관이 없어요.
② 다시 한번 얘기해 주시겠어요.
③ 그거 참 안 됐군요.
④ 이제 작별을 해야겠어요.
⑤ 여행에 행운을 빈다.

한 국 사

01. ③ 02. ⑤ 03. ① 04. ④ 05. ①
06. ⑤ 07. ② 08. ④ 09. ④ 10. ②
11. ② 12. ② 13. ⑤ 14. ④ 15. ④
16. ⑤ 17. ④ 18. ① 19. ⑤ 20. ③

01. ① 신석기시대
② 철기시대
③ 경제활동의 중심이 남성이 되고 생산의 증가에 따른 잉여 생산물의 축적과 사적 소유로 인하여 빈부의 차가 발생하고 계급이 발생한 시기는 청동기시대이다.
④ 신석기시대
⑤ 청동기시대에는 석기 농기구가 쓰였고 금속 농기구가 출현한 것은 청동기 후기부터이다.

02. 김부식은「삼국사기」에서 왕위 계승 원칙에 따라 신라의 역사를 세 시기로 구분하였다.
㉠ 상대(上代)에는 1대 박혁거세부터 28대 진덕 여왕에 이르기까지 711년 동안 부모가 모두 왕족인 성골 출신이 왕위를 계승하였다.
㉡ 중대(中代)에는 29대 무열왕부터 36대 혜공왕에 이르기까지 127년간 부모 중 하나가 왕족인 진골(무열왕계)이 왕위를 계승하였다.
㉢ 하대(下代)에는 내물왕계의 진골이

왕위를 계승하여 왕위 계승을 둘러싼 세력 다툼이 치열하였다.

03. 광해군은 조선 제15대 왕으로 재임기간 많은 패륜을 범하기도 했지만 정통성리학을 비판하고, 현실적인 외교를 추진했으며, 양전사업, 호적사업 및 무기제작과 수리 등을 하였고, 임진왜란 때 피해가 심했던 5대 사고를 재정비하였다.

04. 국왕을 교육하고자 마련된 경연(經筵)은 고려 예종 때 실시되었으나 공양왕 때 와서야 정착되었다. 조선 세종 때 집현전이 전담하여 학문 토론 기관의 역할을 하고 성종 때 홍문관에서 전담함으로써 정책 심의 등을 위한 합의 기구의 성격이 강해졌으며 세조·연산군 때 폐지되기도 했으나 고종 때까지 계속 존속하였다. 교재는 4서 5경과 역사 및 성리학 서적을 일정한 순서에 따라 강의하였으며 4서 5경의 경우에는 주석집을 정독하였고, 역사서는 통독하는 것이 원칙이었다. 일정은 매일 아침에 실시하는 것이 원칙이었으며, 주강과 석강을 포함하여 세 번 강의하는 경우도 많았다.

㉠ 고려의 서경제도 : 고려 때 어사대의 대관과 중서문하성 소속의 간관은 관리 임명이나 법의 개폐 등에 관여할 권한을 가졌는데 이를 서경이라 한다.

㉡ 조선의 서경제도 : 5품 이하의 관리를 처음 임용할 때 양사에서 심사하여 동의해 주는 고신서경과 예조의 의첩을 거친 의정부의 의안에 대해 대간에서 심사하여 동의해 주는 의첩서경을 함께 이르는 말이다.

05. ① 초대 대통령은 의회에서 선출한 간선 대통령으로 올바른 설명이다.
② 제2공화국은 윤보선 정권으로 내각 책임제였다.
③ 제3공화국의 의회는 다원제였다.
④ 제4공화국은 유신정권으로 강력한 대통령제 또는 영도적 대통령제로 대통령 권한이 막강했다.
⑤ 국민이 직접 선출한 강력한 대통령 중심제는 제6공화국이고 제5공화국 때에는 간선제에 의한 대통령 중심제였다.

06. 조선 후기에 이앙법과 견종법이 널리 보급됨으로써 광작이 이루어지고 이에 따라 상업적 농업이 발달하였으며 이농현상이 나타났다.
①, ②, ③ 조선 전기 ④ 조선 후기

07. 전시과는 직역에 대한 반대급부로 지급된 토지로서 토지 그 자체를 준 것이 아니라 토지에 대한 수조권을 준 것에 불과한데, 수조권도 문종 때에는 직역에 종사하고 있는 기간에 한하여 지급하였고, 그 관직을 그만두면 국가에 반납하

게 하였다. 공음전은 국가에 대한 공훈이 있는 공신에게 주었던 토지이지만, 문종 때 5품 이상의 모든 관리에게 지급하도록 제도화되었다. 공음전은 전시과와 달리 자손에게 세습이 허용되어 사적 지배의 성격이 농후한 토지였다. 그러므로 ② 갑(甲)의 전시과를 환수하고, 을(乙)에게 공음전 세습을 인정한다가 옳다.

08. ㉮ 진골 ㉯ 6두품 ㉰ 호족
① 신라 사회에서 왕권과 진골 귀족의 권한은 서로 반비례하였다.
② 신문왕은 왕권을 강화하기 위하여 자신의 장인을 비롯한 다수의 진골 귀족을 숙청하고 귀족들에게 지급되었던 녹읍을 혁파하였다.
③ 6두품은 신라 하대에 유교 정치와 과거제의 실시를 요구하며 개혁을 추진하였으나 진골 귀족층에 의하여 거부되고 점차 정계에서 배제되었다.
④, ⑤ 호족세력은 6두품과 제휴하여 고려 왕조를 건설하였다.

09. ④ 공음전의 지급은 귀족들의 우대 또는 회유책이지 왕권강화와는 무관하다.

10. (가) 의상, (나) 원효
(가) 의상은 화엄 사상을 바탕으로 교단을 형성하여 많은 제자를 양성하고 부석사를 비롯한 여러 사원을 건립하여 불교문화의 폭을 확대하였다.
(나) 원효는 당시 거의 모든 불교 서적을 폭 넓게 이해하고, 「대승기신론소」와 「금강삼매경론」을 저술하여 불교의 사상적 이해 기준을 확립하였다.
㉯ 원효의 저서이다.
㉰ 왕오천축국전은 혜초이다.

11. ② 실학은 유교적인 한계를 벗어나지 못하였고, 성리학의 가치관을 극복하지 못하였으므로 근대적인 학문으로 발전되지 못하였으나 근대 사회로의 발전적인 계기가 되었다.

12. ㉯ 요역은 16세 이상 남성
㉰ 모내기가 전국적으로 보급된 것은 조선 후기이다.

13. ⑤ 말로만 북벌을 외친 것이 아니라 군비 확충을 위해 세금 면제 토지를 없애고 호포제를 실시할 것을 건의한 사람은 윤휴였다.

14. ④ 철학사상으로서의 동학은 주기론에 가까웠다.

15. ④ 서경파인 묘청 등이 풍수지리설(서경 길지설)에 근거하여 서경에 대화궁을 짓고 천도를 추진하였으나, 그 후 서경 천도 계획이 좌절되자 묘청은 국호를 대위, 연호를 천개라 하여 묘청의 난

을 일으켰다.

①, ②, ③, ⑤ 개경파에 대한 설명이다.

16. ⑤ 1919년대 만주 길림성에서 김원봉이 조직한 의열단은 민족의 독립을 위해 파괴와 암살을 실행하였으나, 대한민국 임시정부의 산하단체는 아니었다.

17. 한일합방(1910년) 이전의 경제자립운동은 상사를 조직하여 외국자본에 대항하는 근대적 경영을 꾀하고, 국채보상기성회를 통한 금연·금주 운동, 신민회에 의한 자기회사 설립 등의 방면으로 전개되었다.

㉮ 조선물산장려회는 1923년에 평양과 서울에서 각각 조직되어 조선물산장려운동을 폈다.

18. ①은 독립협회의 주장이다.

대한제국의 성립 후 실시된 광무개혁은 실추된 왕실의 권위를 회복하고 독립을 유지해야한다는 일반 여론을 반영한 것이었으나, 국민주권국가의 수립운동과 역행하면서 왕권의 절대화를 지향하는 방향으로 추진되었다.

19. ㉮ 태학 : 고구려 소수림왕 때 설치한 일종의 국립대학
㉯ 국자감 : 고려 성종 때 설치한 중앙교육기관(국립대학)
㉰ 성균관 : 조선시대 생원·진사와 15세 이상의 양반 자제 및 이 입학하는 최고의 교육기관
㉱ 서원 : 본래 선현을 제사하고 추모하는 시설로 지방유생들이 모여 학문을 논하고 자제들을 교육하던 교육기관
㉲ 배재학당 : 1885년 선교사 아펜젤러가 세운 사립학교

20. ③ 고려 시대의 양민에는 백정 농민과 특수 집단민(향·소·부곡)이 포함되었으며, 천민의 대다수는 노비였고, 화척, 재인 등이 포함되었다.

정답 해설 — 제4회

국 어

```
01. ③  02. ①  03. ①  04. ②  05. ④
06. ②  07. ⑤  08. ①  09. ④  10. ⑤
11. ④  12. ③  13. ③  14. ③  15. ①
16. ①  17. ⑤  18. ①  19. ④  20. ⑤
```

01. ① 연오랑세오녀 – 설화
② 속미인곡 – 가사
④ 석보상절 – 번역문학(언해)
⑤ 불우헌곡 – 경기체가

02. ① 부득이한 경우 생명의 우선순위를 만들어야 한다.

03. ② 동생으로부터 → 동생에게서
③ 아들 셋을 가지고 → 아들 셋을 두고
④ 나에게 있어서 사랑은 → 나에게 사랑은
⑤ 이 박사에 의해 쓰여졌다. → 이 박사가 썼다.

04. ②는 대립구조이다.

05. ① 부사절을 안은문장
②, ⑤ 종속적으로 이어진 문장
③ 관형절을 안은문장

06. ② 감각적이고 육체적인 본능이나 욕구에 근거한다고 해서 인격 도야에 걸림돌이 되는 것이 아니며 높은 가치를 선호하는 가치 감정은 가치 명료화와 가치 감정의 필요성이 요구된다.

07. ⑤ 인생의 궁극적 목적을 모든 욕망을 끊어 버리고 어떤 것에 의해서도 마음이 움직이지 않는 부동심의 경지를 이루기 위해 이성의 힘으로 욕정을 억제하는 생활을 가치 있게 보게 된다.

08. ㉠ 서정주의 「국화 옆에서」
㉡ 거울 앞에선 : 자아를 성찰하는 여유를 지니게 된, 정신적 안정에 이론의 의미이다.

09. ④ 인간이 칠정에 빠져 악해 지게 되므로 선한 본성을 되찾기 위한 개인적 수신에 관한 도덕적 인식을 가져야 한다고 주장하는 것은 갑이다.

10. ⑤ 쫓아[쪼차]

11. 빙공착영(憑空捉影)은 '공허한 것에 기대어 그림자를 잡다'는 의미이다. 이와 가장 유사한 소설의 특징은 허구성이다.

12. 양대전란(임진왜란, 병자호란) 이후 전성기를 맞은 시조는 조선 말엽에 가단에 진출하면서 생활 손으로 파고들어 생활문학으로 등장했으며 서민정신에 의해 사설시조가 발생, 17C~18C에 크게 성행했다.
㉠ 형태상의 특징
  ⓐ 초·중·종장 중 어느 한 장이 가사투로 상당히 길어진다.
  ⓑ 단아하고, 압축된 시어가 아닌 일상어, 비속어, 재담, 욕설까지 망라하고 있다.
  ⓒ 대화가 많고, 새로운 종장 문구인 '마초아, 마음에, 그르사, 모쳐라…' 등을 개척했다.
㉡ 내용상의 특징
  ⓐ 유가(儒家)들의 충·효 등의 사상이 거의 없다.
  ⓑ 사랑, 일상사, 패륜, 욕정 등 서민들의 구체적인 일상생활을 담고 있다.
  ⓒ 표현기교면에서도 과장적 묘사와 나열, 직설적인 자기 폭로, 상징법 등이 사용되고 있다.
  ⓓ 새로운 미학을 창조하는 데는 실패하였으나 낡은 형태를 깨는 데는 성공하였다(18C 이후 점차 소멸).

13. ㉠ 이 글의 주제는 주제문을 보면 쉽게 유추할 수 있다.
㉡ 줄거리 Ⅰ의 (1)~(5)의 공통점은 '사람'이므로 (다)는 미신을 믿는 계층이나 부류 정도가 타당하겠다.
㉢ 줄거리 Ⅲ의 (1)~(4)는 미신을 타파하기 위한 여러 가지 대안을 제시하고 있으므로 (마)엔 미신과 신앙을 구별하는 방법 제시가 적당하다.

14. ㉮ 삼천리 : 대유법
  ⓐ 대유법 : '환유법'과 '제유법'이 이에 속한다.
  ⓑ 환유법 : 사물의 속성, 특징, 부속물 등으로 사물 전체를 키유하는 수사법(예 삼천리 → 팔방곡곡(우리날 전역), 백의천사 → 간호사, 사각모 → 대학생)
  ⓒ 제유법 : 표현하고자 하는 사물의 일부분으로 전체를 나타내는 비유(예 약주 → 모든 술, 빵 → 모든 식량, 하이컬러 → 신사)
㉯ 길이 : '어떻게'의 방식으로 문장의 한 성분을 꾸며 주고 있는 '부사'이다.

15. 글 전체가 '이야기', 즉 정황의 변화가 말로 진행되고 있다.
① 아니리 : 대사를 말 하듯이 하는 것으로 이야기를 말한다.
② 발림 : 소리꾼이 창을 하면서 하는 몸짓을 말한다.
③ 추임새 : 소리의 중간에 곁들이는 탄

제 4회 정답 및 해설

성으로 "얼씨구야", "얼쑤" 등
④ 창 : 소리꾼이 장단을 넣어 부르는 노래
⑤ 너름새 : 예술적 표현을 목적으로 하는 몸짓 혹은 연극적 동작을 말한다.

16. 문장의 중심내용, 혹은 필자가 말하고자 하는 참된 의도의 '주제'를 설정 → 주제를 뒷받침할 수 있는 '대표적 소재(제재)'의 선정 → 주제와 그에 속하는 논점을 찾고, 그 논점의 조목을 정리하여 '주제를 형상화'하는 개요 작성 → 집필(제목 붙이기 → 서두 쓰기 → 본문 쓰기 → 결말 맺기) → 한 편의 글을 마지막 손질하는 '퇴고' 등이 작문의 절차과정이다.

17. 백두산 → 월출산 → 달마산 → 추자도 → 한라산으로 이어지는 생성 과정을 나타내고 있었다.

18. ① 선잠 : 얕게 든 잠

19. ① 말 듣는 이가 화자나 동등하거나 화자보다 낮은 경우에는 '시'를 쓰지 않는다.
② 계십니다. → 있습니다.
③ 내가 → 제가
④ 말 듣는 이보다 문장의 주체가 높은 경우에는 '시'를 쓴다.
⑤ 말 듣는 이가 문장의 주체보다 높은 경우에는 '시'를 쓰지 않는다.

20. ① 승진을 한 친구를 위해 맛있는 케이크로 축하를 해 주었다.
② 우리들은 이야기를 더 나누기 위해 시원한 카페에 들어갔다.
③ 그녀의 방 창문에는 예쁜 커튼이 쳐 있다.
④ 선생님 댁을 방문한 우리들에게 선생님께서는 커피와 비스킷을 내어 주셨다.

영 어

01. ⑤ 02. ⑤ 03. ① 04. ④ 05. ①
06. ② 07. ④ 08. ② 09. ⑤ 10. ③
11. ④ 12. ① 13. ⑤ 14. ③ 15. ⑤
16. ③ 17. ② 18. ④ 19. ① 20. ⑤

01. 「아버지가 회사를 퇴직하실 때, 이사님이 아버지에게 시계를 선물하셨다.」
① 제출하다
② 출석한
③ 출석시키다
④ 보이다
⑤ 선물하다

02.~03. germ 세균 / infection 감염 / liquid 액체 / lung 폐 / resistance 저항, 저항력 / sneeze 재채기하다 / slippery 미끄러운 / swollen 부은 / nervous 신경 과민한

「이 세상에서 가장 흔한 전염성질병은 평범한 감기이다. 사실 감기는 코와 목의 미끌미끌한 액체막이 감염되는 것이지만, 때로는 기관지와 폐에까지 퍼

지기도 한다. 이러한 감염을 일으켜 기침을 하게 하거나, 재채기를 유발하는 세균, 즉 감기 바이러스는 외부 공기를 통하여 작은 습기 방울 속으로 들어간다. 이미 병에 걸린 사람이 뿜어낸 습기 방울을 들이마시면 감기에 걸리게 되는 것이라고 의사들은 믿고 있다. 이러한 바이러스의 이상한 점은 그것들이 언제나 목안에 있다는 것이다. 그러나 바이러스는 추위나 과열, 또는 심한 피로로 몸의 저항이 약해질 때까지는 쉽게 몸을 공격하지 않는다. 감기가 진행되는 데는 하루 내지 사흘이 걸리며 3단계를 거친다. 첫 번째 단계는 건조 단계로 건조기간 동안 코 안이 건조해지고 부어 오른 것처럼 느껴진다. 그리고 목안은 간질간질해 지고 눈물이 나온다. 두 번째 단계에서는 콧물이 흐른다. 그리고 마지막 세 번째 단계에서는 열과 기침으로 발전하게 된다.」

「감기는 대게 돈의 면역력이 떨어진 사람에게 전연되는 경향이 있다.」

04. avert 피하다 / affect 영향을 주다. / pre-vent 막다, 회피하다, 예방하다 / eliminate / nate 제거하다

「운전자가 자동차를 갑자기 세워서 사고를 피하려고 했다.」

05. 「A : 나에게 원하는 게 있니?
B : 라디오 소리가 너무 커. 소리를 줄여 줘.
㉠ turn down : 소리를 줄이다. 거절하다
㉡ turn up : 소리를 올리다
㉢ turn out : 판명 나다

06. ② ~to your parents. → of your parents.

「너는 부모님께 그런 질문을 해서는 안 된다.」

07. buzz 윙윙거리다 / correctly 제대로 / go wrong 잘못되다 / grateful 고마운 / instruction 설명서 / refund 환불 / look forward to ~하기를 고대하다 / complain 호소하다 / instruct 통지하다

「6일 전 자명종 시계는 무사히 도착하여 아무 탈 없이 며칠 잘 작동되었으나 지금은 고장이 났습니다. 계속 윙윙거리는 소리가 납니다. 나는 설명서를 읽어 보았고 자명종을 제대로 작동시켰다고 확신합니다. 이 편지와 함께 그 자명종 시계를 보내니 새 것을 보내주시던가 아니면 환불하여 주시면 고맙겠습니다. 답장을 기다리겠습니다.」

08. embarrassed 당혹한 / hesitatingly 머뭇거리며 / miss 놓치다 / run 득점 / score 득점하다 / to one's dismay 실망스럽게도 / yell 큰 소리를 치다

「야구 경기 중에 나는 쉬운 공을 놓쳤다. 이것이 나를 매우 당황케 했고 그

제 4회 정답 및 해설

래서 나는 뭘 해야 할지 몰라 그냥 서 있었다. 실망스럽게도 상대팀은 3점을 얻었다. 경기가 끝난 후 코치가 내게 소리 쳤다. "다시는 그렇게 하지 말아야 한다." 나는 머뭇거리며 "안 그럴게요. 그렇게 쉬운 볼을 다시는 놓치지 않겠습니다."라고 대답했다. "놓친다고?" 코치가 소리쳤다. "너는 많은 공을 놓칠 거야. 그것은 문제가 안 돼. 네가 그 후에 뭘 했는가가 문제지. 네가 거기 서 있는 동안 상대팀이 몇 점이나 얻었니?"」

09. without = but for = If it had not been for = If there had not been. ⇒ 가정법 과거완료.

「물과 공기가 <u>없다면</u> 동물들과 식물들은 사라지게 될 것이다.」

10. ① was hanged(교수형에 처해지다)
② resembles(상태 동사는 수동태를 할 수 없음)
(그는 아빠를 닮았다.)
④ The nice house belongs to him.
(훌륭한 집은 그의 것이다.)
⑤ This dress does not become her.
(이 옷은 그녀에게 어울리지 않는다)

11. ① defraud 사취하다
② take it for granted that 당연히 여기다.
③ 존은 앨리스가 평발이라고 믿고 있다.
④ hope는 that 절을 사용, want +목적어+to+v.
⑤ persuade + 목적어 + to + v

12. hard to understand 이해하기 어려운

「어떤 것을 상징으로 지칭하는 것은 그것을 추상적으로 특성화 하는 것이다. 그것은 특성화가 막연하고, 형태가 없고, 심지어 <u>이해하기 어려운</u> 의미가 아니라 비핵심적인 세부사항이 생략되었다는 의미이다.」

13. comply with 순응하다 / regardless of 관계없이 / discrepancy 상이점

「부모와 자녀사이의 관계 변화가 민주주의의 일반적인 확산의 보편적 예이다. 부모는 더 이상 자녀에게 반대하는 권리를 장담할 수 없다. 자녀들은 심각한 상이점에 관계없이 항상 부모에게 순응해야 한다고 더 이상 생각하지 않는다.」

14. flaw 결함 / democratic 민주적인 / so far 지금까지 / indifferent 무관심한 / aggressive 공격적인 / positive 긍정적인 / negative 부정적인 / sarcastic 냉소적인

「일부사람들은 민주정부에는 많은 결함이 있다고 말하고 있다. 분명히 있다. 하지만 정부 일에 있어서 민주정부만큼 최대다수를 위해 지금까지 잘 성취

된 것이나 그렇게 무력에 덜 의존하는 것도 없다는 사실은 존재한다.」

15. tradition 전설, 전통 / essentially 본질적으로 / manipulation 조작 / arbitrary 임의의 / specifiable 일일이, 명시할 수 있는 / apparently 명백히 / likewise 똑같이, 마찬가지로 / moreover 더욱이, 또한 / therefore 그런 까닭에, 따라서 / on the other hand 다른 한편으로는, 반면에

「서양철학의 중심전통에 의하면 사고는 본질적으로 정신적 상징의 합리적인 조작이다. 하지만, 시계와 계기판은 합리적 상징조작을 전혀 할 수 없는 것이다. 반면에, 컴퓨터는 어떤 명시 할 수 있는 방법으로 임의적인 상징을 조작할 수 있다. 그래서 분명히 우리는 생각하는 기계를 얻기 위해선 상징을 위한 조정과 그리고 합리적인 것으로서 명시될 수 있는 조작이 필요하다.」

16. convict (형)을 언도하다 / release 석방하다 / grant 부여하다. / pardon 사면 / wipe out 일소하다. / citizenship 시민권 / conviction 유죄 선고 / released 임무가 해제된 / criminal 범인, 범죄자 / attorney 변호사

「한 범죄로 유죄판결을 받은 사람은 한 나라의 대통령 같은 행정수반의 의해 석방될 수도 있다. 오직 그만이 사면을 할 수 있다. 사면을 받은 사람은 모든 시민권이 회복되어 완전히 자유로울 수 있다. 사면은 유죄판결을 일소하는 효과를 가진다. 사면을 받은 사람은 범인으로 간주되지 않는 것이다.」

17. lie in 놓여있다 / accumulation 축적 / superficial 피상적인 / extensive 폭넓은 / intensive 집중적인 / random 마구잡이의 / extractive 추출의

「책의 진정한 즐거움은 반복해서 읽는 것과 색다른 것을 찾고 또 다른 의미를 만나는 데 놓여있다. 한 권의 책을 가끔 여섯 번 읽는 것이 여섯 권을 읽는 것보다 훨씬 좋다. 왜냐하면 어떤 책이 여러분을 여섯 번 읽게 한다면 영혼을 풍요롭게 하지만, 한번 읽은 여섯 권은 다만 진정한 가치 없는 피상적인 관심의 축적이며 오늘날의 부담스런 양적인 축적일 뿐이다.」
① 다독
② 정독
③ 묵독
④ 닥치는 대로 읽기
⑤ 선택적 독서

18. ④ Scarcely had he gone out before it began to rain.

19. be associated with ~와 관련이 있다 / brain-wave 뇌파 / consume 소비하다 / effect 효과 / high blood pressure

제 4회 정답 및 해설

고혈압 / indicate 의미하다 / meditation 명상 / occurrence 발생 / oxygen 산소 / pattern 형태 / relaxation 휴식 / specifically 특별히 / valuable 중요한

「명상은 명상자의 뇌파 형태를 바꾼다는 것이 밝혀졌다. 특히 명상은 휴식과 관련된 알파파의 발생을 증가시킨다. 명상을 하는 동안에 인간은 보통 평상시보다 산소를 덜 소비한다. 산소의 사용이 감소된 것은 아주 깊은 상태의 휴식을 의미한다. 어떤 경우에는 명상이 심지어 고혈압을 낮춘다고 보고되었다. 명상의 여러 가지 효과는 명상이 종합 건강관리 계획의 중요한 일부가 될 수 있음을 보여준다.」

20. work out 운동하다.
① 어디로 갈까?
② 보통 무엇을 하십니까?
③ 좋습니까?
④ 맛이 어떠세요?
⑤ 운동을 얼마나 자주 하세요?

한국사

01. ④ 02. ② 03. ④ 04. ② 05. ②
06. ④ 07. ⑤ 08. ① 09. ④ 10. ④
11. ② 12. ② 13. ① 14. ④ 15. ②
16. ② 17. ③ 18. ② 19. ⑤ 20. ①

01. 대동법은 공납을 전세화한 것으로 토지 소유의 정도에 따라 차등을 두어 과세 하였으므로 합리적인 세제라 할 수 있다. 또, 종래의 현물 징수가 쌀·베·돈으로 바뀌게 됨에 따라 조세의 금납화가 이루어졌다는 데에도 의의가 있다. 더욱이 대동법의 실시는 상품 및 화폐 경제의 발달을 가져와, 장기적으로는 원래의 의도와는 반대로 양반 중심의 신분 질서와 경제 질서를 붕괴시키는 요인이 되었다.

02. 정도전과 관련 있는 내용으로 재상중심의 관료사회를 이루는데 기여하였다.

03. ④ 단군 이야기(단군신화)에 나타난 내용은 선민사상, 농경사회, 민본주의 사상, 부족통합의 과정, 국가의 성립, 제정일치의 사회 등을 나타낸다.

04. 고려 성종 12년(993)에 거란이 1차 침입 하였을 때 서희의 담판으로 강동 6주를 얻게 되었고, 압록강 선에서 거란과 접경하여 정식 외교관계가 성립하게 되었다.
① 고구려
③ 묘청의 북벌 주장하며 난을 일으켰으나 김부식에 의해 진압 당했다.
④ 위화도 회군으로 실패
⑤ 세종 때이다.

05. 보기는 동학농민운동의 폐정개혁 12개

조를 나타낸 것으로 초기에는 민란의 성격이었으나 후기에는 농민전쟁의 성격을 띠었다. 반봉건적·반침략적·반제국주의적 민족운동으로 외세의 침략을 배격하고 성리학적 전통질서의 붕괴를 촉진하여 근대사회로 전진하는 계기가 되었다.

06. 효종 때 남인은 서인이 주도하는 정국에도 꾸준히 진출하여, 서인정권이 추구한 북벌운동의 무모함을 비판하였다.

07. 1949년 6월에 농지개혁법을 공포하여 신한공사가 관리하고 있던 땅을 국유로 몰수하고, 부재지주의 매호당 총 경지면적 3정보를 초과하는 자의 땅을 국가에서 유상으로 매수하여 그 땅을 경작자인 영세농민에게 3정보를 한도로 유상 분배 하였다.

08. 잔무늬 거울, 명도전, 세형동검, 덧띠토기 등은 철기시대의 대표적인 유물들로 철기시대에는 철제 농기구의 사용으로 농업이 크게 발전하였고 중국화폐인 명도전이 사용되어 당시의 교역이 활발하였음을 보여준다.

②, ③, ⑤는 청동기시대이고 ④는 신석기시대이다.

09. 대동수경은 조선수경이라고도 하며 한반도 북부 주요 하천의 유로 및 주요 지류의 경로, 하천의 소재지·명칭 등을 밝히고 있는 다산의 실학적 지리학의 중요한 성과로 주목된다.

④의 내용은 동국여지승람에 대한 설명이다.

10. 역대 왕조들의 정치조직

정치조직\왕조	수상	지방제도	지방장관
고구려	대대로	5부	욕살
통일신라	시중	9주5소경	도독
발해	대내상	15부	도독
고려	문하시중	5도 양계	안찰사(5도) 병마사(양계)
조선	영의정	8도	관찰사

정치조직\왕조	군사제도	합의기구
고구려	대모달·말객	제가회의
통일신라	9서당	없음
발해	8위	정당성
고려	2군6위	도병마사
조선	5위	의정부

※ 집사부 합의기관이 아니라 왕명에 의해 정무를 처리하는 기구이다.

11. ① 국학은 신라 신문왕 2년(682) 때 예부에 속한 교육기관이다.
② 고분양식이 적석목곽분에서 횡혈식 석실고분으로 변하고, 봉토 주위를 호석으로 두르고 12지신상을 조각하였다.
③ 선종의 영향으로 조형미술 쇠퇴하였고, 한문학이 발달하였다.

④ 최치원은 유학자였으나 불교와 도교에도 조예가 깊었으며 불교보다 유교를 치국의 근본으로 보았다.
⑤ 불탑은 3층 이상의 높은 기단 형식이었고 다양한 양식의 다각다층 불탑 양식은 고려시대이다.

12. ② 고려 시대에는 아들이 없을 경우 양자를 들이지 않고 딸이 제사를 받들었으며, 상복 제도에서도 친가와 외가의 차이가 크지 않았다.

13. 제시된 자료에 나열된 서적들은 모두 조선 후기에 편찬된 백과 사전류들이다.

14. 보기의 내용은 1882년(고종 19)에 임오군란으로 발생한 일본 측의 피해보상 문제 등을 다룬 조선과 일본이 체결한 제물포조약이다.

15. ① 이승만은 1946년 정읍발언에서 남한 단독 정부수립을 주장했다.
③, ④ 김구의 한독당과 김규식은 남한만의 선거가 남북의 영구적 분단을 초래할 것을 우려하여 이에 반대하였다.
⑤ 신익희에 대한 설명이다.

16. ② 농기구는 신석기시대 이래의 석기나 목기를 그대로 사용하였다.

17. 대한자강회(1906)
㉠ 헌정연구회를 모체로 하고, 사회단체와 언론기관을 주축으로 창립하였다.
㉡ 교육산업을 진흥시켜 독립의 기초를 만드는 것을 목적으로 한다.
㉢ 월보간행, 연설회개최 등을 통해 실력양성운동을 전개하였다.
㉣ 일진회의 반민족적 행위를 규탄한 단체는 대한자강회의 전신인 헌정연구회이다.

18. 제시된 내용은 풍수지리 사상을 설명한 것으로 지금까지 경주를 중심으로 하여 운영해 오던 행정 조직을 고쳐 국토를 지방 중심으로 재편할 것을 주장하여 신라 정부의 권위를 약화시키는 구실을 하였다. 고려 시대에는 크게 유행하여 초기에는 서경·개경 명당설에, 중기 이후에는 한양 명당설에 영향을 주어 조선이 한양을 수도로 정한 것도 풍수 사상이 반영되었다. 16세기에는 풍수설에 의해 양반 사대부들의 묘지 쟁탈전인 산송 문제가 많이 발생하였다.

② 산수문전, 백제 금동 대향로는 백제에 도교가 생활화되어 있었음을 말해주며, 백제 금동 대향로는 도교와 불교의 색채가 강하게 드러난 공예품이다.

19. ⑤ 1907년 대구에서 서상돈이 국채보상기성회 조직하고 대한매일신보 등 언론기관의 협조를 통하여 모금을 하였다.

20. 일제는 한국사를 왜곡하여 식민 통치를 합리화하기 위해 조선 총독부 산하에

'조선사 편수회'를 설치하였다. 일제는 「조선사」를 편찬하여 한국사의 타율성·정체성·당파성 등을 강조하였고, 한국사의 자율성과 독창성은 무시되었다. 이에 백남운은 한국사의 발전 과정을 세계 제민족과 같은 변증법적 역사 발전 법칙에 의하여 파악할 수 있음을 제시하였으며, 이청원은 아시아적 생산 양식을 수용하여 조선 사회의 구체적 특수성을 지적하는 데 노력하였다.

정답 해설 — 제5회

국 어

```
01. ④  02. ②  03. ⑤  04. ④  05. ①
06. ④  07. ②  08. ④  09. ⑤  10. ①
11. ④  12. ①  13. ②  14. ④  15. ⑤
16. ②  17. ①  18. ③  19. ③  20. ⑤
```

01. 언어를 지배하는 것은 언어 사회이며, 국어는 우리 언어사회에서 규정된 사회적 계약이라고 전제한 글에 대한 설명이 (라)이므로 (라) 앞에 와야 한다.

02. 글 (마) 하단 '동일 문화권 ~ 밟게 한 것이다' 로 유추해 볼 때 순조로운 국어 발달의 조건(원인)을 전달하고자 한다.

03. ① 고식지계 : 임시변통이나 또는 미봉책으로 일시적인 안정을 얻기 위한 꾀
② 설상가상 : 눈 위에 서리를 더함.
③ 초록동색 : 풀과 푸름은 서로 같은 빛임. 곧, 같은 처지나 같은 경우의 사람들끼리 함께 행동함을 이룸.
④ 식자우환 : 글자를 좀 알았던 것이 도리어 화의 근원이 되었다는 뜻
⑤ 십시일반 : 열 술이면 한 끼의 밥이 된다. 곧, 여러 사람이 힘을 합하면 한 사람을 구원할 수 있다는 말이다.

04. 수필의 특성 중에서 '위트나 유머를 통해 흥미와 쾌감을 불러일으키는 글' 임을 강조(기지와 해학성) 한 것이다.

05. ① 邁(힘쓸 매)
② 萬(일만 만)
③ 昧(어두울 매)
④ 罵(욕할 매)
⑤ 魅(호릴 매)

06. ① 한용운의 님의 침묵
② 조지훈의 승무
③ 이육사의 광야
④ 이병기의 박연폭포는 현대시조이다.
⑤ 서정주의 국화 옆에서

07. ㉮는 '부추기다' 의 뜻으로 쓰이고 있고, ②의 '조장(助長)하다' 는 '도와서 성장하게 하다.' 라는 뜻으로 쓰이고 있다.
① 고무(鼓舞)하다 : 격려하여 힘을 내도

록 하다.
③ 장려(獎勵)하다 : 좋은 일이 힘쓰도록 북돋아 준다.
④ 초래(招徠)하다 : (어떤 결과를) 불러 오게 하다.
⑤ 촉발(觸發)하다 : 충동·감정 따위가 일어나게 하다.

08. ① 빌어 → 빌려
② 담는다. → 담근다.
③ 게인 → 개인
⑤ 한참 → 한창

09. ⑤ 국어는 언어의 분류상 교착어(부착어, 첨가어)이다.

10. 대칭(對稱) : 점이나 선 등 하나의 기준점을 사이에 두고 양편이 같은 것을 하는데, 의미상 대칭이란 말 그대로 기준점을 사이에 두고 의미가 서로 같은 것을 뜻한다. 시의 (가)부분 '꽃이 시듦 ↔ 열매를 맺게'의 의미로 되어 있으므로 시의 (나)부분 '( )을 만드신 후 ↔ 나의 눈물을 지어주시다'를 시의 (가) 부분과 의미상 흐름이 같도록 비교되는 단어를 넣어보면 쉽게 답이 도출된다. 즉, 꽃이 <u>시들고</u> 난 다음에 다시 열매를 <u>맺게</u> 한 것은, <u>웃음</u>을 만드신 후 <u>눈물</u>을 지어주신 것과 의미가 비슷하다.

11. '오존층의 파괴'는 '환경 오염'의 한 유형이므로 ㉠:㉡는 상하 관계이다.
① '오염'과 '정화'는 반대 관계이다.

②, ③ '물질문명'은 '환경 파괴'라는 결과를 가져 왔고, '생태계 파괴'는 '지구 온난화'의 결과이므로 인과 관계이다.
④ '물질의 풍요'는 '인류의 욕구' 중 하나이므로 상하 관계이다.
⑤ '과학 기술'은 '쾌적한 환경'을 만드는 필요조건 관계이다.

12. ㉯ 환경이 오염된 실상을 알아냈다는 뜻이다.
① 구명(究明) : (이치나 원인 따위를) 깊이 연구하여 밝힘.
② 관측(觀測) : 자연 현상을 관측하여 측정함.
④ 탐색(探索) : (감추어진 사물)을 이리 저리 더듬어 찾음.

13. '살어리 살어리랏다. 청산(靑山)애 살어리랏다.'(살겠노라, 살겠노라, 청산에 살겠노라)
'청산'은 세속을 벗어나 고뇌를 달랠 수 있는 생의 안식처로서 이상향이다.
청산에서 머루와 다래를 먹고라도 살겠다는 의지를 반복한 것은 생에 대한 강한 집념을 나타낸 것이다.

청산별곡 해독에 대한 이설(異說) : 고려 가요의 다른 작품에 대한 풀이가 그렇듯이 이 노래도 이설(異說)이 많다. '살어리랏다'를 과거 가정법으로 보아, '살았으면 좋았을 것을'로 해석하기도 한다. 따라서 제1연은 '과거에 내가 만일 좀 더 현명했더라면 청산 속에 들어가서 살았을 것'으로 풀이하기도 한다. 따라서 현재 시적자아는 청산 속에 있다고 볼 수 없다.

14. ④ 블라우스(blouse)

15. 역사주의 비평 : 작품에 반영된 시대상이나 작가의 생애를 조명하는 비평이다.

16. ( ) 안의 의미는 앞·뒤 문장을 고려해 볼 때 어렵거나 불가능한 일을 나타낸다.
① 고장난명(孤掌難鳴) : 손바닥 하나로는 소리를 내기 어렵다(혼자서는 일이 잘 되지 않고 협동 단결이 필요함).
② 백년하청(百年河淸) : 중국 황하의 물이 푸르게 되기를 아무리 기다려 봐도 그 뜻을 이룰 수 없다는 데서 나온 말 (어렵거나 불가능할 때)
③ 중과부적(衆寡不敵) : 많은 수를 적은 수가 대적할 수 없음(힘이 부침).
④ 주마가편(走馬加鞭) : 달리는 말에 채찍을 가한다(더 잘 되어가도록 부추기거나 몰아침).
⑤ 박장대소(拍掌大笑) : 손뼉을 치면서 크게 웃음

17. ② '맑' : 'ㄱ' 앞에서는 [말]로 그 외에는 [막]으로 발음 ⇒ [막따]
③ [오시]
④ '넓' : 자음 앞에서는 [밥]으로 발음된다 ⇒ [밥ː다]
⑤ [바라래]

18. 해석에 따라 다양한 의미를 지니는 동일 어를 혼동하여 생기는 애매어의 오류를 범했다.

19. 보기는 월명사의 도솔가로 산화(散花)는 부처님 앞에 꽃을 뿌려 공양하는 일을 뜻하는데 김소월의 '진달래꽃' 중 '아름따다 가실 길에 뿌리 오리다'와 일맥상통한다.

20. 죽어도 아니 눈물 흘리오리다 : 역설, 도치법, 강한 의지, 의지적 표현, 굳은 결의 등을 나타낸다.

영 어

01. ⑤ 02. ③ 03. ② 04. ② 05. ⑤
06. ④ 07. ③ 08. ② 09. ③ 10. ③
11. ② 12. ① 13. ① 14. ④ 15. ⑤
16. ③ 17. ① 18. ⑤ 19. ③ 20. ②

01. blow bubbles 비누방울을 불다 / contest 경연 / creatively 창의적으로 / decorate 장식하다 / downtown 도심 / dress up 정장하다 / echo 울리다 / festive 축제의 / leather 가죽 / show off 자랑하다 / stir 휘젓다

「그 도시는 예전 같아 보이지 않았다. 도심지는 아침 일찍부터 변하기 시작했다. 자동차 동호회 회원들은 거리를

따라 행진하고 있었다. 주 도로를 걸어가고 있던 사람들은 마치 타임머신을 타고 방금 도착한 것처럼 가죽 재킷을 입고 있었다. Shain 공원에서 울려 퍼지는 음악은 소박했던 시절의 기억을 떠올려 주었다. 어린아이들은 그 도시에서 누가 가장 큰 비누방울을 불 수 있는지 보려고 다투고 있었다. 젊은이들은 공짜 점심을 먹기 위해 창의적으로 장식된 자전거를 자랑하고 있었다. 어떤 애들은 패션 대회를 위해 옷을 잘 차려 입고 있었다.」

02. coerce 강요하다(= compel, force, urge) / scold 꾸짖다. / twist 비틀다.

「그녀의 부모는 그녀에게 그 남자와 결혼하도록 강요했다.」

03. paler 바래다 / vanish 사라지다 / fade 희미해지다 / dissolve 용해하다.

「커튼이 바랜 것은 오래되어 색상이 희미해졌기 때문이다.」

04. average 평균 / drug 약, 약품 / resemble ~와 닮다 / belief 확실, 신념 / persist 고집하다, 주장하다 / ginseng 인삼

「그것은 수세기 동안 사람들에게 귀중한 것이었고, 오늘날에는 평균 200만 달러어치의 이 약제가 매년 아시아에서 전세계로 수출되고 있는데, 이 약제는 사람의 형상을 닮았기에 아시아인들에게는 여전히 고수되고 있는 특정한 의학적 믿음을 오랫동안 불러일으켰다.」

05. scold 꾸짖다 / irritate 짜증나게 하다 / conveniently 편리하게 / literally 글자뜻 그대로, 직역하면 / to the minute 정각에 / instantly 즉시

① 경찰이 젊은 범죄자들을 심하게 꾸짖었다
② 어린애의 울음이 그를 짜증나게 했다.
③ 그 아파트는 편리하게 설계되었다.
④ 다음 페이지를 문자 그대로 해석하라.
⑤ 우리는 정각에 거기에 도달했다.

06. contemplate 계획하다, 심사숙고하다 / considering 숙고하다, 고려하다 / transplanting 옮겨 심다

「그는 그의 학생들을 고취 시킬 프로그램을 계획하고 있다.」

07. activity 활동 / homework 숙제 / museum 박물관 / pleasant 재미있는 / weekend 주말

「나는 방과 후 매우 재미있는 활동을 했던 것을 기억한다. 방과 후 집에 오면 저녁 식사는 대개 준비되어 있었다. 저녁 식사 후 숙제를 마치면 난 수영장이나 공공 도서관에 갔다. 주말에는 아버지와 영화관이나 박물관에도 갔다. 그러나 이러한 활동들은 어머니의 (방과

제 5회 정답 및 해설

후) 활동과는 아주 달랐다.」

08. get ahead 성공하다 / get at 도달하다 get around 극복하다. / go without 없이 지내다 / go through 빠져나가다.

「도로가 혼잡할 때 자동차로 빠져나가기가 어렵다.」

09. 부가의문문은 상대방의 동의를 구하거나 확인하는 의도로 사용하는 방법이다. 주어 + 조동사~, 조동사 + not + 주어 You've로 시작했으므로 ③ haven't you가 옳다.

「A : 지금 출발해야 돼.
B : 전등 껐지? 그렇지?」

10. ③ I was used to ⇒ I used to (~하곤 했다.)

11. ① He <u>had finished writing</u> the paper by the time she came back.
③ I have read <u>the first two</u> chapters.
④ Never <u>did I dream</u> that I would succeed in it
⑤ Butter is sold <u>by the pound</u>.

12. host 주최하다 / applicant 응시자. / preferred 우대 / apply in 제출하다

「아침라디오 토크쇼를 진행할 디제이를 찾습니다. 지원자는 내년 삼월에 그 일을 시작함으로 모든 학업을 끝내야 할 분입니다. 경험자 우대함. 남녀 가능. <u>관심 있는 분</u>은 아래 주소로 직접 응시하거나, 전화 587-4834. 모든 지원서는 11월 30까지」

① those (who are) interested.

13. interrupt 중단하다 / beat around the bush 돌려서 이야기하다. / moreover 더욱이 / Indeed 과연 / In addition 게다가 / therefore 따라서

「Tim이 축구를 시작한지는 꽤 되었다. 팀은 자기 코치에게 왜 게임을 할 기회를 주지 않는지 물었다. 로지코치는 팀이 훌륭하고, 열심히 하며, 많이 향상 되었고, 등등으로 이야기를 해준다. <u>하지만</u>, 팀은 코치를 말을 가로막으며, "돌려서 이야기 하지마세요."라고 말했다.」

14. element 요소 / diligent 근면한 / establish 창립, 정립하다. 세우다 / extremely 아주, 몹시

「사업의 세계에서 성공을 위한 가장 중요한 요소 중 하나는 타인과 갖게 되는 관계이다. 여러분이 훌륭한 학생이자, 부지런한 직원 이였을 수 있지만, 여전히 친구나 인간관계가 필요하다. 이런 것이 없으면, 직장을 찾지 못할 수도 있다. 그리고 직장을 얻은 후 좋은 인간관계를 맺지 못하면 회사에서 승진 할 수 없을지도 모른다. 좋은 친구나 인간관계가 얼마나 돈을 버느냐

에도 영향을 준다. 그래서 좋은 관계를 정립하는 것이 사업계에서 성공하려는 사람들에게 매우 중요하다.」

① 성공하기 위한 가장 중요한 요소
② 좋은 관계를 정립하는 방법
③ 더 많은 돈을 벌기위한 열쇠
④ 사업에 있어서 관계유지의 중요성
⑤ 일과 친목 사이의 관계

15. conflict 투쟁, 갈등 / conduct 행동, 행위 / permission 허가, 인가 / publish 출판하다 / investigate 조사하다, 심사하다 / effectively 유효한

「정부와 언론인 사이의 갈등은 사회에서 행하는 다른 역할에서 생겨난다. 정부는 외국정책을 수행하는 일을 한다.
(C) 효과적이기 위해, 정부 관리들은 정보가 노출되지 않기를 바라고 심지어 거짓말도 한다.
(B) 하지만, 언론인들은 조사하고 대중에게 정보를 주는 것을 그들의 역할로 보고 있다.
(A) 만일 그들이 정보를 출판하기 전에 정부허가를 받아야 한다면, 정부가 미디어에서 원하는 것만을 출판, 방송 할 수 있을 것이다.」

16. thunder 천둥 / extraordinary 대단한, 놀라운 / perform 수행하다 / deed 행위 / fable 우화 / myth 신화 / proverb 격언

「옛날엔, 사람들은 많은 여러 신들과 영혼이 세상에 존재했다고 믿었다. 전쟁, 천둥, 바다, 포도주, 사냥신들이 있었다. 해와 달도 신이었다. 신에 관해 언급하는 이야기는 이것으로 불렸다. 이것의 일부는 위대한 과업을 성취한 영웅으로 불리는 특별한 사람에 대해서 언급한다. 또 어떤 것은 신이 인간에게 행한 마술도 언급한다. 거의 모든 국가가 이것을 갖고 있지만, 그리스와 로마의 신화가 가장 유명하다.」

17. lease 임대차계약 / renew 갱신하다 / reasonable 적당한, 비싸지 않은 / tenant 세입자 / entrance 입구, 현관 / disgrace 창피하다

「아시는 것처럼, 지난 10년 동안 이 집에서 살아왔으며 임대차계약이 세 번이나 갱신되었지요. 임대료 매년 인상되었지만, 항상 지금까지 적정수준으로 올랐지요. 하지만, 100% 인상은 말도 안 되며, 그런 큰 금액을 지불할 준비가 되어있지 않습니다. 아파트 상태를 개선하기 위한 아무런 조치가 없는 가운데 큰 인상을 세입자에게 요구하는 것은 부당합니다. 실제로 입구 쪽은 지저분하고 정돈이 되어있지 않군요.」

18. photograph = be photogenic 사진이 잘나오다.

19. oxidize 산화시키다 / wastage 소모 / distinct 뚜렷한 / muscular 근육의 / investigation 연구, 조사 / contribute 기부하다, 기여하다 / contraction 수축 / endurance 인내, 감내 / impair 손상

「술은 폐기량이 거의 없이 신체 내에서 완전히 산화될 수 있기 때문에 에너지 식품으로서 분명한 가치를 가지고 있는 것처럼 보일 것이다. 그것이 근육 에너지의 근원으로서 사용될 수 있을지도 모른다. (하지만) 연구 결과에 의하면, 알콜이 근육 수축에 있어 에너지를 거의 제공해 주지 못한다는 것은 명백하다. 근소한 양을 소비했을 때라 할지라도, 사실 운동중의 근육에 미치는 술의 영향은 해로운 것이다. 이 실험들에서 근력, 근육의 타이밍, 그리고 근육의 지구력들이 아주 소량의 술에 의해서도 손상되었음이 밝혀졌다.」

20. at a standstill = 진퇴양난. deadlock, predicament, quandary, impasse, dilemma.

「A : 소설은 어떻게 되어 갑니까?
B : 별로야, 불안해
A : 진짜야?
B : 끝부분이 생각나질 않아, 제자리걸음이야.」
① 참 멋 질거야.
② 제자리걸음이야.
③ 신경 쓰지 않는다는 걸 알고 있어.
④ 신난다.
⑤ 의미를 말해 봐.

한 국 사

01. ② 02. ② 03. ① 04. ⑤ 05. ③
06. ④ 07. ② 08. ② 09. ① 10. ③
11. ③ 12. ④ 13. ④ 14. ② 15. ③
16. ⑤ 17. ② 18. ③ 19. ① 20. ①

01. 농업에서의 광작(경영형 부농), 상업에서의 도고, 광업에서의 덕대(德大)와 혈주(穴主)등 대자본을 축적한 세력이 대두되어 조선후기 사회 계층을 유발하였다.
① 경영형 부농이 생기면서 상민과 노비의 수가 줄고 매관매직에 의해 양반의 수가 증가하였다.
③ 빈부의 격차가 더욱 심해졌다.
④ 양반의 수가 증가한 것은 맞으나 권력 구조 개편에는 영향이 없었다.
⑤ 국가나 관청에 물품 납품을 독점적으로 했던 육의전상인은 다른 상인에 비해 특별한 권력을 누렸으며 더욱 번성하였다.

02. ② 신라의 영토 확장과 관련이 있는 척경비로 진흥왕은 고구려 영토인 남한강 상류 적성 지역을 점령하고 단양 적성비를 건립하였으며, 그 후 동맹국 백제를

거쳐 한강 하류 지역을 차지하고 함흥평야와 대가야를 복속하였다. 이 때 진흥왕이 이 지역들을 순시하면서 4개의 순수비를 세웠다.

03. ② 건국 준비 위원회는 여운형·안재홍을 비롯한 김병로·이인·허헌 등 우익 및 중간노선의 인물과 박헌영 계열의 좌익 세력과 장안파 공산당계의 정백 등도 참가한 좌우 합작 단체의 성격을 가지고 출발하였다.
    ③ 미군정은 조선 인민 공화국과 대한민국 임시 정부 등 한국인의 정권 기관을 전면 부정하였다.
    ④ 건국 준비 위원회는 발족한 지 20일 만에 조선 인민 공화국을 선포하고(1945. 9. 6.) 스스로 해체하였기 때문에 반탁 운동 전의 상황이다.
    ⑤ 상해 임시 정부에 대하여 비판적이었다.

04. 무신 정변 이후인 고려 후기에 대한 내용이다.
    ① 고려 후기(우왕, 1376년) 부석사 무량수전
    ② 원의 간섭기
    ③ 무신 집권기의 「동명왕편」
    ④ 최씨 무신 집권기(최우)
    ⑤ 고려 중기 천태종

05. 신라는 거대한 돌무지덧널무덤을 많이 만들었으며, 시신과 껴묻거리를 넣은 나무 덧널을 설치하고 그 위에 댓돌을 쌓은 다음 흙으로 덮었다. 무덤 구조상 벽화를 남기기 어려웠고, 천마총에서 나온 천마도도 말안장 좌우에 달았던 장니(障泥)표면에 그려진 그림으로 벽화가 아니다. 그러나 통일 직전에는 굴식 돌방무덤도 만들었다.

06. ① 교육입국조서는 1895년 2월 2일에 발표되었고 갑신정변은 1884년에 일어났다.
    ② 1895년 갑오개혁(을미개혁) 때 양력을 사용하였고, 우정국 설치는 1884년 을미개혁 때이다.
    ③ 근대적 신문을 발간한 박문국과, 새로운 화폐를 제작한 전환국, 서양식 무기를 만들던 기기창은 모두 1883년의 일들이다.
    ④ 대한제국은 광무개혁에서 근대적인 토지소유권제도라고 할 수 있는 지계(地契)를 발급하였다.
    ⑤ 홍범 14조의 내용은 청과의 절연, 종실과 외척의 정치 참여 배제 등을 골자로 하고 있으나, 입법권의 독립이나 민권의 확립은 제시되지 않았다.

07. 고려 후기 사회를 이끌어 간 권문세족은 무신 정권 시대에 형성되기 시작하였고, 원의 간섭기에 그 골격이 갖추어졌으며, 그 시기는 대체로 충렬왕 중엽 경이다. 그 뒤 충선왕은 왕의 교서를 통해 왕실과 혼인할 수 있는 재상지종(宰相

之宗)을 정하였는데, 전기 이래의 문벌 귀족 가문으로 경주 김씨, 정안 임씨, 경원 이씨, 안산 김씨, 철원 최씨, 해주 최씨, 공암 허씨, 청주 이씨, 파평 윤씨, 무신 정권 시대에 무신으로 득세한 가문으로 언양 김씨, 평강 채씨, 무신 정변 이후 능문능리의 신관인층으로 성장한 가문으로 당성 홍씨, 황려 민씨, 횡천 조씨, 대원 관계 속에서 신흥 세력으로 성장한 가문으로 평양 조씨 등으로 이들 권문세족은 합자 기구인 도평의사사를 통해 정치권을 장악하였으며, 경제적으로는 농장 경영을 통해 대토지 지배를 함으로써 경제적 기반을 높일 수 있었다.

08. 갑신정변(1884) : 최초의 근대화 운동, 입헌군주제 시도, 문벌타파, 인민평등권확립, 위로부터의 개혁이다.

   ① 청의 영향력 반대, 종주권 부인
   ③ 신분제 타파 실패
   ④ 일본과 협조, 일본의 지원 약속
   ⑤ 청의 군사적 개입으로 실패

09. ㉮ 1919년에 처음 발생한 이후 1930년 이후 항일운동의 성격을 띠었다.
    ㉯ 신민회는 1907년에 결성되었다.
    ㉰ 물산장려 1922년에 평양을 중심으로 조만식 등이 조직하였다.
    ㉱ 민립대학 설립운동은 1922년에 이상재 등이 조직하였다.
    ㉲ 회사령은 1910년에 발표 되었다.
    ㉳ 민족주의계와 사회주의계가 합작하여 합법적 항일민족 통일전선을 조직 이상재 등이 1927년에 신간회를 결성하였다.

10. ㉮ 광종의 개혁 내용이고, ㉯ 성종 때 최승로의 개혁안으로 모두 중앙집권 강화와 관련이 있다.

11. 그림의 유물은 청동기시대의 것들이다.
    ① 계급사회
    ② 신석기시대
    ④, ⑤는 철기시대

12. ④ 농기구 등 일반 생활도구는 석기가 쓰였다.

13. 연맹왕국의 성장
    ㉠ 사회의 기층조직이 해체되고 친족공동체사회가 성립되었다.
    ㉡ 철기문화에 기반을 둔 새로운 연맹왕국이 나타나기 시작하였다.
    ㉢ 철제 농기구의 사용으로 생산력이 확대되었고, 한족의 중국문화가 유입되었다.
    ㉣ 연맹왕국의 사회는 계급사회·사유재산제·지연사회·제정분리가 이루어졌으며 초보적이나마 전제군주제의 출현이 시작되었다.
    ㉤ 왕 아래에는 대가(상가·고추가·대로·패자)가 존재하여 행정구역인 사출도를 따로이 다스렸다.
    ㉥ 제가들은 조의·사자·선인 등의 관

리를 거느리고 독립적인 세력을 유지하였다.

14. 위만조선의 진과 한의 무역방해로 인하여 한 무제의 침입을 받아 B.C 108년에 멸망에 이른다.

15. 고려 시대의 양민에는 백정 농민과 특수집단민(향·소·부곡)이 포함되었으며, 천민의 대다수는 노비였고, 화척, 재인 등이 포함 되었다.

16. 우리의 고대문화는 선사시대부터 통일신라 때까지 일본에 문화를 전파하여 일본 고대문화를 발전시켰다. 일본의 에도막부시대는 1603~1867년으로 고려시대와는 관계가 없다.

17. ③ 고구려의 평양천도는 427년 장수왕의 업적이다.

18. 양명학은 교조화·형식화된 성리학에 대한 비판으로 등장 했으며, 지행합일설, 실천 중시하였다. 주로 경기도 지역을 중심으로 소론과 , 국학자에 영향을 미쳤다.

19. 조광조의 개혁정치
　㉠ 현량과 실시 : 사림을 등용하고 훈구 세력을 제거하려 하였다.
　㉡ 소격서 폐지 : 불교와 도교에 관련된 종교행사를 폐지하였다.
　㉢ 향약 시행 : 향촌자치와 성리학적 윤리의 강화를 위해 시행되었다.
　㉣ 균전론 : 토지소유의 조정을 시도하였다.
　㉤ 공납제도의 폐단을 시정하였다.

20. ② 상피제도 적용된 것으로 본다.
　③ 신분이 엄격한 사회였다.
　④ 수도를 6구역으로 편제하였다.
　⑤ 고구려는 수도지방 각각 5부임. 5방은 백제 지방제도를 말한다.

정답해설 — 제6회

국어

```
01. ③  02. ②  03. ⑤  04. ④  05. ①
06. ①  07. ③  08. ③  09. ②  10. ⑤
11. ④  12. ②  13. ④  14. ①  15. ②
16. ①  17. ③  18. ③  19. ③  20. ②
```

01. ③ 물 한병

02. 인생을 꽃에 빗대어 인생무상을 표현하였다.
<한시 해석>
꽃이 어젯밤 비에 피더니,
그 꽃이 오늘 아침 바람에 떨어지는구나.
가련하도다. 하나의 봄 일이
비바람 가운데 왔다가는구나.

03. 문학적인 글은 표현을 목적으로 하는 글이고 설명문이나 논설문은 전달을 목적으로 하는 글에 해당한다.

⑤는 시나 수필 등의 제재가 될 수 있는 글로 표현을 목적으로 하는 글에 해당한다.

04. 필자의 주장에 반론을 제기할 때는 거기에 합당한 논거를 뒷받침할 만한 주장을 제시하여야 설득력이 있다.

05. 보고문은 객관성, 간략성, 정확성을 갖춰야 한다.

06. 서술자인 '나'가 어머니를 관찰하는 '1인칭 관찰자시점'이다.

07. 孝之始也(효지시야) : 효도의 시작

① 견위수명 : 나라가 위태로울 때 목숨을 아끼지 않고 나라를 위하여 힘을 다한다는 뜻으로 같은 말로는 견위치명(見危致命)이 있다.

② 천석고황 : 고황이란 좀처럼 고치기 어려운 병으로서 자연을 사랑함이 결국 고황이 되어 버렸다는 뜻이다.

③ 풍수지탄 : 부모가 살아계실 때 효도를 하지 못했음을 뒤늦게 탄식한다.

④ 수어지교 : 잠시도 떨어져 살 수 없는 매우 친하게 지내는 사이를 말한다. 같은 의미의 수어지친(水魚之親)도 있다.

⑤ 청출어람 : 제자가 스승보다 더 뛰어남을 일컫는다.

<원문 연구>
孔子謂曾子曰, 身體髮膚는 受之父母니 不敢毁傷 孝之始也요.
立身行道하여 揚名於後世하여 以顯父母가 孝之終也니라.
공자가 증자께 일러 말하길, 몸과 형체와 머리털과 살은 부모로부터 받은 것이니라. (그러므로) 감히 헐게 하여 상하지 아니하게 함이 효도의 시작이고, 몸을 세워(출세하여) 도를 행하고 이름을 후세에까지 드날리어 (그러함으로써) 부모의 이름을 세상에 드러나게 함이 효도의 끝이니라.   -논어-

08. 김소월의 '길'은 일제하의 민중들의 생활상을 제재로 하여 유랑인의 비애와 정한을 노래하그 있다. 그러므로 민족적 저항 의지와는 거리가 멀다.

09. 김수영의 '풀'은 풀과 바람의 대립 구조로 짜여 있는테, 시인은 역사의 흐름 속에서 마치 잡초처럼 질긴 생명력을 지속해 온 민초(民草)들의 삶을 노래하고 있다. 이 시에서 바람은 시련과 고난 또는 갈등 요소로 작용한다.

10. ① 알현
    ② 유세
    ③ 질곡
    ④ 간주

11. ④ 들국화는 가을에 피는 꽃이고 나머지 꽃은 봄 또는 여름에 꽃이 핀다.

12. 나는 대한민국의 공무원이다. 그러므로 나는 ~해야 한다는 앞 뒤 관계가 원인과 결과의 관계가 된다.

13. 사람의 의식이 사람마다 다르고 시대마다 다르기 때문에 한 작품의 구조 자체는 변함이 없지만 파악되는 내용은 변하게 마련이므로 문학은 변하는 구조, 따라서 움직이는 구조라 할 수 있다.

14. 아전인수는 '자기 논에 물 대기'의 뜻으로 무슨 일을 자기에게 이로운 대로만 함을 이르는 말이다.

15. 퇴고(推敲)는 초고를 다듬고 고치는 정리작업을 말한다.

16. 관형어, 부사어는 부속성분에, 독립어는 독립성분에 속한다.

17. ③ 훤당은 살아계신 남의 어머니를 일컫는 말이다.

18. 전체와 부분의 유기적 관계이다.

19. ③ '옥중화'는 이해조의 작품이다.

20. '하도다'는 과거형이다.

제 6회 정답 및 해설

영 어

```
01. ②  02. ②  03. ⑤  04. ②  05. ④
06. ③  07. ②  08. ⑤  09. ③  10. ③
11. ④  12. ④  13. ⑤  14. ①  15. ④
16. ③  17. ①  18. ⑤  19. ①  20. ②
```

01. arbitrary 임의의 / ambiguous 애매한 / complicate 복잡한 / suitable 적합한

「그의 애매한 방향에 대한 그릇된 판단은 우리를 오도했다. 두 길 중에서 어느 쪽을 택해야 할지 몰랐다.」

02. acknowledge 인정하다, 고맙게 여기다 / promptly 신속하게, 즉석에서

「깜짝 선물은 언제나 고맙다.」
② 감사를 표하다.

03. demand 요구하다 / invade 침략하다 / offend 위반하다, 화나게 하다.

「만일 당신이 반복하여 법을 위반한다면 처벌을 받게 될 것이다.」

04. intimidation 위협(= threat, menace) / heed 주의하다 / perturbation 동요 (= agitation) / make nothing of 무시하다 / pay attention to 주의하다 / get rid of 제거하다 / fright 공포 / take charge of 감당하다 / intolerance 냉혹 / take notice of 주목하다./ heed 주의 조심

「그들은 정치적 합의는 살인과 위협을 통해서 결코 실현될 수 없다는 걸 알았다. 우리 국민사이에서 정당하고 지속적인 평화를 보려는 압도적인 욕망에 주의를 기울여야한다.」

05. make light of 경시하다(= despise = ignore)/ accomplish 해내다. 성취하다 / public 공적인, 공공의 / praise 칭찬하다 / imitate 모방하다, 흉내를 내다

06. political analyst 정치 분석가 / seriously 진지하게 / on the wane 줄어드는(= dwindle) / stabilize 안정시키다 / old-fashioned 구식의

07. faint 기절하다 / frozen 얼다 / come to oneself 의식을 회복하다 / be frozen to 얼다.

「• 그는 기절했고 의식을 회복하는 데 30분이 걸렸다.
• 나는 뼈 속까지 얼었다.」

08. note 짧은 편지 / phone 전화하다 / signature 서명 / suspect 의심하다
E, A, T는 Edgar Allen Tayor의 약어로 동생 Bob가 이해한 것은 먹으라는 의미로 이해했다.

「Edgar Allen Taylor는 초콜릿 한 상자를 들고 여자 친구 집에 갔었지만 그녀는 집에 없었다. 그는 박스 위에 서명을 써서 두고 갔다. 다음날 초콜릿이

괜찮았는지 알아보기 위해 여자 친구에게 전화를 했다. 그녀는 초콜릿을 본 적이 없었기 때문에 아니라고 대답했다. 그녀는 어린 남동생 Bob을 의심했고 Bob에게 물어보았을 때, Bob 말하길, "내가 학교에서 집에 왔을 때 E, A, T(먹어) 라고 적힌 쪽지가 있는 초콜릿 상자를 보았죠. 그래서 내가 그의 말대로 먹었지."」

09. household belonging 가재도구

「새 가구를 사기 위해 집 안의 오래된 가재도구들을 모두 서둘러 버렸다.」

단수 취급하는 집합명사 : furniture, clothing, merchandise, luggage
㉠ 수 : a piece of furniture
㉡ 양 : (little, some, much) furniture.

10. accountant 회계사 / come by 들르다 / income tax 소득세 / look over 조사하다 / qualified 자격이 있는 / require 요구하다 / specialist 전문가 / tax law 세법

「사무실은 오후 5시 이후에는 문을 닫습니다. 만약 당신의 소득세 양식을 검토해 줄 회계사가 필요하다면, 화요일과 목요일 오후 3시~5시 사이에 사무실에 들르십시오. 세법에 자격을 갖춘 우리 전문가가 기꺼이 당신과 함께 할 것입니다.」

11. ④ hardly get

12. humanitarian 인도주의적인 / profit 이익 / non-profit 비영리 / principle 원리, 원칙 / consider ~을 참작하다 / poverty 빈곤, 가난 / obligation 의무 / incentive 자극, 격려금 / obstacle 장애

「AMDA는 인도주의적이며 비영리 단체이다. 이 기구의 임무는 아시아의 가난한자들의 건강과 복지를 향상하는 것이다. 이런 원칙들은 그 기관의 슬로건인 "보다 나은 미래를 위한 보다 좋은 삶의 질"에서 나타난다. AMDA는 가난한 사람들의 삶의 질을 향상하는데 세 가지 장애를 고려하고 있다; 전쟁, 자연재앙, 빈곤. 그래서 이 기구의 프로젝트는 이 장애를 극복하려고 추구하고 있다.」

13. bliss 행복 / delay 지연 / devotion 헌신 / frustrated 좌절한 / global 세계적인 / ignorance 무지 / impatient 조급한, 참을성 없는 / issue 논쟁, 이슈 / lifetime 평생 / seemingly 겉으로 보기에 / wear away 닳아지다

「때때로 당신 주위의 세상을 변화시키는 것은 평생이 걸릴지도 모른다. 당신이 젊었을 때, 자연으로 발생되는 외관상 어리석은 문제들에 대해 참을성 없고 그로 인해 절망적으로 느끼기 쉽다. 그러나 당신이 젊었을 때 지역적이나 세계적인 논점들을 인식하면, 세상을 더 좋은 곳으로 만들려는 당신의 헌신

은 계속될 것이다. 그리고 당신이 50년이 지난 후에 무엇을 성취할지 누가 알겠는가?」

① 빨리 올수록 대접이 좋다.
② 행동보다 말이 쉽다.
③ 무소식이 희소식이다.
④ 무지가 축복이다.
⑤ 물이 바위를 뚫는다.

14. slightly 약간 / depend ~에 좌우되다 / regional 지역적인 / considered 충분히 고려된 / suitable 적당한, 충분한 / revolution 혁신 / take place 발생하다.

「남성복은 단지 어디서 근무하느냐에 따라 약간만 그리고 좁은 범위 내에서 변화할 것이다. 확실히 어떤 것이 적합한 옷인지는 지역적인 차이가 있다. 가장 큰 혁신이 일어난 것은 레저와 스포츠 의상에 있어서이다. 지난해 판매된 스포츠 코트의 수는 천이백오십만에서 천삼백사십만으로 증가했다. 이제 여성패션의 변화를 살펴보자.」

15. short-term 단기간 / extremely 아주, 몹시 / divert 전환하다 / permanent 불변의 / obvious 명백한 / limit to ~에 국한하는

「우리는 또 다른 기억시스템을 가지고 있는데, 그것은 장기간기억이라 불린다.」

「우리는 두 개의 다른 기억 형태를 갖고 있다. 하나는 단기간에 걸쳐서 사물을 기억하기 위한 것이다.
(1) 예를 들어, 우리 문장끝 부분을 들을 때까지 처음부분을 기억한다.
(2) 이런 기억형태는 단기기억이라 불린다, 왜냐하면 우리 단기간동안만 기억하고 싶은 것을 위해 그것을 사용하기 때문이다.
(3) 이와 같은 식으로 동시에 우리의 기억할 수 있는 사물의 수는 극히 적고, 그것들은 우리의 집중력이 흩어지면 빨리 잊어버린다.
(4) 이것은 학습의 영구적인 저장이다.
(5) 이런 장기기억체계에 저장될 수 있는 양에는 분명한 한계가 없지만 기억된 항목을 찾아내기가 가끔은 어렵다.」

16. ladder 사다리 / acceptance 수용, 받아들임 / associate 연상하다 / attitude 태도 / previously 전에는, 본래는 / ban 금지하다 / probably 아마, 대개는 / popular 대중적인 / decade 수년간

「바지가 사회적 사다리를 오르는 즉, 사회적으로 수용되기까지는 수년의 세월이 걸렸다. 바지는 처음엔 작업복으로 입었는데 그래서 항상 노동자와 연상이 되었다. 1980년대에 태도가 바뀌었는데, 그때 바지가 결국 수용되었다. ③ Jean이라는 말은 최초로 만들어진 이태리의 한 도시인 Genoa에서 유래되었다. 바지는 이전에는 금지되었던

가령 멋진 리스토랑 같은 장소를 포함해서 어떤 곳에서도 입을 수 있었다. 오늘날 바지는 미국에서 삶의 상징이 되었고, 앞으로도 수십 년 동안 인기가 있을 것이다.」

17. too ~ to = so ~ that ~ cannot : ~해서 ~할 수 없다
    not too ~ to = not so ~ that ~ cannot (may not) : ~할 수 없을 정도로 ~하지 않다.
    No one so old that he may not learn
    = No one so old but he may learn.

18. astonishing 놀라운 / arise 생겨나다 / accord 일치, 조화 / magician 마술사 / duty 의무 / wonder 불가사의, 경이, 놀라움

    「2천년 이상 전에 살았던 한 그리스 철학자는 철학은 인간의 경이감에 그 기원을 찾아볼 수 있다고 믿었다. 인간은 살아있다는 것이 너무 놀랍다고 생각해 철학적 질문은 스스로 생겨났다. 그것은 마술을 보는 것과 같다. 우리 마술이 어떻게 이루어지는 알 수 없다. 그래서 우리 이렇게 자문 한다 ; 어떻게 마술사가 흰 실크스카프를 토끼로 바꾸는가? 많은 사람들은 한 마술사가 갑자기 모자에서 토끼를 끄집어 낼 때 느끼는 것과 같은 놀라움을 안고 이 세상을 경험하는 것이다.」

19. mechanic 기술자 / plumber 배관공 / social worker 사회복지사

    「A : 고등학교 졸업 후에 어떤 직업을 갖길 원하니?
    B : 글쎄요. 나는 사무직 보다는 기계를 수리하거나 만드는 것에 흥미가 있어요
    A ; 마음에 둔 직업이 있는 거니?
    B : 예, 기계공을 생각하고 있어요.」

20. stand up 바람을 맞히다.
    「(A) 왜 그녀가 기분이 우울해?
    (B) 글쎄, 그녀가 바람맞은 것 같아.」

    ① 그녀는 무보수로 일을 했다.
    ③ 그녀에게 거짓을 이야기 했다.
    ④ 그녀에게 수작을 부렸다.
    ⑤ 그녀를 서 있게 했다.

한 국 사

01. ④ 02. ③ 03. ② 04. ① 05. ①
06. ② 07. ① 08. ③ 09. ③ 10. ④
11. ⑤ 12. ④ 13. ① 14. ⑤ 15. ④
16. ④ 17. ② 18. ② 19. ④ 20. ①

01. 신라인은 골품제도에 얽매여 보수적인 경향이 흘렀고, 당의 이간책으로 발해와 신라는 늘 대립관계에 놓여 있었다.

02. ③ 왕오천축국전은 혜초가 인도와 서역 지방을 순례하면서 쓴 기행문으로, 신

제 6회 정답 및 해설

라 불교의 교단을 조직·정비하는 것과는 관련이 없다.

03. 조선 후기 전황 : 조선후기 화폐유통이 활발해 지면서 화폐의 발행량이 상당히 늘어났는데도, 시장에서 제대로 유통되지 않아 시중에서 동전 부족 사태가 발생하였다. 이는 지주나 대상인들이 화폐를 고리대나 재산 축적에 이용하였기 때문이었다.

04. 제시된 내용은 고려 후기 친원 세력인 권문세족에 관한 내용이다.

② 무신정변 이후 만적의 난 등이 전개되었다.
③ 조선 세종에 관한 내용으로 중앙 집권 체제를 원만히 운영하기 위해 왕권과 신권의 조화에 노력하면서 위민(爲民) 정치를 추진하였다.
④ 권문세족 집권기인 원 간섭기에는 쌍성총관부, 동녕부, 탐라총관부의 설치로 영토가 축소되었으나 고려 전반적으로 북진 정책의 이념 아래 영토 확장을 추진하였다.
⑤ 권문세족은 기득권 세력으로 개혁을 주장하는 신흥사대부와 대립하였다.

05. ① 농민은 민전이라는 개인 소유의 토지를 가지고 있었다.
② 한인전은 하급 관리(6품 이하)의 자제로 관직에 오르지 못한 자에게 지급하였다.
③ 구분전은 자식이 없는 하급 관리나 군인 유가족에게 지급하였다.
④ 5품 이상의 귀족 자제는 음서를 통하여 관직에 나갈 수 있으며, 5품 이상의 귀족에게 지급한 공음전도 세습이 가능하였다.
⑤ 직산관(현직, 퇴직)에게 나누어 지급하고 세습이 불가능한 것은 과전법 체제이다.

06. ( )에 들어갈 것은 직전법이다. 세조는 과전법 실시 이후 관리들에게 지급할 토지의 부족현상을 해결하기 위해 세조는 현직관료에게만 과전을 지급하는 직전법을 실시하였다.

07. 주어진 사실들을 왕권이 강화되어 중앙집권국가가 형성되는 과정에서 나타난 사실들로 발해의 연호사용은 대외적으로는 중국과 대등한 지위를 강조한 것이고, 대내적으로는 왕권이 강대함을 나타내는 것이다.

08. ㉠ 1904년 한일의정서의 체결로 "한국 정부는 일본의 승인 없이 제3국과 협정을 맺지 못한다."라고 규정 하므로써 조·러조약을 무효화시켰다.
㉡ 을사조약(제2차 한일협약) 체결 후 일본의 침략을 규탄하고 조약의 파기를 주장하는 운동이 전국적으로 일어났는데, 장지연은 황성신문을 통해서 "시일야 방성대곡(是日也 放聲大哭)"이라는 비분의 글을 썼다.

09. 산미증식계획은 일제가 1920년도부터

15년 계획으로 추진한 사업으로 한반도의 식량수탈정책이었다.

10. 기유각서는 일제가 1909년 항일의병과 대일항쟁을 탄압하면서 사법권을 빼앗은 것이며, 국채보상운동은 1907년 일본으로부터의 차관을 갚기 위한 거족적인 민족경제자립운동이다.

11. 고려 후기의 신진 사대부는 중소 지주인 향리 출신이 많았으며, 학문적 실력을 바탕으로 과거를 통하여 중앙 정계에 진출한 학자적 관료층이었다. 이들은 성리학에서 사회적인 갈등을 극복할 수 있는 보편적인 원리와 자신들의 정치적 행위에 대한 명분을 얻었으며 요동을 정벌하라는 최영의 명령을 무시한 이성계가 '위화도 회군'을 실시하여 최영을 제거하고 정권의 실세가 된 이후에는, 사실상 고려의 중앙 정계를 장악하게 된다.

⑤ 음서제도는 고려 시대 때 5품 이상 관리의 자제들이 과거를 통하지 않고 관리로 채용하던 제도로 귀족 중심의 문벌사회를 말하므로 신진사대부와는 거리가 멀다

12. ④ 고려의 공음전은 5품 이상의 고관에게 지급된 세습토지로서 문벌귀족들의 경제적 기반이 되었다.

13. ② 연등회는 불교행사로 음력 정월 보름에 전국적으로 실시되었다.

③ 팔관회는 개경과 서경에서만 개최되었다.
④ 민간 제례는 토착신앙과 불교의식이 결합되어 행해졌다.
⑤ 고려 후기부터 주문공가례가 실시되었다.

14. 제시된 글은 조계종에 대한 설명이다.
①, ③, ⑤ 천태종 ④ 최씨 정권의 후원을 받았다.

15. ㉮ 호족은 사병을 보유하여 그 지방의 행정권과 군사권을 장악하고 경제력을 행사하여 기성 정치 질서에 반발한 세력으로 선정을 신봉하였으며, 사회 변혁을 희망하던 6두품 지식인과 함께 새로운 고려 사회 건설의 사상적 바탕을 마련해 주었다.
㉯ 신진 사대부 세력은 지방의 중소 지주 출신이거나 향리 자제들로 구질서와 권문세족의 횡포를 비판하고 성리학을 사상적 토대로 조선을 개창하였다.
㉮, ㉯ 두 세력 모두 지방에 경제적 기반을 두고, 새로운 사상을 수용하고 새 왕조 가창에 앞장섰다.

16. ④ 고려의 어사대와 조선의 사헌부는 다 같이 감찰기능을 담당하였다.
① 고려 상서성 - 중앙관청
   조선 춘추관 - 시정을 기록
② 고려 삼사 - 전곡 출납과 회계를 관장
   조선 의금부 - 사법 기관

③ 고려 중추원 – 왕명 출납·궁궐·숙위·군국기무를 관장
조선 홍문관 – 궁궐의 경서 ·사적 관리
⑤ 고려 중서문하성 – 최고 중앙정치기구
조선 예문관 – 임금의 말이나 명령에 관한 일을 관장

17. ② 초기 임시정부의 독립운동 노선은 외교독립론이었다.

18. 개혁은 기존 세력의 반발이나 외부의 간섭이 실패의 원인이 되기도 하였으나 근본적인 원인 개혁 추진 세력인 신진 사대부, 사림파, 개화당의 힘이 미약하였기 때문이다.

19. 신라에 의한 삼국통일은 고구려의 옛 영토인 요하지역과 장백산맥 이북을 상실함으로써 불완전한 통일을 이룩하였다.

20. 승정원과 의금부 : 조선 시대 왕권 강화 역할을 담당하는 기구로 승정원은 왕의 비서 기구로 왕명출납의 역할을 하였고 의금부는 왕의 특명에 의해 큰 죄인을 다스리는 역할을 하였다. 광종이 즉위할 무렵에는 왕위 계승 다툼이 일어나는 등 왕권이 불안정하였다. 이에 광종은 노비안검법, 과거 제도, 공복 제도, 칭제 건원 등 왕권 강화 정책을 추진하여 공신과 호족 세력을 견제하였다. 특히 노비안검법의 실시로 이전에 불법적으로 노비가 된 자는 다시 양인으로 복귀되었으며, 노비를 소유하던 호족들의 세력은 약화되고 국가 수입 기반도 확대되었다.

정답해설 제7회

국 어

```
01. ②  02. ③  03. ⑤  04. ④  05. ③
06. ②  07. ①  08. ①  09. ①  10. ⑤
11. ①  12. ⑤  13. ②  14. ①  15. ⑤
16. ②  17. ①  18. ③  19. ②  20. ③
```

01. ( ) 안의 의미는 앞·뒤 문장을 고려해 볼 때 어렵거나 불가능한 일을 나타낸다.
　① 고장난명(孤掌難鳴) : 손바닥 하나로는 소리를 내기 어렵다(혼자서는 일이 잘되지 않고 협동 단결이 필요함).
　② 백년하청(百年河淸) : 중국 황하의 물이 푸르게 되기를 아무리 기다려 봐도 그 뜻을 이룰 수 없다는 데서 나온 말 (어렵거나 불가능할 때)
　③ 중과부적(衆寡不敵) : 많은 수를 적은 수가 대적할 수 없음(힘이 부침).
　④ 주마가편(走馬加鞭) : 달리는 말에 채찍을 가한다(더 잘 되어가도록 부추기거나 몰아침).
　⑤ 칠종칠금(七縱七擒) : 일곱 번 잡았다가 일곱 번 풀어준다는 뜻으로, 상대를 마음대로 다룸을 비유하거나 인내를 가지고 상대가 숙여 들어오기를 기다린다는 말이다.

02. ①, ②, ④, ⑤는 모두 소쩍새를 의미한다.

03. 수필은 '붓 가는 대로 쓰는 글', 곧 형식이나 내용의 제한이 없이 마음의 여유를 가지고 인성과 사물에 대한 느낌과 사색을 비교적 자유로운 형식으로 쓰는 글이기 때문에 독자와의 교감을 가장 중시한다.

04. 사회적 원인에 의한 의미변화
　㉠ 의미확대 : 단어의 의미영역이 넓어짐으로써 외연적 의미가 증가하는 것 [예] 왕(원 뜻 → 왕정의 최고 책임자, 확대 → 제1인자·크다)]
　㉡ 의미축소 : 단어가 가지고 있던 내포가 풍부해지면서 외연이 좁아지는 것 [예] 계집(원 뜻 → 여성을 지칭, 축소 → 여성의 낮춤말로만 쓰임)]

05. 정완영의 '조국'이란 시의 일부로 이

부분에서는 가얏고에 담긴 민족의 정한을 이야기하고 있다.

06. 민담
ㄱ. 옛날이야기로서, 입에서 입으로 전해지는 이야기이다.
ㄴ. 흥미 위주의 비현실적인 성격을 강하게 띠며, 신화나 전설과 함께 설화의 하위 갈래에 속한다.
ㄷ. 전설이 구체적인 증거물을 필요로 하고 현실적인 공간을 설정하는 것과 달리 민담은 뚜렷한 시간과 장소가 설정되어 있지 않으며 아무런 증거물이 없다.
ㄹ. 주인공도 평범하며 많은 어려움에 부딪치지만 이를 이겨 내고 행복한 결말을 맺는다.

07. ㄱ. 사라다는 일본어로 샐러드로 표기해야 한다.

08. 단어의 하의(下義) 관계 : 두 개의 단어 중 한 단어의 의미가 다른 단어의 의미에 포함되는 관계를 말한다. 포함되는 단어를 하의어라고 하며, 포함하는 단어를 상의어라고 한다.

09. 민간어원 : 언어학에 바탕을 두지 않고 음운적 유사성을 바탕으로 억지로 짜 맞춰 만들어낸 것이기 때문에 어원을 잘못 해석하여 어원에 혼란을 일으키게 하기 때문에 경계해야 된다.

10. 사탕을 한 가지만 골라야 하는 '나' 자신과의 내적 갈등이 잘 나타나 있다.

11. 조선 후기는 양난을 겪으면서 지배질서가 흔들리고, 신분질서가 와해되고, 경제의 발전에 따라 평민의식이 성장함으로써 중세적 질서가 붕괴되고 근대적인 맹아들이 싹트는 중세 해체기였다. 이러한 사회변동의 일면으로서 개인의 체험이나 그 역사적 사실을 기록하는 기록문학이 조선 후기에 크게 발달하였다.

12. ① 두 개 이상의 사물을 열거하는 '등'은 의존명사로 띄어 쓴다.
② 용언의 관형사형 뒤에서 경과한 시간을 나타내는 '지'는 의존명사로 띄어 쓴다.
③ '부터'는 독립성이 없는 조사이므로 붙여 쓴다.
④ '같이'가 '처럼'의 뜻을 가지면 조사이므로 붙여 쓴다.

13. 주어진 예문에서의 ㉮의 뜻은 '고정되다'로 쓰였다.
① 단단해지다.
② 고정되다.
③ 얼굴의 표정이 뻣뻣해지다.
④ 오그라들어 빳빳해지다.
⑤ 생각하는 능력이 약해지다.

14. 좋은 글의 요건은 적확(的確)한 어휘로써 쓰는 이의 동기에 맞도록 표현하고 전달되는 글이라 하겠다.

15. 구조적 중의성 : 한 문장이 두 가지 의미로 해석되는 경우이다.

   ⓔ 초대한 10명 모두 오지 않았다는 뜻인지 10명 중 5명밖에 오지 않았다는 것인지 둘로 해석된다.

16. 「발 없는 말이 천리를 가니 남의 단점을 말하지 말며 자기의 장점을 자랑하지 말라」

   허사 「無」는 금지 보조사로 쓰일 때는 '없다' 란 의미이다.

17. 비평의 형태
   ㉠ 객관적 비평
      ⓐ 재단비평 : 이미 정해진 원리에 작품을 비추어 가치판단을 내리는 연역적인 과학연구방법을 적용한 비평을 말한다.
      ⓑ 귀납적 비평 : 작품에 있는 그대로의 모습을 관찰·해석하려는 귀납적인 과학연구방법을 적용한 비평을 말한다.
      ⓒ 과학적 비평 : 역사적·사회적인 외적 조건에 비추어 작품을 설명하려는 비평을 말한다.
      ⓓ 분석적 비평 : 작품을 구성하고 있는 언어의 성질과 조건을 세밀히 분석함으로써 작품의 의미와 가치를 찾고자 하는 비평을 말한다.
   ㉡ 주관적 비평
      ⓐ 인상비평 : 자신의 객관적인 기준 없이 작품에서 받은 인상이나 감명을 적는 것으로 주관적인 음미·감상을 분석하고 종합하는 비평을 말한다.
      ⓑ 감상비평 : 작품이 지닌 아름다움을 찾아 향수하려는 비평을 말한다.
      ⓒ 창조비평 : 작품에 대한 재창조를 목적으로 하는 비평을 말한다.
      ⓓ 심미비평 : 작품이 주는 쾌감의 성질 및 효과를 식별하여 음미하려는 비평을 말한다.

18. ② ㉠ 天命(천명) : 하늘의 명령, 천자의 명령
      ㉡ 闡命(천명) : 분명하게 드러냄 → 闡(밝힐 천)
    ③ 成績(성적) : 일의 결과 → 積(쌓을 적), 績(길쌈할 적)
    ④ 諧謔(해학) : 익살, 유머 → 諧(희롱할 해), 謔(희롱할 학)
    ⑤ 卑下(비하) : 지위가 낮음, 자기 자신을 낮춤

19. ① 단어의 사용이 잘못된 비문법적 문장(전혀 → 오직)
    ③ 실용성 없는 상투어는 참신함이 없기 때문에 알맞게 고쳐야 한다.
    ④ 높임법이 잘못된 비문법적 문장(계시므로 → 있으시므로)
    ⑤ 불필요한 단어가 삽입된 문장(요즘 수학여행은 보통 삼박 사일 코스다.)

제 7회 정답 및 해설

20. ③은 '기재 사항의 정정'을 '기재 사항을 정정하거나'로 바꾸어야 한다.

영 어

01. ③	02. ①	03. ②	04. ③	05. ①
06. ③	07. ⑤	08. ③	09. ④	10. ③
11. ②	12. ⑤	13. ②	14. ②	15. ③
16. ④	17. ④	18. ②	19. ③	20. ③

01. passionate 열정적인 / enthusiastic 열광적인 / skeptical 회의적인 / credulous 잘 속아 넘어가는 / optimistic 낙천적인

「대부분 사람들은 일이 잘 될 거라고 믿고 있지만, 일부 사람은 실제로 아직도 회의적이다.」

02. confused 당황한 / delivery 분만 / faint 기절하다 / confuse 당황하게 하다 / give birth to 낳다 / nickname 별명을 붙이다 / maternal grandmother 외할머니

「3월 12일 오전 6시 32분에 당신들은 몸무게가 8파운드 7온스인 예쁜 여자 아기의 삼촌과 고모가 되었습니다. 분만이 너무 빨리 이루어져서 우리는 분만실까지 가지도 못하고, 나는 엘리베이터 속에서 그 아기를 낳았습니다. 우리는 아기에게 "Speedy"라는 별명을 붙여주었습니다. 나는 그 의사가 너무 당황해서 기절하지 않나 생각했었습니다. 그 아기의 정식 이름은 나의 외할머니 이름을 따서 Mary Sharon이라고 지었습니다. 가능한 한 빨리 아기를 보러오기 바랍니다. 나는 아기가 Pauline고모와 Sam삼촌을 만나보기를 바라고 있습니다.」

03. tragedy 비극 / ascribe(attribute, impute) A to B : A를 B 탓으로 돌리다. / fate 운명 / justify 정당화하다 / unavoidable 피할 수 없는 / irrelevant 관련 없는 / poignant 가슴 아픈 / tenacious 강인한

「그녀는 비극이 피할 수 없는 것으로 생각했기에, 그녀는 그 원인을 운명 탓으로 돌렸다.」

04. participate 참가하다 / property 재산, 특성 / aspect 외모 / asset 재산. 자산 / ingredient 구성 성분

「미인대회에 참가하는 젊은 여성은 구시대의 여성관을 소생시키는데 일조를 하고 있다 : 여성의 가장 중요한 자산은 외모라는 것 이다.」

05. alternative 대안 / character 인격 / distinction 구분 / in harmony 조화를 이루는 / opposite 반대되는 / parallel 평행한 / reputation 평판, 명성 / frequently 종종, 때때로 / temporary

일시적인 / opposite 정반대의 / trivial 대단치 않은

「인격과 평판 사이에는 종종 큰 차이가 있다. 평판이라고 하는 것은 세상 사람들이 당분간 우리의 현 상태를 믿어 주는 것이고, 인격이란 진정한 우리의 모습인 것이다. 인격과 평판은 조화를 이룰 수도 있지만, 그것들은 자주 빛과 어둠만큼이나 상반된다.」

06. empty 비어 있는 / cushion 쿠션, 방석 / purse 돈지갑

「내 지갑을 들여다보니 비어 있었다. 나는 오래 전에 은행계좌의 돈이 떨어졌다는 것을 알고 있었다. 의자 위의 방석을 들춰보기도 했지만 한 푼도 남아 있지 않았다. 어떻게 이번 달 청구서들을 지불한단 말인가?」

07. retail 소매 / describe 설명, 묘사 / publisher 출판업자 / wholesaler 도매업자 / retailer 소매상인 / sales clerk 남자 점원

「우편주문회사는 우편으로 고객에게 직접 물건을 파는 소매사업이다. 우편주문회사는 상품에 대한 사진과 설명이 실려 있는 매력적인 목록을 만든다. 고객은 그 목록을 보고 상품을 주문한다. 우편주문회사로 보아서는 그 목록은 판매원을 대신한다고 할 수 있다.」

08. urgent 긴급한, 절박한 / repair 수리

need, want + 능동형동명사 = 수동의 의미.
need to be repaired = need repairing

「A : 어제 무엇을 했니?
 B : 대부분의 시간을 긴박하게 보냈어. 지붕을 고치는 것이 시급했거든.」

09. prefer A to B : B보다 A를 더 좋아하다.

「A : 미국식당에서 제공되는 중국음식을 좋아하세요?
 B : 그저 그래요, 하지만 나는 진짜 중국음식을 더 좋아해요.」

10. ㉠ 지각동사 + 목적어 + 동사원형(현재분사) : 목적의 능동
 ㉡ 지각동사 + 목적어 + 과거분사 : 목적의 수동
 ③ pulled out → pull out

「내가 자동차를 탄 한 남자가 소책자를 끄집어내어 읽기 시작한 것을 목격했을 때 내가 놀란 것을 상상해 봐.」

11. ② his → their
부분명사(most, half, part, %, 분수, the rest....)가 주어 일 때 다음에 오는 명사(단수, 복수)에 일치.

12. ① have finished → finished(ago-명백한 과거)
 ② have you returned → did you return(의문사 when 은 완료형 사용

제 7회 정답 및 해설

불가)
③ comes → will come (명사절)
④ left → had left

13. 「Freud는 인간은 자신이 통제할 수 없는 정신의 일부에 크게 지시 받게 되며 현재의 자아, 자신이 생각하고, 말하고 행동하는 것을 완전히 지배할 수 없다는 걸 보여 줬다.」

14. intense 강렬한 / friction 마찰 / spaceship 우주선 / dense 조밀한 / atmosphere 대기권 / completely 완전히 / disappear 사라지다 /

「마찰로 생겨나는 강한 열은 우주여행에서도 문제이다. 손을 이마에 심하게 문지르면 열기를 느낄 수 있다. 일단 우주선이 외계에 있을 땐 대항하는 공기가 없어서 마찰이 없다. 하지만 우주선이 지구를 돌아올 때 다시 대기를 통과해야 한다. 처음엔 공기가 희박하다. 하지만 우주선이 지구에 더 가까이 접근하면 할수록 우주선 접하는 공기는 조밀하다. 전속력으로 대기로 진입하는 우주선은 너무 뜨거워져서 완전히 타서 사라져 버릴 것이다.」

15. intolerable 참을 수 없는 / suffering from ~로 고통 받다 / protect 보호하다 / Despite ~에도 불구하고 / harvest 수확 / vegetable 식물, 야채 / storage 비축 / disturbing 교란시키는 / weary 피로한, 싫증나는 / desperate 절망적인 / tranquil 평온한

「그들은 참을 수 없는 더위로 고통을 겪어 왔다. 어디를 가든지 자신들을 뜨거운 태양 빛에서 보호 할 수 없었다. 지난해 농장에서 힘든 노력에도 불구하고 변변한 수확도 없었다. 그럭저럭 재배한 야채도 썩어서 버려야만 했다. 이제 가족 모두가 종말이 가까이 왔다고 생각했다. 지난해 저장해 두었던 식량도 끝이 났다. 이제 먹을 거라곤 아무 것도 남지 않았다.」

16. vigorously 원기 왕성하게, 활발하게 / injure 상처를 입히다, 다치게 하다 / backache 요통 / sprain 발목 등을 삐다 / muscle 근육 / in addition 그 외에도 / in brief 간략히 말해서 / in short 요컨대 / as a matter of fact 사실은 / as a result 그 결과.

「특히 40대가 넘으면 규칙적인 운동을 하는 것도 위험할 수 있다. 그래서 여러분이 건강하지 않다고 생각이 들면 시작하기 전에 병원검진을 받는 것이 매우 좋은 생각이다. 일부 사람들은 너무 격렬하고 성급하게 운동을 시도하려는데 <u>그 결과</u> 운동이 부상을 초래하고 치유하는데 오랜 시간이 걸린다. 하지만, 주의해야 할 사람은 노인만이 아니다. 모든 사람들이다. 의사는 허리 통증, 발목삠, 근육경련 같은 많은 부

상을 경고하고 있다.」

17. personify 의인화하다 / pacify 달래다 / plead 간청하다 / spare 용서해 주다 / destructive 파괴적인 / replace 대체하다 / protest 항의 하다, 시위하다 / alternately 번갈아 가며

④ 폭풍의 이름이 생겨난 기원에서 어긋남

「① 많은 바람들이 의인화하고 또한 바람을 달래기 위한 옛날 방식으로 그 이름을 받게 된다. ② 여러분은 거명된 대상, 그것이 바람, 산, 폭풍의 신이든 간청하고 또한 그것에게 목숨을 살려달라고 부탁을 할 수 있다. ③ Chinook은 인디언 부족이름을 본 따서 지어졌고 미국에선 우리가 폭풍의 이름을 짓는다. ④ 폭풍의 파괴적인 위력은 그들이 가할 수 있는 외적인 데미지에 놓여 있다. ⑤ 그러나, 폭풍에 여자 이름을 붙이는 오랜 관행은 시위가 일어난 후 남, 여(이름)로 번갈아 가며 작명함으로 바뀌었다.」

18. ② when you are convenient ⇒
when it is convenient to(for) you.
사람을 주어로 쓸 수 없는 단어 ⇒ hard, easy, impossible, natural, necessary…

19. 「A : 실례합니다, 가까운 버스정유소가 어디에 있어요?
B : 죄송합니다단, 저도 초행입니다

A : 어쨌든 감사합니다.」
① 글쎄요, 상황에 따라 다릅니다.
② 곧 알 수 있어요.
④ 문제가 뭐니?
⑤ 너희들을 돕고 싶지가 않아.

20. browse 구경하다 / dull 지겨운 / change 잔돈 / check 수표

「A : 무엇을 도와드릴까요?
B : 아닙니다. 그냥 구경만 하는 겁니다.
A : 입어보고 싶은 것이 있으면 알려주세요.
B : 감사합니다.」

한 국 사

01. ③ 02. ⑤ 03. ③ 04. ③ 05. ①
06. ② 07. ⑤ 08. ① 09. ③ 10. ②
11. ④ 12. ④ 13. ④ 14. ⑤ 15. ④
16. ① 17. ② 18. ② 19. ① 20. ④

01. ③ 농민에 대한 진휼책은 근본적인 대책이 되지 못하였으며, 오히려 오가작통법, 호패법 등의 강압적인 방법으로 농민의 이사·유리(流離)를 억제하였다.

02. 인도의 자와할랄 네루가 1930년 10월 26일부터 1933년 9월 8일까지 약 3년 동안 옥중 생활을 하면서 그의 외동딸 인디라 간디에게 쓴 196회분의 편지를 책자로써 묶은 도서인 세계사 편력에

기록되어 있는 내용이다.

03. 사심관제도 : 중앙의 고관이 된 사람에게 자기 고향의 사심관이 되게 함으로써 그 지방의 치안에 연대책임을 맡긴 제도였다. 최초의 사심관은 경주의 김부(경순왕)이다.

04. ③ 이조는 문관의 인사, 공훈, 상작 등의 일을 담당하였으며, 정부 재정에 관한 호구, 조세, 조운 등은 호조에서 관할하였다.

05. 박은식 – 유교구신론 주장
   ㉠ 한국통사(대원군~1911년까지) : 상하이에서 근대 이후 일본의 한국 침략 과정을 서술하여 일본의 한국 침략 과정을 밝혔다.
   ㉡ 한국 독립운동지혈사(갑신정변~3·1운동까지) : 일제의 침략에 대항하여 투쟁한 한민족의 독립운동 서술
   ㉢ 민족정신을 혼(魂)으로 파악
      ⓐ 혼이 담겨 있는 민족사의 중요성을 강조
      ⓑ '나라는 형(形)이요, 역사는 신(神)이다' 라고 주장

06. ㉮ 태조 – ㉰ 성종 – ㉯ 정조 – ㉱ 고종(흥선 대원군)

07. ⑤ 조선 후기는 경제·사회·사상적인 면에서 농민의 의식이 향상되고 그들의 역량이 증대되었으며, 실학의 현실 개혁 사상은 근대 사회를 지향하였고, 사회의 변화도 자율적·주체적으로 이루어졌다는 데 특징이 있다.

08. 신민회는 1907년 안창호, 이동녕 등이 조직한 것으로 초기 민족산업육성을 위한 활동과 더불어 후기에 해외독립운동기지를 설치하고 선구적 임무를 담당하였다.
   ② 조선 청년 독립단(일본 유학생)
   ③ 신민회가 민족의 자주독립을 위한 국민의 역량육성에 중점을 두고자 태극서관, 도자기 회사를 설립하였고 국산품 애용운동을 일으킨 단체는 조선 물산장려회이다.
   ④ 신간회
   ⑤ 민립 대학 설립 추진 위원회

09. ① 중농학파
   ② 중상학파 박지원의 주장
   ④, ⑤ 중상학파

10. 제시된 내용은 영조의 업적으로 이인좌의 난을 계기로 탕평파를 육성하여 왕권의 기반을 구축하고 서원을 정리하고 이조 전랑의 권한을 약화시키는 등 붕당의 기반을 약화시켰다. 또한 양인의 군역 부담을 완화시키기 위하여 균역법을 시행하였다.

11. 신라 말 유불선, 풍수지리설 다 유행하였고 중세 고려에까지 영향을 줄 정도였다.

12. ④ 관반제는 지방호족들의 행정 장악방법이다.

13. 농경·정착 생활을 하면서부터 농경과 관련된 자연물이나 자연환경에 경외감을 갖게 되었으며, 아울러 풍요로운 결실에 대한 기원을 올리게 되었다.

14. ① 인조 때의 집권 세력인 서인은 5군영의 실질적 기능인 어영청·총융청·수어청을 설치, 자신들의 군사적 기반을 공고히 하였다.
    ② 1차 예송논쟁은 집권 서인의 승리로 일단락되었으나 그 후 윤선도가 송시열과 송준길을 비난하는 상소를 올려 2차 예송논쟁이 벌어졌다.
    ③ 서인은 상업과 기술 발전에 적극적이었으며, 서얼 허통, 노비 속량을 주장하였다.
    ④ 탕평책은 숙종 때 처음 시행되었다.

15. 제시된 자료는 계층 분화에 대한 설명으로 농업에서는 광작 경영과 상품 작물의 재배가 일반화되면서 부를 축적한 경영형 부농이 출현하기도 하였으나, 대다수의 농민들은 소작지를 얻기가 힘들어지면서 점차 임노동자로 전락하였다. 수공업에서도 납포장이 증가하면서 점차 자본을 축적한 민영 수공업자가 나타나기도 하였고 상업에서도 대규모로 물품을 취급하는 도고가 성장하면서 자본이 축적되었다. 이 자본으로 양반을 사고팔기도 하여 양반의 수가 증가하였고 이는 신분제 변동을 가져왔다.

16. ① 초조대장경은 거란족의 침략을 불력으로 막고자 조판하였다.

17. ㉮ 17세기
    ㉯ 삼국시대, 18세기부터 상품 작물로 재배 하였다.
    ㉰ 18세기 일본에서 전래되었다.
    ㉱ 19세기 청에서 전래되었다.

18. 공납제도 : 대동법
    ㉠ 목적 : 부족한 국가재정을 보완하고 농민의 부담을 경감키 위해 실시
    ㉡ 내용
      ⓐ 민호에 토산물을 부과하던 공납을 토지결수에 따라 미(米), 포(布), 전(錢)으로 납입케 한 제도
      ⓑ 정부는 수납한 미·포·전으로 공인(貢人)을 통하여 물자구입
    ㉢ 결과
      ⓐ 과세기준의 변화 : 종전의 민호에서 토지결수로 바뀜
      ⓑ 농민부담 경감
        ⅰ) 농민들은 1결당 미곡 12두만 납부하였기에 다소 감소
        ⅱ) 토지가 없는 영세농민은 과세부담에서 벗어나 농민은 환영함.
      ⓒ 공납의 전세화 : 토지소유 정도에 따라 차등을 두어 과세하였으므로 합리적 세제였음.
      ⓓ 조세의 금납화 : 종래의 현물징수가 미곡·포목·전화로 대체되어 조세에 금납화가 이루어져 감.
      ⓔ 양반사회 붕괴에 작용
        ⅰ) 대동법 실시로 국가 재정사정은 어느 정도 회복되며 농민 경제는 일시적으로 안정되었

으나, 장기적으로 양반사회 붕괴에 작용
ⓔ 공인의 활동으로 지방장시가 성장하고 수공업 생산이 활기를 띠어 자급자족의 자연경제가 유통경제로 전환되었던 것임.
ⓕ 공인의 부축적 : 상인자본의 규모가 커져 도고상업 발달
ⓖ 상업도시 성장 : 쌀 집산지가 상업도시로 성장(삼랑진, 원산, 강경)
ⓗ 상품·화폐경제의 성장
ⓘ 농민층의 분해를 촉진
ⓙ 종래의 신분질서·경제체제를 와해시킴.

19. 중간 계층의 성장 : 외래문화 수용에 주도적 역할(역관)을 하였고, 성리학적 가치 체제에 도전하는 등 새로운 사회의 수립을 추구하였다. 중인으로는 역관·의관·산관·율관·음양관·사자관·화원 등 기술관과 향리·서리·서얼·토관·장교·역리·우리·목자 등 경외의 행정실무자들을 총칭하여 잔반이라 한다.

20. ① 과전법은 지주가 소작인부터으로 소작료로 조(租)를 공·사전을 막론하고 1결에 1/10(약 30두)를 내게 하였고, 2두씩을 국가에 바치도록 하였다. 이 제도는 관수관급제 실시이후 조와 세의 구별이 없어지고 조세=전세로 통칭하게 되었다.
② 잉류지역은 평안도, 함경도, 제주도이다.
③ 공물은 장정수와는 관계없이 민호를 단위로 하여 현물로 거두었다.

⑤ 호포제는 19세기 대원군 때 정책이다.

정답해설 — 제8회

국 어

01. ② 02. ① 03. ③ 04. ④ 05. ②
06. ⑤ 07. ④ 08. ① 09. ④ 10. ⑤
11. ④ 12. ③ 13. ④ 14. ④ 15. ⑤
16. ② 17. ② 18. ① 19. ③ 20. ④

01. 김현승의 「가을의 기도」: 경건한 삶의 가치 추구를 표현한 기도조의 시이다.
② 까마귀는 절대 고독 속에서 삶의 궁극적 경지에 다가가는 화자의 모습을 표상한다.

02. ② 성주 Seongju
③ 범문[범문] beommun
④ 백마[뱅마] baengma
⑤ 낯지[나치] nachi

03. ① '머릿속'과 '뇌리'가 중복
② '수용하지 못해'와 '용납할 수 없는'이 중복, '허다히'와 '많습니다'가 중복
④ '예비'라는 말에 '미리'의 뜻이 들어 있고, '별도'와 '따로'가 중복
⑤ '회고하다'가 '돌이켜보다'라는 뜻으로 의미가 중복, '가시밭길'과 '형극'은 같은 뜻이다.

04. ①, ②, ③, ⑤는 주격조사로 쓰였고, ④는 대조를 나타내는 보조사를 쓰였다.

05. ① 입소해 들어갔습니다. → 입소했습니다.
③ 반드시 → 반듯
④ 이 집은 할아버지께서 지으셨습니다.
⑤ 써 → 쓰여

06. ⑤ (가)의 내용은 (다)의 내용에 대해 구체적인 사례를 제시하고 있으므로 (가)가 (다)의 보충학습 자료가 될 수 있다.

07. 서사적 설명 : 사건에 관한 정보나 지식을 제공하기 위해 사건의 경위를 진술하는 방법이다.
① 정의
② 묘사
③ 명제
⑤ 비유법인 은유

제 8회 정답 및 해설

08. 유치환의 「깃발」
   ㉠ 문종 : 자유시, 서정시
   ㉡ 구성 : 전면 9행의 단연시
   ㉢ 주제 : 영원의 세계에 도달하려는 끝없는 염원과 인간적 고뇌

   아우성, 손수건, 순정, 애수는 깃발을 상징하는 은유적 표현, 폿대는 '깃대'의 보조관념으로 이념을 상징한다.

09. 민태원의 「청춘예찬」 : 청춘을 예찬한 중수필로서 웅변적이고 남성적이다.

10. 이두현의 「세시풍속의 의미」 : 세시풍속의 의미와 그 고찰의 의의를 서술한 설명문으로 세시풍속의 역할을 설명한 부분이다.

11. 시나리오 용어
   ① F. I.(Fade In) : 화면이 점차로 밝아지는 현상으로 용명(溶明)이라고도 한다.
   ② F. O.(Fade Out) : 화면이 점차로 어두워지는 현상으로 용암(溶暗)이라고도 한다.
   ③ PAN(Panning) : 카메라를 상하좌우로 이동시키는 방법이다.
   ④ Insert : 다른 화면이 삽입되는 것을 말한다.
   ⑤ O. L.(Over Lap) : 앞 화면이 없어지기 전에 뒤 화면이 천천히 나타나 포개어지는 현상으로 과거의 회상 등에 주로 사용하는 수법을 말한다.

12. 황순원의 「학」
   ① 덕재의 자유로 인해 인물들의 우정 회복을 암시 받을 수 있다.
   ② 독자가 상황이나 주제 등을 판단하도록 '대화, 행동' 등을 통해 보여주는 것으로 주로 현대 소설에서 쓰이며, 간접 제시, 극적 제시 방법 또는 기법이라 부른다.
   ③ 시대적 배경은 1950년, 가을(시간), 38선 접경의 농촌마을(공간)임을 알 수 있다.
   ④ 인물의 행동과 대화를 통해 인물의 성격을 드러내는 간접적 제시로 인물이 설정되어 있다.
   ⑤ 성삼이를 통해 인물의 유형이 입체적 인물임을 알 수 있다.

13. ㉠ 1인칭 주인공 시점
   ⓐ 말하는 이 '나'가 등장하여 이야기를 전개해 나가는 경우
   ⓑ 김유정의 '봄봄', 이상의 '날개, 알퐁스 도데의 '별' 등
   ⓒ 인물의 내면세계가 잘 드러나는 장점이 있으나, 말하는 이가 다른 인물의 마음속을 들여다 볼 수 없는 제약을 받는다.
   ㉡ 1인칭 관찰자 시점
   ⓐ 말하는 이 '나'가 관찰자로 등장하여 주인공에 관한 이야기를 읽는 이에게 들려주는 경우
   ⓑ 부인물이 주인물을 관찰하여 특이한 효과를 거둘 수 있으나, 관찰

자의 나이나 경험의 폭과 깊이에 제한을 받으므로, 광범위하고 깊이 있는 인생체험을 이야기하는 데는 적합하지 않다.
  ⓒ 김동인의 '붉은 산', 현진건의 '빈처', 주요섭의 '사랑손님과 어머니' 등
 ⓒ 작가 관찰자 시점
  ⓐ 작가가 이야기를 전개하되 자기의 주관을 버리고 객관적인 관찰자의 태도를 취하는 경우에 해당하는 3인칭 시점이다.
  ⓑ 인물들은 '그', '그녀', '박 모씨' 등으로 표현된다.
  ⓒ 객관적이고 극적인 장점이 있으나, 작중인물의 생각을 읽는 이가 쉽게 알 수 없어서, 퍽 단조로운 느낌을 준다.
  ⓓ 황순원의 '소나기', 오영수의 '박학도', 이효석의 '메밀꽃 필 무렵', 염상섭의 '삼대', 이주홍의 '메아리' 등
 ㉣ 전지적 작가 시점
  ⓐ 말하는 이인 작가가 인물과 사건에 대하여 마치 신(神)처럼 다 알고 있다는 입장에서 이야기를 전개하는 경우
  ⓑ 이는 시간과 공간의 제약을 받지 않고 광범위한 체험의 세계를 보여 줄 수 있으나, 인생에 대한 강렬한 인상을 줄 수가 없다.
  ⓒ 이광수의 '무정', 김동인의 '감자', '명문', 염상섭의 '두 파산', 정한숙의 '금당벽화' 등

14. 김유정의 「동백꽃」
 ㉠ 갈래 : 단편소설, 순수소설
 ㉡ 구성 : 현재~과거의 교체 반복식 구성
 ㉢ 문체 : 간결체, 사투리를 사용한 토속적 문체
 ㉣ 배경 : 일제시대 봄(시간적), 강원도 산골(공간적)
 ㉤ 시점 : 1인칭 주인공 시점
 ㉥ 주제 : 산골 젊은 남녀의 순박한 사랑
 ㉦ 출전 : 「조광」(1936년 5월호)
 ㉧ 토속적이고 허학적인 어조가 주류를 이룬다.

15. 피천득의 「인연」
 ㉠ 문종 : 경수필
 ㉡ 문체 : 간결체, 우유체
 ㉢ 내용 : 그리움과 인영에 대해서 낭만적으로 서술
 ㉣ 주제 : 이별과 만남의 인연에서 오는 그리움의 추억

16. ① 상징 : 시에서 사용되는 표현기법으로 보조관념만으로 원관념을 암시하는 방법
 ② 설명 : 사물이나 사실을 독자가 쉽게 알 수 있도록 알려주고자 하는 표현 방법
 ③ 묘사 : 소설에서 주로 사용되는 기법으로 사물의 모습이나 상황을 감각

제 8회 정답 및 해설

적으로 제시하는 방법
④ 서사 : 소설의 표현기법으로 시간의 경과에 따른 행위를 서술하는 방법
⑤ 비유 : 시에서 사용하는 표현기법으로 표현하고자 하는 사물을 다른 사물에 빗대어 표현하는 방법

17. ② 집에 들어가기는커녕 놀고 있다. → '커녕'은 보조사로, 조사는 앞말에 붙여 쓴다.

18. 정한모의 「나비의 여행」 중 일부분으로서 '아가'는 나비를 비유적으로 표현한 것이다.

19. ㉠ 단정 : 성숙한 ~ 경험할 수 없다.
㉡ 부연 : 어떤 ~ 흡사한 것이다.
㉢ 결론 : 성숙한 ~ 한다.

20. ① 주격
② 주격
③ 보조사(의미상 주격)
④ 보조사(의미상 보격)
⑤ 주격

영 어

```
01. ②  02. ③  03. ③  04. ②  05. ⑤
06. ①  07. ①  08. ④  09. ②  10. ⑤
11. ④  12. ③  13. ①  14. ②  15. ③
16. ②  17. ③  18. ①  19. ⑤  20. ②
```

01. earthen jar 흙으로 만든 항아리 / pond 늪 / Pollution 오염 /

「(A) 아시아의 몇몇 나라에서는 손 펌프를 사용하여 물을 얻는다. 그 물은 대체로 마시기에 깨끗하고 안전하다. 몇몇 지역에서는 사람들이 물을 시원하게 유지하기 위해 흙으로 만든 항아리를 사용한다. 다른 한편, 논밭에 댈 물은 작은 연못이나 냇물로부터 얻는다. 이 물은 건수로를 통해 논밭으로 운반된다.
(B) 많은 개발도상국의 몇몇 지역에서는 연못 근처에서 물을 얻는다. 그 물은 깨끗하지 않지만 그들이 가진 전부이다. 여자들과 아이는 양동이와 양철통에 물을 채워 집으로 가져간다. 몇몇 나라에서는 길어온 물을 정수 필터에 통과시켜 좀 더 안전하게 만들기도 한다.」

① 양수기의 추이
② 물을 얻기 위한 방법
③ 수질공해의 문제
④ 필터 사용법
⑤ 정수 기술

02. convince 확신시키다 / be convinced that S~ : ~확신하다.

「나는 불행한 사업가가 매일 6마일을 걸음으로 자신의 행복을 더 증가시킨다고 확신한다.」

03. lore 전해 내려오는 / blind 눈 먼 장님의 / consequently 따라서 / fault 결점 / kettle 주전자 / lose sight of ~을 보지 못하다 / pot 냄비 / suspend 매달다, 걸다 / steady 고정된

「옛날이야기에 따르면 모든 사람은 목에다 결점으로 가득찬 가방 두 개를 앞에 하나 뒤에 하나를 걸고 태어나 세상에 온다고 한다. 그러나 앞의 것은 이웃들의 결점으로 가득 차 있고, 뒤의 다른 하나는 자신의 것으로 가득 차 있다고 한다. 결국 사람은 그들 자신의 결점은 보지 못하지만, 다른 이들의 것은 놓치지 않는다.」

① 잘 생각해 보고 행동하라.
② 피는 물보다 진하다.
③ 냄비가 주전자 보고 검다고 한다(즉 제 잘못을 모르고 남 탓한다.).
④ 일을 급히 서두르면 망친다(신중함과 결단력이 성공으로 이끈다.).
⑤ 두 개의 머리가 머리 하나보다 낫다 (백지장도 맞들면 낫다.).

04. illogical 비논리적인 / decide 결정하다 / Mediterranean 지중해 / instance 실례 / octopus 문어, 낙지 / delicacy 별미 / repulsive 반감을 갖는

「무엇은 먹을 수 있고, 무엇은 먹을 수 없다고 결론을 내리려 할 때, 사람들은 상당히 비논리적이게 된다. 예를 들어, 당신이 지중해 지방에 살고 있다면, 당신은 문어를 대단한 별미로 생각할 것이며, 다른 사람들이 그것에 반감을 갖게 되는 이유를 당신은 이해할 수 없을 것이다.」

① 번쩍인다고 다 금은 아니다.
② 취향도 가지가지.
③ 겉모양으로 판단하지 마라.
④ 끼리끼리 모인다(유유상종).
⑤ 남이 네게 해주기를 바라는 대로 남에게 하라.

05. adventure 모험 / enough 충분한 / exercise 운동하다 / flat 평탄한 / gym 체육관 / glide 활강하다 미끄러지다 / hang gliding 행글라이딩 / like father, like son 부전자전 / scrub diving 스쿠버 다이빙 / silently 조용히 소리 없이 / underwater 수면 아래에서 / so many men, so many minds 각인각색 / well begun, half done 시작이 절반이다.

「대부분의 사람들에게 테니스를 치거나 체육관에 가는 것은 운동을 하는 좋은 방법이다. 그러나 어떤 사람들은 그것은 충분하지 않다고 생각한다. 그들은 등산, 스쿠버 다이빙 또는 행글라이딩과 같은 스포츠가 더 낫다고 생각한다. 이런 사람들은 가장 높은 산의 정상에 오르기, 바다의 위험 지역 수면 아래에서 수영하기, 또는 산에서 뛰어내려 아래 평지까지 조용히 활강하는 것과 같은 모험을 매우 좋아한다. 그런데 다른

사람들은 마라톤과 같은 달리기만을 진정한 스포츠라고 생각한다.」
① 보는 것이 믿는 것이다.
② 부전자전
③ 시작이 반이다.
④ 무소식이 희소식이다.
⑤ 사람마다 생각이 다 다르다.

06. requirement 요구, 필요 / limit 한계 / be accountable to~ : ~을 책임질 수 있는 / popular 민중의 / forfeit 상실(몰수)하다 / Socialism 사회주의 / create 창조하다, 만들다 / arrogant 오만한 / liberty 자유 / authority 권위, 권력 / coercion 강제, 강압

「만일 정책이 사람들을 위한 것이라면 첫 번째 요구사항은 정부의 힘이 제한되어야 하며, 권력을 쥐고 있는 사람들은 국민에게 책임질 수 있어야 하며, 정부 또한 대중적 지지를 상실했을 때 바뀌어 질 수 있어야 한다. 자유가 없는 사회주의는 가질 가치가 없다. 왜냐하면 자유가 없는 사회주의는 시간이 가면 새롭고 오만한 지배계층을 만들기 때문이다.」

07. anticipate 예상하다 / applicant 지원자 / appointment 임용 / conduct 지도 / gender 성별 / commence 개시하다 / anticipate 예상하다 / contact 연락하다 / applicant 응모자 / economic 경제학 / demonstrate 증명하다, 설명하다 / submit 제출하다 / Institute 만들다

「아시아 지역에서의 성교육과 초등 교육에 관한 연구안을 작성하기 위해, 1995년 4월 1일부터 1년간 전임으로 일할 세명을 임용하기 위해 지원자를 모십니다. 계약 기간의 절반은 아시아에서 연구하며 보낼 것으로 예상됩니다. 지원자들은 개발도상국의 경제에 관한 우수한 연구 실적과 함께 적어도 경제학이나 교육학 석사 학위를 소지하여야만 합니다. 지원서는 1995년 1월 15일까지 제출되어야 합니다. 정보를 더 필요로 하시는 분은 개발 연구소의 Lisa Simpson 여사에게 연락 주십시오, 위스콘신 대학, 메디슨시, 위스콘신주, 미국」

08. accident 사고 / equipment 장비 / effectively. 효과적으로 / similarly 유사한 / defective 결함, 하자

「대부분의 자전거 사고는 부품 고장, 날씨 조건 그리고 운전자의 부주의에 기인한다.
(C) 첫째로, 자전거의 서로 다른 많은 부품들이 결함이 생겨 자전거 사고를 유발할 수 있다.
(A) 예를 들면, 만약 자전거가 브레이크가 좋지 않으면, 효과적으로 멈출 수가 없다.

(B) 비슷하게, 약한 불빛은 밤에 운전자가 보는 것을 어렵게 한다.」

09. amazing 놀라운 / be impressed with ~에 감동하다, 깊은 감명을 받다 / chase 쫓아가다 / classmate 급우 / comment 비평하다, 의견으로 진술하다 / fiction-writer 소설가 / grade 학년 / instruction 지시, 교육 / liar 거짓말쟁이 / participation 참여 / physical 신체적인 / impress 감명을 주다 / certainly 반드시 / punch 쥐어박다 / questioning 알고 싶어 하는 / bitter 견디기 어려운, 모진 / vocabulary 어휘 / annoy 괴롭히다 / revengeful 복수심에 불타는 / regretful 유감스러운 / solemn 엄숙한 / serious 진지한 / critical 비판적인

「내 최상의 학교 기록은 1학년 때 Varulo 선생님으로부터 받은 것이다. 먼저 그녀는 나의 부모님께 나의 놀라운 신체적 에너지에 대해 말씀해주셨다. "Lisa는 반 친구들을 쫓아가 때리는 일에는 지치는 일이 없어요." 다음으로 그녀는 나의 수업 참여도 그리고 능동적이며 호기심 많은 마음을 칭찬하셨다. "어떠한 지시에도, 심지어 '연필을 꺼내세요.'라는 것에도 Lisa는 '왜요?'라고 질문합니다.' Varulo 선생님은 내가 쓰는 어휘들에 대해 너무 감명 받으셔서 다음과 같이 말씀하셨다. "전 Lisa가 자신이 사용하는 말 중 일부는 어디에서 배운 건지 알 수가 없습니다. 어쨌든 제가 가르친 건 아닌데요." 아무래도 선생님은 내가 유명한 소설가가 되리라는 걸 알고 계셨다. 선생님은 '제가 가르쳤던 어떤 학생보다 Lisa는 훨씬 더한 타고난 거짓말쟁이입니다.'라고 쓰셨다.」

10. except ~ 외에는 / unless ~하지 않는 한 / so far as ~하는 한 / so that ~하도록 ~하다

「파리에서 비행기를 갈아 타는게 괜찮으시다면 오늘 저녁 비행기로 런던에 갈 수 있습니다.」

11. carry 지니고 다니다, 나르다 / freezing 냉동, 결빙 / coat 막 / damage 피해 / drop 물방울 모양의 것 / fall down 떨어지다 / freeze 얼다 / freezing 어는, 몹시 추운 / ground 지표 / moisture 습기 / push up 위로 밀어 올리다

「그것들은, 지표 가까이에 있는 여름 공기는 덥지만, 몇 마일 위의 공기는 얼 정도로 차가울 때 만들어진다. 습기를 지니고 있는 따뜻한 공기는 그 차가운 공기 속으로 밀고 올라가면서, 습기는 얼어서 얼음조각이 된다. 그 후 그것들은 더 따뜻한 공기 속으로 떨어지고, 그곳의 습기 때문에 거기서 다른 얼음막이 만들어진다. 때때로 바람이 그것들

을 차가운 공기 속으로 다시 밀어 올려서 그것들을 더 크게 만든다. <u>그것들이 땅에 이르면, 농작물이나 자동차에 피해를 입힐 만큼 충분히 커지게 된다.」</u>

12. Insecurity 불안 / nervous 신경질적인 / nervous breakdown 신경쇠약 / rampant 만연한(= prevalent) / unavoidable 피할 수 없는 / obstinate 완고한 / prevalent 유행하고 있는 / reveal 드러내다 / troublesome 골치 아픈

「불안, 근심, 그리고 신경쇠약은 사무직 근로자에게서 만연한다.」

13. urban 도시의 / decline 기울다 / balance 균형 / migration 이주 / rural 시골의 / consolidated 통합된 / decre-ase 감소 / disintegrate 붕괴 시키다 / assimilate 받아들이다

「시골지역에서의 이주로 균형이 잡히기 보단 도시의 출생률 <u>감소</u>가 심각했기에 미국의 도시인구는 서서히 감소 해왔다.」

14. demand 요구하다 / attack 공격, 대책 / opportunity 기회 / combine 결합시키다 / comprehensive 포괄적인 / constructive 건설적인 / counseling 상담 / deprive 빼앗다 / facility 설비, 시설 / fulfil oneself 자기를 실현하다 / deprive 박탈하다 / opportunity 기회 / recreational 오락의

「그 문제는 광범위한 것이어서 광범위한 대책을 요한다. 우리가 그 문제에 대해서 중요한 영향을 미치고자 한다면 교육 프로그램들, 직업의 기회들, 휴양 시설, 성인 상담과 같은 모든 계획들과 그 이상의 많은 것들이 포괄적인 프로그램 속에서 결합되어져야 한다. 우리는 모든 젊은이들에게 그들의 성장 배경이 제아무리 형편없어도, 우리 사회에서 자신을 실현하고 건설적인 역할을 수행할 수 있는 진정한 기회를 그가 가지고 있음을 보여 주어야한다. 새 교도소를 세움으로써 그 <u>문제를</u> 해결할 수 없다. 우리는 우리나라의 젊은이들을 위한 새로운 기회를 만들어 내야 한다.」

15. It ~ for ~ to …

「고독을 즐기는 사람이 여러 사람을 좋아하기는 어려운 것 같아 보인다.」

16. by the way 그런데 / compute 계산하다 / imply 암시하다 / in the end 결국, 마침내 / in this sense 이런 견지에서 / numerical 수적인

「컴퓨터는 단지 그 이름이 암시하는 것을 한다. 즉 컴퓨터는 계산을 하는 것이다. <u>이런 견지에서</u> 당신이 단순히 수적인 계산 문제를 해결하기 위해서 매일 사용할지도 모르는 휴대용 계산기

17. principle 원리, 원칙 / community 지역 사회 / conserve 보존 / hostile 적대적인 / intolerance 완고함, 무관용 / lightning 번개, 번갯불 / destruction 파괴 / noble lives 귀중한 생명 / principle 원칙 / temple 신전, 사원 / tolerance 관용, 관대함 / sacrifice 희생 deprive A of B : A로부터 B를 빼앗다.

「관용은 사회의 첫 번째 원칙이다. 그것은 모든 사람들이 생각하는 최선의 것을 보존하려는 정신이다. 홍수와 번개에 의한 손실, (또는) 자연의 적대적인 힘에 의한 도시와 사원의 파괴도, 인간의 불관용이 파괴했던 귀중한 생명만큼이나, 그렇게 많이 고귀한 생명을 빼앗지는 않았다.」

18. admit 인정하다 / capability 가능성 / complete 완전한 / consider 생각하다 / deficient 부족한 / ignorance 무지 / imagination 상상력 / intellectual 지적 / mankind 인류 / primary 주요한 / require 요구하다 / various 다양한

「나는 무지는 인류의 주적이라고 생각한다. 이 세상에서 가장 어리석은 바보는 자기가 보거나 느끼거나 맛볼 수 없는 것을 인정하지 않고 상상력이나 통찰력이나 신앙에 대한 여지를 갖지 못한 사람이다. 인간은 여러 형태의 교육을 받을 수 있다. 인간은 육체적, 사회적, 종교적, 지적, 그리고 도덕적 능력을 소유하고 있다. 각각의 것들은 교육을 필요로 하고 있다. 통합 교육은 인간을 완전한 인격체로 만들 수 있으나 부분적인 교육은 단지 인간을 부족한 상태로 남겨준다.」

① 교육의 필요성
② 인간과 무지
③ 인간의 사회적 능력
④ 최상의 투자 정책
⑤ 무지의 위험성

19. expensive 사치스러운 \ unpleasant 기분 나쁜 / inconvenient 불편한 / artificial 인공적인 / economical 검소한 / for one thing 우선, 첫째로 / inconvenient 불편한 / unpleasant 불쾌한

「시골 생활은 많은 장점들을 가지고 있다. 첫째로 공기가 신선하고 깨끗하다. 또 하나의 장점은 여러 가지 면에서 시골생활은 도시생활 보다 <u>경제적</u>이다.」

20. be inclined to ~하는 경향이 있다 / conventional 전형적인 / correct 맞는 / insist 주장하다

「우리 모두는 전형적인 형태나 색깔을 유일하게 올바른 것으로 받아들이는 경향이 있다. 가끔 아이들은 별은 실제로는 그런 모습이 아님에도 불구하고,

별은 별 모양으로 생겨야만 한다고 생각한다. 그림 속에서 하늘은 푸른색이어야만 하고, 잔디는 녹색이어야만 한다고 주장하는 사람들은 이러한 아이들과 별반 다를 바가 없다. 그들은 그림 속에서 다른 색을 보면 몹시 화를 낸다.」

한 국 사

01. ② 02. ⑤ 03. ② 04. ③ 05. ②
06. ④ 07. ② 08. ④ 09. ⑤ 10. ③
11. ⑤ 12. ③ 13. ④ 14. ② 15. ⑤
16. ③ 17. ③ 18. ⑤ 19. ④ 20. ⑤

01. 영·정조의 개혁 정치들은 왕권을 강화하기 위한 목적으로 시행되었으며, 탕평책도 타율적 균형을 통한 정치 안정을 도모하기 위해서 시행되었다.

02. 제시된 내용은 영정법, 대동법, 균역법에 대한 설명으로 정부가 수취 체제를 조정함에 따라 농촌 사회의 동요는 다소 진정되는 듯 하였으나 궁극적으로는 양반 중심의 지배 체제를 계속 유지하려는데 목적이 있었기에 농촌 사회의 안정을 달성하는 데 한계가 있었으며, 특히 영정법도 대다수 병작농인 농민에게는 전혀 도움이 되지 못하였다.

03. 조선후기 산업화는 신분상승의 요인이 되어 계층분화가 이루어졌다.

04. ③ 전폐는 조선 세조 때 팔방통보를 말한다.

05. 중인은 축적된 역량을 바탕으로 철종 때 소청 운동을 전개하였으나 실패하였다.

06. 제시된 글을 위정척사운동이 전개되면서 외국과의 교역 및 개화정책에 반대하는 이유이다.

   ④는 1880년 「조선책략」의 유포와 그에 따른 개화정책이 추진되면서 개화 반대운동의 일환으로 추진되었다.

07. 고려 충렬왕 때 안향이 성리학을 소개하였고, 이러한 유교의식의 보급으로 주문공가례의 수입, 가묘의 설치 등이 이루어졌다.

08. 대동법에 대한 내용이다.
    대동법 실시 결과
    ㉠ 농민 부담 감소, 양반 지주의 부담은 증가하고, 국가 재정은 안정되었다.
    ㉡ 공인의 대두는 후기 산업 발달 촉진시켰고, 양반 신분질서를 위협하였다.
    ㉢ 쌀의 집산지는 새로운 상업도시를 출현시켰다.
    ㉣ 별공, 상의 현물징수는 여전히 존재하였다.

09. 중종반정 후 사림은 다시 중용되어 조광조를 중심으로 정치적 이상을 실현하고

자 현량과 실시(왕도정치의 실현 목적), 불교·도교 행사의 폐지(소격서 폐지), 소학교육의 장려(유교적 가치관의 생활화), 향촌자치의 강화(향약의 전국적 시행) 등을 실시했다.

10. ㉮ 17세기
    ㉯ 삼국시대(18세기에는 상품 작물로 재배 하였다.)
    ㉰ 18세기 일본에서 전래
    ㉱ 19세기 청에서 전래

11. 갑신정변, 동학농민운동, 갑오개혁의 공통점에는 신분제도(문벌제도) 폐지, 조세제도의 개혁, 인재등용개선 등이 있다.

12. 신민회 : 민족산업의 육성을 통한 독립 역량 강화를 주장하면서 스스로도 직접 경제활동에 나서 평양에 자기 회사를 설립하고, 대구 등에 태극서관을 운영하였다.

13. ㉮ 천태사교의는 제관의 저서
    ㉯ 균여의 주장
    ㉰ 지눌의 조계종

14. ① 진촌주 – 5두품 차촌주 4두품
    ② 하대에 촌주는 호족이 됨
    ③ 촌주는 그 지방 토착민
    ④ 지증왕, 진평왕 때 나타남

15. ① 삼국유사는 고조선 정통사관, 삼국사기는 신라의 정신을 계승하였다.
    ② 정가신의 천추금경록, 민지의 본조편년강목, 정도전 고려국사에서 시도되었다.
    ③ 야담, 설화, 토속신앙을 수용하였다.
    ④ 제왕운기는 발해사를 한국의 역사로 다룬 첫 저서이다.

16. 군역제의 변동을 살펴보면 양인 개병제(농병 일치) → ㉰ 보법 → 대립제 → ㉯ 방군수포제(군적 수포제) → ㉮ 균역법(영조 18세기, 선무군관포 1필, 결작 2두) → ㉱ 호포법(대원군)

17. ③ 고구려의 평양천도는 427년 장수왕의 업적이다.

18. 해방 이후 친일파 문제가 정리되지 못한 이유는 미군정이 한국 통치에서 친일파를 제거하지 못하고 이들을 계속 활용해 정권을 유지하였기 때문이다. 또한 국내 정치 기반 부족으로 인해 친일세력을 옹호하는 이승만 정부의 방해와 비협조로 반민특위도 강제 해산되고 결국 1951년 처벌법도 폐지되고 말았다.

19. ④ 대한국제 9조는 황제권과 자위군대 강화에 급급하였다.

20. 7·4 남북공동성명(1972)
    ㉠ 배경 : 1972년 2월 미국 - 중국 국교 정상화 국제 데탕트무드
    ㉡ 3대 통일원칙 : 자주·평화통일·민족적 대단결
    ㉢ 의의 : 최초로 남북한이 통일과 관련

하여 합의 발표한 역사적 공동 성명
② 중단 : 남한의 10월 유신(1972. 10)과 북한의 사회주의 헌법 채택(1972. 12) 등 남북 권력과 체제 강화에 정치적으로 이용하였다.

부록 - 기출문제

국어 한국사 영어

★ 2022. 8. 13. 시행

기출문제

2022. 6. 13. 시행

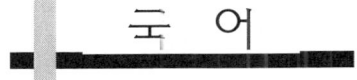

01. 다음 밑줄 친 부분의 맞춤법이 옳지 않은 것은?
① 붉은빛을 띤 장미가 아름답다.
② 얼음이 얼어서 넘어지기 십상이다.
③ 지난 일을 다시 생각해 보니 섧고 분했다.
④ 그녀는 예의가 발라서 보기 좋다.
⑤ 그는 분노를 삭히려고 노력했다.

02. 다음 중 띄어쓰기가 옳지 않은 것은?
① 그가∨올∨듯도∨하다.
② 그가∨언제∨오는∨지∨확인했다.
③ 네가∨그∨일을∨했을∨리가∨없다.
④ 서울과∨인천∨간∨국도를∨이용한다.
⑤ 열∨명∨내지∨스무∨명의∨학생들이∨참석했다.

03. 다음 밑줄 친 ㉠과 ㉡의 음운 변동에 대한 설명으로 옳은 것은?

> 한 단어 내의 음운 변동은 여러 유형이 함께 나타날 수도 있다. ㉠ 따뜻하다[따뜨타다]와 ㉡ 삯일[상닐]에 일어나는 음운 변동에는 공통점과 차이점이 존재한다.

정답   01. ⑤   02. ②   03. ④

국어

① ㉠과 ㉡ 중 ㉠에만 음운의 탈락 현상이 일어난다.
② ㉠과 ㉡ 중 ㉠에만 음운의 첨가 현상이 일어난다.
③ ㉠과 ㉡ 모두 음운의 축약 현상이 일어난다.
④ ㉠과 ㉡ 모두 음운의 대치 현상이 일어난다.
⑤ ㉠과 ㉡ 모두 음운 변동을 거치며 음운의 개수가 줄어든다.

04. 국어 문법의 특징으로 옳지 않은 것은?
① 어미가 발달되어 있다.
② 이중 주어 구문이 발달되어 있다.
③ 비교적 어순이 자유로운 언어에 속한다.
④ 공손성을 표현하는 수단이 발달했다.
⑤ 꾸미는 말이 꾸밈을 받는 말 뒤에 온다.

05. 다음 시조에 대한 설명으로 옳지 않은 것은?

> 이화(梨花)에 월백(月白)하고 은한(銀漢)이 삼경(三更)인 제
> 일지춘심(一枝春心)을 자규(子規)야 알랴마난
> 다정(多情)도 병(病)인 양(樣)하여 잠 못 들어 하노라

① '이화'는 배나무 꽃을 말한다.
② '은한'은 은하수를 말한다.
③ '삼경'은 해 질 무렵의 시간을 말한다.
④ '일지'는 한 나뭇가지를 말한다.
⑤ '자규'는 소쩍새를 말한다.

정답 04. ⑤ 05. ③

06. 다음 시의 밑줄 친 ㉠에 대한 설명으로 옳은 것은?

> 흐르는 것이 물뿐이랴
> 우리가 저와 같아서
> 강변에 나가 삽을 씻으며
> 거기 슬픔도 퍼다 버린다
> 일이 끝나 저물어
> ㉠ 스스로 깊어 가는 강을 보며
> 쭈그려 앉아 담배나 피우고
> 나는 돌아갈 뿐이다
> 삽자루에 맡긴 한 생애가
> 이렇게 저물고, 저물어서
> 샛강 바닥 썩은 물에
> 달이 뜨는구나
> 우리가 저와 같아서
> 흐르는 물에 삽을 씻고
> 먹을 것 없는 사람들의 마을로
> 다시 어두워 돌아가야 한다
>
> — 정희성, 「저문 강에 삽을 씻고」 —

① 자연의 자정 작용에 대한 기대감을 표현한다.
② 현재의 삶에 대한 적극적인 극복 의지를 드러낸다.
③ 사람들의 고통과 슬픔이 깊어지는 상황을 나타낸다.
④ 설의적 표현을 통해 자신의 무기력함을 성찰한다.
⑤ 현실의 갈등이 흐르는 물과 같이 해소되기를 염원한다.

07. 다음 글의 ㉠에 들어갈 말로 적절한 것은?

과거는 현재를 통해서 바라보아야 하며 개인은 절대 사회를 떠나서 존재할

정답 06. ③ 07. ⑤

국 어

> 수 없는 존재이다. 그렇기 때문에 역사 서적을 읽는다는 것은 죽은 과거의 사실을 살펴본다는 것이 아니라 현재의 삶을 과거의 역사를 통해 통찰해 본다는 것을 의미한다.
> 　그리고 그러한 일련의 과정의 무대가 되는 곳이 바로 사회라는 것과 사회는 하나의 생명체처럼 살아서 흘러 내려오고 있다는 사실을 간과해서는 안 된다.
> 　이러한 사실을 토대로 고려해볼 때, 역사 서적을 읽을 때 던져야 하는 가장 큰 질문은 　㉠　와 같은 것이어야 한다.
> 　인간은 사회적 삶을 살아갈 때 가장 인간답다고 할 수 있다. 그리고 무엇보다 과거의 누군가의 삶들을 통해 현재의 삶을 수정해 나갈 수 있다는 것은 매우 유익한 것이라고 할 수 있을 것이다.

① '역사적 사실이 다양한 관점에서 기술되었는가?'
② '역사가의 임무는 무엇이며, 역사는 어떻게 기술되어야 하는가?'
③ '왜 이런 역사적 사실이 발생했고, 그 이후의 일들은 어떻게 진행되었는가?'
④ '역사 서적에 기술된 역사적 사실이 과연 진실인가? 어떤 조작된 요소는 없는가?'
⑤ '역사적 사실과 그것에 대한 역사가의 해석은 나의 삶과 어떻게 관련되는가?'

08. 다음 ㉠, ㉡의 문장에 대한 설명으로 옳은 것은?

> ㉠ 나는 그 사람이 정직함을 믿는다.
> ㉡ 그녀는 내가 모르는 노래를 불렀다.

① ㉠은 부사절이 안겨 있는 문장이다.
② ㉠의 안긴문장에는 서술어가 생략되어 있다.
③ ㉡은 명사절이 안겨 있는 문장이다.
④ ㉡의 안긴문장에는 목적어가 생략되어 있다.
⑤ ㉠과 ㉡은 모두 서술절을 포함하고 있다.

정 답　　08. ④.

09. 다음 글에서 '루스벨트'가 말하는 방식에 대한 설명으로 옳은 것은?

> 루스벨트는 미국 대통령으로 당선되기 전에 해군에서 요직을 맡고 있었다. 어느 날 친구가 카리브해에 있는 섬의 잠수함 기지 건설계획을 그에게 물었다. 이 계획은 군사기밀이었으므로 루스벨트는 친한 친구라 하더라도 정보를 공유할 수 없었다. 하지만 직설적으로 거절하면 자신을 믿지 못하는 것이냐며 따지고 들 게 분명했다. 자신을 무시한다며 다시 보지 말자고 선언할 수 있는 상황이었다. 루스벨트는 긴장하는 척하면서 주위를 둘러보았다. 아무도 없음을 확인하고 목소리를 낮추어 말했다.
> "비밀 지킬 수 있어?"
> 친구는 기지 계획을 들을 수 있다는 희망에 큰 소리로 답했다.
> "물론이지!"
> 이에 루스벨트는 미소 지으며 대답했다.
> "나도 그래."
> 루스벨트는 친구의 불합리한 요구를 교묘하게 거절하면서 친구의 체면을 지켰다.

① 인정에 호소하는 태도로 상대를 설득하고 있다.
② 재치 있는 답변으로 곤란한 상황에 대처하고 있다.
③ 상대에 대한 공감의 태도를 보이면서 상대의 기대에 부응하고 있다.
④ 상대의 요구를 단호하게 거절하여 자신의 생각을 분명하게 표현하고 있다.
⑤ 상대를 직접적으로 비판하여 상대가 잘못을 깨닫게 만드는 화법을 쓰고 있다.

10. 한자 성어와 뜻의 연결이 옳지 않은 것은?

① 股肱之臣 : 다리와 팔과 같이 중요한 신하.
② 狐假虎威 : 남의 권세를 빌려 위세를 부림.
③ 要領不得 : 말이나 글의 목적이나 의미가 분명치 않음.
④ 牽強附會 : 세상과 타협하고 권력에 굴복함.
⑤ 肝膽相照 : 서로 속마음을 털어놓고 친하게 사귐.

정답 09. ② 10. ④

국 어

11. 다음 (가)~(마)를 문맥에 맞게 순서대로 나열한 것은?

> (가) 선천성 면역은 다시 둘로 나뉩니다. 하나는 제1 방어선으로서 피부, 점막, 정상미생물상이고, 다른 하나는 제2 방어선으로서 식세포, 염증, 발열, 항미생물 물질 등입니다.
> (나) 면역은 크게 선천성(비특이적) 면역과 후천성(특이적) 면역으로 나뉩니다. 선천성과 후천성은 말 그대로 면역을 태어날 때부터 완비했느냐, 살아가면서 습득했느냐에 따라 구분됩니다.
> (다) 다른 하나는 세포성 면역으로, T세포에 의존하며 세포 내부에 침투한 병원체를 제거합니다.
> (라) 후천성 면역에도 두 가지 종류가 있습니다. 하나는 체액성(항체 매개) 면역으로, 항원에 대항할 수 있는 항체를 내뿜는 면역 방식입니다. 체액에 엄청난 양의 항체를 뿌리는 세포는 B세포입니다.
> (마) T세포는 자기 자신의 세포가 비자기로 돌변한 것, 예컨대 암세포를 파괴하기도 합니다. T세포는 면역을 활성화하기도 억제하기도 합니다.

① (가) - (라) - (다) - (마) - (나)
② (나) - (가) - (다) - (마) - (라)
③ (나) - (가) - (라) - (다) - (마)
④ (나) - (라) - (가) - (마) - (다)
⑤ (라) - (다) - (나) - (마) - (가)

12. 다음 ㉠~㉤ 중 <보기>의 문장이 들어가기에 적절한 곳은?

> < 보 기 >
> 그리하여 가축과 그 고기를 먹는 인간의 건강뿐만 아니라, 세계 전역의 농지들이 그 피해를 고스란히 입고 있는 것이다.

> 곡물 사료는 비단 가축뿐만 아니라 세계의 가난한 사람들에게도 구조적인 폭력을 행사한다. ㉠ 우리가 다 알고 있듯이, 쇠고기를 비롯한 육류는 곡식에 비해서 낭비적 요소를 내포하고 있는 식품이다. ㉡ 오늘날 1인

정 답   11. ③   12. ⑤

분의 쇠고기 생산을 위해서 20인분의 곡물이 투입되고 있고, 1칼로리의 쇠고기를 생산하는 데 보통 35칼로리의 석유가 소모되고 있다. ㉢ 그 결과는 전 세계적으로 10억의 비만 인구와 10억의 기아 인구의 공존이라는 비극적 현실이다. ㉣ 또한 여기서 간과할 수 없는 것은 사료용 곡물 재배에는 살충제가 무제한적으로 남용되고 있다는 점이다. ㉤ 오늘날 육류 소비가 늘어가는 것과 병행해서 아까운 열대 우림이 끝없이 훼손되고, 전 세계적으로 심각한 토양 오염 및 토지 열화 현상이 확대되고 있는 것은 결코 우연이 아니다.

① ㉠
② ㉡
③ ㉢
④ ㉣
⑤ ㉤

13. 다음 글에 대한 이해로 옳지 않은 것은?

묘사란 원래 그린다는 뜻의 회화 용어다. 어떤 사물이나 어떤 사태를 그림 그리듯 그대로 그려냄을 가리킨다. 역사나 학술처럼 조리를 세워 끌어나가는 것은 기술이지 묘사는 아니다. 실경(實景), 실황(實況)을 보여주어 독자로 하여금 그 경지에 스스로 들고, 분위기까지 스스로 맛보게 하기 위한 표현이 묘사다.

아름다운 풍경을 보고 '아름답구나!' 하는 것은 자기의 심리다. 자기의 심리인 '아름답구나!'만 써가지고는, 독자는 아무 아름다움도 느끼지 못한다. 독자에게도 그런 심리를 일으키기 위해서는 그 풍경이 아름다운 까닭을, 즉 하늘, 구름, 산, 내, 나무, 돌 등 풍경의 재료를 풍경대로 조합해서 문장으로 표현해주어야 독자도 비로소 작자와 동일한 경험을 그 문장에서 얻고 한가지로 '아름답구나.' 하는 심리에 이를 수 있는 것이다.

이렇듯 제재의 현상을 문장으로 재현하는 것이 묘사다.

묘사를 할 때 명심해야 할 사항으로는 다음의 몇 가지가 있다.

첫째, 객관적일 것. 언제든지 냉정한 관찰을 거쳐야 하기 때문이다.

둘째, 정연할 것. 시간적으로든 공간적으로든 순서가 있어야 전체 인상이 선명해지기 때문이다.

> 셋째, 사진을 찍는 것과는 달라야 할 것. 대상의 핵심과 특색은 취하되, 불필요한 것은 버려야 하기 때문이다.

① 묘사는 실경(實景)과 실황(實況)을 보여주는 것이다.
② 묘사는 객관적이어야 하므로 주관적인 심정을 표현할 수는 없다.
③ 질서정연하게 묘사할수록 대상은 분명하게 전달된다.
④ 대상을 제대로 묘사하기 위해서 대상의 모든 정보를 표현해야 할 필요는 없다.
⑤ 묘사는 제재의 현상을 문장으로 재현하는 것이다.

14. 다음 ㉠~㉤의 파생어에 대한 설명으로 옳은 것은?

> ㉠ 어른스럽다, 슬기롭다
> ㉡ 끓이다, 높이다
> ㉢ 짓밟다, 짓누르다
> ㉣ 착하다, 아름답다
> ㉤ 먹이, 덮개

① ㉠에서 어근의 품사와 파생어의 품사는 서로 다르다.
② ㉡에서 어근의 품사와 파생어의 품사는 서로 같다.
③ ㉢에서 접두사는 명사 어근에 붙어 '함부로', '마구'의 뜻을 더한다.
④ ㉣은 홀로 쓰일 수 있는 명사에 접미사가 결합한 파생어이다.
⑤ ㉤에서 접미사는 형용사 어근에 붙어 명사를 파생한다.

15. 다음 글에 대한 이해로 옳지 않은 것은?

> 자동화가 급속하게 발전하면서 사람이 하는 일이 줄어들고 공산품의 가격이 하락한다는 예측이 있다. 그런데 그것이 우리가 원하는 이상적인 사회일까? 좋은 물건을 싸게 살 수 있으니 좋겠지만, 다른 한편으로 생산 공정의 합리적 발달

정답 14. ① 15. ⑤.

때문에 인간의 일자리가 줄어들고, 결국 소비가 줄어드는 세상이 되는 것은 아닐지 걱정되기도 한다. 뉴스에서도 한번 크게 보도된 적이 있는데, 중국에서 종업원 규모가 만 명 되는 공장을 독일식의 '산업 4.0 시스템'을 적용해서 합리화했더니 종업원 수가 500명으로 줄었다고 했다. 그러면 나머지 9,500명은 어디로 갔겠는가 말이다.

인공지능이 대거 활약하게 되는 4차 산업혁명이 가속화돼서 이런 일이 상품과 지식 생산의 모든 영역에서 일어난다면 어찌 될 것인가. 어쨌건 상품이나 지식의 값은 싸지겠지만, 그것을 돈 주고 사는 소비자는 점점 없어져 버리는 사회가 될 수도 있다. 이는 분명히 우려할 만한 일이다.

과학 기술의 발전이 분명히 우리가 사는 사회를 더 괜찮은 사회, 살기 좋은 사회로 만드는 측면이 있지만, 동시에 일하는 사람이 점점 없어진다든지 아니면 조금 다른 용어로 사회의 불평등이 점점 심해져서 아주 많은 돈을 버는 소수의 사람들과 일자리 없는 다수의 사람들로 세상이 양극화될 가능성을 크게 하는 측면도 있다. 그야말로 유토피아와 디스토피아의 공존이 일어날 수 있는 것이다.

이러한 문제의식을 가지고 있다면 주목할 책이 1516년 출간된 영국 작가 토머스 모어의 『유토피아』이다. 이 책이 선구적인 이유는 유토피아(utopia)라는 말이 여기서 처음으로 사용되었다는 사실에서 쉽게 찾을 수 있다. 모어는 '좋은 곳'이라는 뜻의 'eu-topia'와 '아무 데도 존재하지 않는 곳'이라는 뜻의 'ou-topia'를 동시에 나타내는 중의적 개념으로 유토피아라는 말을 만들었는데, 이때부터 유토피아는 존재하지 않는 이상향을 뜻하게 되었다.

디스토피아(dystopia)는 유토피아의 반대말로, 상당히 끔찍한 미래의 어떤 사회를 이야기할 때 사용하는 단어이다. 접두어 'dys'는 '나쁜', '고된'이란 뜻이다. 디스토피아는 19세기에 만들어진 말로 역사가 오래되지 않은 표현이다. 산업혁명 이후에 사회적 불평등이 확산되고 기계화로 인한 인간성 상실에 대한 논의가 시작되면서 디스토피아라는 단어가 만들어지고 널리 사용되었다.

① 인공지능 기술은 유토피아적 세계와 디스토피아적 세계의 가능성을 동시에 갖고 있는 기술이다.
② '디스토피아'는 사회적 불평등이 확산되고 인간성 상실의 문제가 발생하면서 만들어진 용어이다.
③ 4차 산업혁명이 가속화될 경우 우리 사회의 불평등과 양극화 현상은 점점 심해질 수 있다.

④ '유토피아'는 토머스 모어의 책에서 처음으로 사용된 표현이다.
⑤ '유토피아'는 '디스토피아'의 문제점을 해결하기 위해 고안된 표현이다.

16. 다음 글에 대한 이해로 옳지 않은 것은?

> 몸을 닦는 일(修身)은 효도와 우애로써 근본을 삼아야 한다. 효도와 우애에 자기 본분을 다하지 않으면 비록 학식이 고명하고 문체가 찬란하고 아름답다 하더라도 흙담에다 아름답게 색칠해놓은 것에 지나지 않는다. 자기 몸을 이미 엄정하게 닦았다면 그가 사귀는 벗도 자연히 단정한 사람일 것이므로 같은 기질로써 인생의 목표가 비슷하게 되어 친구 고르는 일에 특별히 힘쓰지 않아도 된다.
> 이 늙은 아비가 세상살이를 오래 경험하였고 또 어렵고 험난한 일을 고루 겪어보아서 사람들의 심리를 두루 알고 있다. 무릇 천륜에 야박한 사람은 가까이해서도 안 되고 믿어서도 안 되며, 비록 충직하고 인정 있고 부지런하고 재빠르게 온 정성을 다하여 나를 섬기더라도 절대로 가까이해서는 안 된다. 이들은 끝내 은혜를 배반하고 의리를 잊어먹고 아침에는 따뜻이 대해주다가도 저녁에는 차갑게 변하고 만다.
> 대체로 이 세상에 깊은 은혜와 두터운 의리는 부모형제보다 더한 것이 없는데 부모형제를 그처럼 가볍게 버리는 사람이 벗들에게 어떠하리라는 것은 쉽게 알 수 있는 이치다. 너희는 이 점을 반드시 기억해두도록 하거라. 무릇 불효자는 가까이 하지 말고 형제끼리 우애가 깊지 못한 사람도 가까이해서는 안 된다.

① 자기 몸을 엄정하게 닦는 것의 중요성을 역설하고 있다.
② 효와 우애의 덕목을 충실하게 지키는 사람을 친구로 삼기를 권하고 있다.
③ 학문에 깊이가 있고 충직한 사람이라면 반드시 곁에 두어야 한다고 말하고 있다.
④ 좋은 친구를 사귀려면 먼저 스스로가 단정하고 좋은 사람이 되어야 한다고 충고하고 있다.
⑤ 어떤 일이 있어도 천륜을 어기는 사람은 경계할 것을 조언하고 있다.

정답 16. ③

17. 다음 밑줄 친 ㉠, ㉡에 해당하는 예로 옳은 것은?

> 어휘는 ㉠ 물리적 공간과 관련된 중심적 의미를 지니는 것이 ㉡ 추상화되어 주변적 의미도 지니게 되는 경우가 있다.

	㉠	㉡
①	물은 낮은 지대로 흐른다.	환경에 대한 관심도가 낮다.
②	내 좁은 소견을 말씀드렸다.	마음이 좁아서는 곤란하다.
③	우리는 넓은 공터에 모였다.	우리집 마당은 꽤 넓다.
④	그녀는 성공할 가능성이 크다.	힘든 만큼 기쁨도 큰 법이다.
⑤	형의 말은 거의 사실에 가깝다.	집졑 장소는 가까운 곳이다.

18. 다음 글에 대한 이해로 옳지 않은 것은?

> 이때에 빽빽 소리가 응아 소리로 변하였다. 개똥이가 물었던 젖을 빼어 놓고 운다. 운대도 온 얼굴을 찡그려 붙여서 운다는 표정을 할 뿐이다. 응아 소리도 입에서 나는 게 아니고 마치 뱃속에서 나는 듯하였다. 울다가 울다가 목도 잠겼고 또 울 기운조차 시진한 것 같다.
> 　발로 차도 그 보람이 없는 걸 보자 남편은 아내의 머리맡으로 달려들어 그야말로 까치집 같은 환자의 머리를 꺼들어 흔들며,
> 　"이년아, 말을 해, 말을! 입이 붙었어, 이 오라질 년!"
> 　"……"
> 　"으응, 이것 봐, 아무 말이 없네."
> 　"……"
> 　"이년가, 죽었단 말이냐, 왜 말이 없어."
> 　"……"
> 　"으응 또 대답이 없네. 정말 죽었나버이."
> 　이러다가 누운 이의 흰 창을 덮은, 위로 치뜬 눈을 알아보자마자,
> 　"이 눈깔! 이 눈깔! 왜 나를 바라보지 못하고 천장만 보느냐, 응."

정답 17. ① 18. ②

국어

> 하는 말끝엔 목이 메었다. 그러자 산 사람의 눈에서 떨어진 닭의 똥 같은 눈물이 죽은 이의 뻣뻣한 얼굴을 어룽어룽 적시었다. 문득 김 첨지는 미친 듯이 제 얼굴을 죽은 이의 얼굴에 한데 비비대며 중얼거렸다.
> "설렁탕을 사다 놓았는데 왜 먹지를 못하니, 왜 먹지를 못하니……. 괴상하게도 오늘은! 운수가, 좋더니만……
> — 현진건, 「운수 좋은 날」에서 —

① 반어적 기법이 나타난다.
② 대화를 통해 등장인물 간의 갈등이 해소되고 있다.
③ 비속어를 사용하여 인물의 삶을 사실적으로 그리고 있다.
④ 음성 상징어를 사용하여 표현의 효과를 높이고 있다.
⑤ '설렁탕'은 비극적 상황을 강조하는 소재이다.

19. 다음 외래어 표기법이 옳지 않은 것은?
① 프로포즈(propose)
② 플랫폼(platform)
③ 레이다(radar)
④ 장르(genre)
⑤ 배지(badge)

20. 다음 글에 대한 이해로 옳은 것은?

> "아니야, S병원으로 가."
> 철호는 갑자기 아내의 죽음을 생각했던 것이었다. 운전수는 다시 휙 핸들을 이쪽으로 틀었다. 운전수 옆에 앉아 있는 조수 애가 한 번 철호를 돌아다보았다. 철호는 뒷자리 한구석에 가서 몸을 틀어박은 채 고개를 뒤로 젖히고 눈을 감고 있었다. 차는 한국은행 앞 로터리를 돌고 있었다. 그때 또 뒤에서 철호가 소리를

정답 19. ① 20. ④

> 질렀다.
> "아니야, X경찰서로 가."
> 눈을 감고 있는 철호는 생각하는 것이었다. 아내는 이미 죽었는데 하고. 이번에는 다행히 차의 방향을 바꿀 필요가 없었다. 그냥 달렸다.
> "X경찰서 앞입니다."
> 철호는 눈을 떴다. 상반신을 벌떡 일으켰다. 그러나 곧 털썩 뒤로 기대고 쓰러져버렸다.
> "아니야, 가."
> "X경찰섭니다. 손님."
> 조수 애가 뒤로 몸을 틀어 돌리고 말했다.
> "가자."
> 철호는 여전히 눈을 감고 있었다.
> "어디로 갑니까?"
> "글쎄, 가!"
> "하 참, 딱한 아저씨네."
> "……."
> "취했나?"
> 운전수가 힐끔 조수 애를 쳐다보았다.
> "그런가 봐요."
> "어쩌다 오발탄(誤發彈) 같은 손님이 걸렸어. 자기 갈 곳도 모르게
> 　　　　　　　　　　　　　　　　　　　 - 이범선, 「오발탄」에서 -

① '철호'는 삶의 의지를 점차 회복하고 있다.
② '운전수'는 '철호'에게 공감의 태도를 보이고 있다.
③ '철호'와 '운전수' 사이의 계급 차이가 잘 드러난다.
④ '철호'는 목적지를 정하지 못한 상태이다.
⑤ 'S병원'과 'X경찰서'는 '철호'가 도달하지 못하는 이상향이다.

영어

※ 다음 밑줄 친 부분의 의미와 가장 가까운 것을 고르시오. (1~4)

01.

When they erupt, they release large amounts of carbon dioxide into the atmosphere, thereby warming it.

① address
② decline
③ explode
④ endure
⑤ ponder

02.

Meeting in Germany, leaders of the Group of Seven industrialized countries reiterated their commitment to helping Ukraine win the war this week and added new sanctions on Russia, including a cap on the price of Russian oil exports.

① embargoes
② provisions
③ commodities
④ commitments
⑤ engagements

03. 다음 글의 제목으로 알맞은 것은?

In general, young people often develop antagonistic feelings toward each other when competing for grades.

정답   01. ③   02. ①   03. ⑤

① extravagant
② sympathetic
③ unbearable
④ aboriginal
⑤ hostile

04.

Scientists attach great importance to the human capacity for spoken language. But we also have a parallel track of nonverbal communication, and those messages may reveal more than our carefully chosen words and sometimes be at odds with them.

① in harmony with
② incongruent with
③ indispensable to
④ indifferent to
⑤ in favor of

05. 다음 밑줄 친 부분에 들어갈 단어로 가장 적절한 것은?

Movies that are "restricted" to adult audiences are rated "R" and contain scenes with nudity and sex. The language in these movies contains _____, and the violence shown can be very graphic, usually filmed with blood and other disturbing special effects.

① profanity
② guidelines
③ penalties
④ warning
⑤ clichés

정 답   04. ② 05. ①

국 어

※ 다음 밑줄 친 부분에 들어갈 표현으로 가장 적절한 것을 고르시오. (6~7)

06.

So far, around 130 students _____ suspensions, which means they are not allowed to use the library for up to 30 days.

① to give
② are given
③ have been given
④ have been giving
⑤ will have been given

07.

For this reason, drones can be _____ than traditional aircraft.

① very smaller and more maneuverable
② much smaller and more maneuverable
③ much smaller and much maneuverable
④ much smaller and maneuverabler
⑤ very smaller and very maneuverable

※ 다음 친 부분 중 어법상 옳지 않은 것을 고르시오. (8~9)

08.

The whole issue about life on other worlds ① begs the question: What is life, and how would we recognize it? Certainly, living things are made of cells (or a cell) and share three critical processes that make them ② alive. They ingest energy, excrete waste energy, and pass on their genes through reproduction. But they also respond ③ to their environments. They maintain

정 답   06. ③   07. ②   08. ④.

homeostasis, or internal balance. They evolve and adapt. Some living things even have evolved to the point ④ which they can walk and think about the universe that surrounds them. We are literally products of the universe. Most of the atoms and molecules in our bodies were created in the engines of stars, and the energy we receive that enables life ⑤ comes from our star: the Sun.

09.

Validity is the most important consideration in test evaluation. The concept refers to the appropriateness, meaningfulness, and usefulness of the specific inferences ① made from test scores. Test validation is the process of accumulating evidence to back up such inferences. A variety of inferences may be made from scores produced by a ② given test, and there are many ways of accumulating evidence to ③ support any particular inference. Validity, however, is a unitary concept. Although evidence may be accumulated in many ways, validity always refers to the degree to which that evidence supports the inferences that ④ is made from the scores. The inferences ⑤ regarding specific uses of a test are validated, not the test itself.

10. 다음 밑줄 친 부분 중 문맥상 단어의 쓰임이 적절하지 않은 것은?

Databases provided an ① efficient way to store and search for data. Organized into fields of information, the database enabled marketers to rank or select various groups of individuals from its master list of customers—a practice called "modeling." Through this process, ② more mailings or calls needed to be made,

국 어

resulting in a higher response rate and lower costs. In addition to isolating a company's most ③ profitable customers, marketers studied them, profiled them, and then used that profile to find ④ similar customers. This, of course, required not only information about existing customers, but the collection of data about ⑤ prospective customers as well.

11. 다음 글의 내용과 일치하지 않는 것은?

Despite such losses, Germany as a country is rich, but a recent study from the European Central Bank suggests that the typical German household is not. Astonishingly, the median household's net assets, at €51,400, are less than those of the typical Italian, Spanish or even Greek household. These figures need careful interpretation. Households in Germany are smaller than in those countries, and their average is dragged down by the east, where 20 years ago no one had any assets to speak of. Moreover, the figures do not include pension promises. But the main reason for the poor showing is that far fewer people than in other European countries own their homes. Most households rent, and the housing stock is owned by a relatively small number of people, so Germany ends up with the most unequal distribution of household wealth in the euro zone.

① 전형적인 독일 가구가 부유하다는 최근 연구 결과가 있다.
② 한 연구에 따르면 전형적인 스페인 가구의 순자산은 독일 중위 가구의 순자산을 능가한다.
③ 유럽중앙은행의 연구가 제시한 수치는 신중한 해석이 필요하다.
④ 독일의 경우 자신의 집을 소유한 사람의 수는 다른 유럽 국가보다 적다.
⑤ 가구 재산의 분배에 있어 독일은 유로존에서 가장 불평등하다.

정 답   11. ①

12. 다음 글의 흐름상 가장 어색한 문장은?

Now that we have some understanding of how language works, we can go back and try and answer the question of whether any animals have a true language. ① According to many leading scientists in the field, the answer is: maybe. Most scientists agree that human language is clearly the most complex, and that no other animal has a communication system that comes close. ② Many forms of animal communication do have some of the elements of human language. Some scientists believe that certain animals, such as primates and marine mammals, do use a type of language. ③ For example, vervet monkeys have different sounds for different predators. When an alarm call is given, the monkeys know whether they should be on the lookout for an eagle, leopard, or snake. ④ Monkeys aren't the only and mammals that have a complex communication system with elements of human language in it. ⑤ These monkeys are using arbitrary sounds that have agreed-upon meanings. This is a key element of language.

※ 다음 밑줄 친 (A)와 (B)에 들어갈 표현으로 가장 적절한 것을 고르시오. (13~14)

13.

A 'cover' is typically defined as a recording of a song that was first recorded by someone else. Something like this is given in many dictionaries and by some scholars. __(A)__, Albin Zak provides a glossary entry defining a 'cover version' as "a recording of a song that has been recorded previously by another artist." Don Cusic writes, "the definition of a 'cover' song is one that has been recorded before." Consider the song 'Let It Be,' written by John Lennon and Paul McCartney. Their band, the Beatles, had a hit with it when they released their version in 1970. __(B)__, the first released recording of the song—by a few months—was by Aretha Franklin. A website which generates its descriptions

정답 12. ④ 13. ③

automatically labels the Beatles' version as a cover of Franklin's, and that is just what the usual definition would suggest.

	(A)	(B)		(A)	(B)
①	For instance	Therefore	②	In addition	Nevertheless
③	For example	However	④	For example	Consequently
⑤	Moreover	However			

14.
As the scale of economic activity has proceeded steadily upward, the scope of environmental problems triggered by that activity has transcended both __(A)__ and __(B)__ boundaries. When the environmental problems were smaller in scale, the nation-state used to be a sufficient form of political organization for resolving them, but is that still the case? Whereas each generation used to have the luxury of being able to satisfy its own needs without worrying about the needs of generations to come, intergenerational effects are now more prominent. Solving problems such as poverty, climate change, ozone depletion, and the loss of biodiversity requires international cooperation. Because future generations cannot speak for themselves, the current generation must speak for them. Current policies must incorporate our obligation to future generations, however difficult or imperfect that incorporation might prove to be.

	(A)	(B)		(A)	(B)
①	intercultural	economic	②	geographic	generational
③	political	sociocultural	④	ecological	ethical
⑤	environmental	behavioral			

15. 다음 밑줄 친 (A), (B), (C)에 들어갈 표현으로 가장 적절한 것은?

Why did communicative sound take so long to evolve? Bacterial and single-celled life existed for three billion years with no known sonic signals. Although all these cells could sense water motions and vibrations, none reached out to __(A)__ with sound. The first three hundred million years of animal evolution, too, seem to have lacked any communicative signals. No known fossil from this time has a rasp or other sound-making structure. The expert paleontologists __(B)__ advice I sought all said that they knew of no physical evidence of sound-making structures from animals until the first cricket-and cicada-like insects evolved. Of course, the fossil record is incomplete and some sound-making structures, such as the swim bladders of fish, leave __(C)__ or no trace in rock, and so we hear imperfectly across these great stretches of time.

	(A)	(B)	(C)		(A)	(B)	(C)
①	other	whose	a little	②	other	what	little
③	others	whose	a little	④	others	what	a little
⑤	others	whose	little				

16. 다음 글의 제목으로 가장 적절한 것은?

Eating at home is the norm for most people on most days, yet traditions of eating out go back centuries, and the practice is typical. The French do not eat outside of the home as frequently as residents of some nations with a comparable standard of living, such as the United Kingdom. Nonetheless, the trend to take meals outside of the home increases perceptibly in France, if not as quickly as in some affluent nations. Between 1970 and 1990, household spending on eating out increased 0.25 percent, and expenditure for food to be eaten at home fell by a full 7 percent. An estimate from 2004 calculated 9 billion meals out taken annually. Of these people ate 3.7 billion meals in cafeterias and other collective settings and 4.6 billion in commercial restaurants, from fine restaurants to fast-food restaurants and chains.

① Gorgeous Restaurants in Europe
② Fast-food Chains in France
③ Traditional Food of France
④ Typical French Food
⑤ Eating Out in France

17. 다음 글의 내용과 일치하는 것은?

Glass Beach was created by accident. Beginning in 1906, people were permitted to throw away their garbage in the ocean near the city. People threw away glass bottles, appliances, and even cars. In 1967, the local government made it illegal to throw away trash in the water. After this, there were many cleanup efforts to recycle the metal and the other non-biodegradable waste. However, most of the glass had already been broken into tiny pieces. The glass was too difficult to remove, so it was left in the water. Over time, the made it illegal to throw away trash in the water. After this, there were many cleanup efforts to recycle the metal and the other non-biodegradable waste. However, most of the glass had already been broken into tiny pieces. The glass was too difficult to remove, so it was left in the water. Over time, the pounding waves caused the rough pieces of glass to become smooth. These green, white, and brown pieces of smooth glass began washing up on shore, creating Glass Beach.

① Glass Beach는 의도적으로 만들어졌다.
② 정부는 1906년에 바다에 쓰레기를 버리는 것을 금지했다.

③ 금속 폐기물을 재활용하기 위한 노력이 있었다.
④ 사람들은 바다에 남겨진 유리조각을 남김없이 치웠다.
⑤ 거대한 유리즈각들이 Glass Beach를 관광명소로 만들었다.

18. 다음 주어진 글 사이에 들어갈 글의 순서로 가장 적절한 것은?

Some visual displays are meant only for members of an animal's own species. These include mating rituals and signals that tell a group when to move to a new location. Have you ever noticed that when a flock of birds takes off, they often all leave together?

(A) The only difference is that instead of using sound, one of the more dominant birds will signal to the rest of the birds using an action called an intention movement.
(B) In a typical "take off" signal, one bird will raise its wings and lift off the ground a few inches.
(C) It's almost as if one of them said, "Let's go." In fact, this is exactly what happens.

Seeing this, the birds around it will pick up the signal and pass it to the other members of the group. Within a few seconds, the whole flock lifts off and heads into the sky.

① (A) − (C) − (B)　　② (B) − (A) − (C)
③ (B) − (C) − (A)　　④ (C) − (A) − (B)
⑤ (C) − (B) − (A)

국어

※ 다음 밑줄 친 부분에 들어갈 표현으로 가장 적절한 것을 고르시오. (19 ~ 20)

19.

What counts as private information or as intrusion can vary among cultures and even within subcultures of a particular society. Whether an act is regarded as intrusion or comfortable familiarity depends on _____. For example, knocking on doors and waiting to be granted permission to enter is one way that privacy is respected in some cultures. In other cultures, it is acceptable for people to walk unannounced through entranceways or to enter a friend's or family member's home without knocking.

① the circumstances and shared understandings of those involved
② the rights and responsibilities associated with privacy
③ people's ability to live a life without being interfered
④ the individual's control over personal information
⑤ the efficacy of the law to protect privacy

20.

Researchers at Princeton University and the University of California, Los Angeles, found that students who handwrote lecture notes rather than typing them out retained more of the information precisely because they were slowed down. A quick keyboard transcription doesn't require critical thinking. The slower process of handwriting means not everything will be captured verbatim; instead, the brain is forced to exert more effort to capture the essence of what's important, thus _____. Slowing down doesn't mean being slow; it just means taking a few minutes to absorb what we are seeing. Details, patterns, and relationships take time to register. Nuances and new information can be missed if we rush past them.

① distracting our attention for more information

정답 19. ① 20. ⑤

② speeding up the whole process of imagination
③ assigning our mental resources to various tasks
④ inundating the memory with too much information
⑤ committing the information more effectively to memory

한국사

01. 다음 ㉠ 유물이 등장한 시대에 대한 설명으로 옳은 것은?

> 1978년 연천의 전곡리에서 ㉠이/가 처음 발견되었다. ㉠은/는 손에 쥐고 사용하기 때문에 붙여진 이름이다.

① 갈돌과 갈판을 이용하였다.
② 빗살무늬토기를 사용하였다.
③ 반달돌칼을 이용하여 벼를 수확하였다.
④ 동굴, 바위 그늘, 강가의 막집에서 생활하였다.
⑤ 다른 씨족과의 혼인을 통해 부족사회를 형성하였다.

02. 다음 <보기>의 내용이 발생한 순서대로 옳게 나열한 것은?

> < 보 기 >
> ㉠ 노비추쇄법을 폐지하였다.
> ㉡ 일부를 제외한 공노비를 해방하였다.
> ㉢ 새로 태어난 노비 자녀에게 노비 세습을 금지하였다.
> ㉣ 노비제가 법적으로 완전히 폐지되었다.
> ㉤ 노비종모법이 시행되었다.

정답   01. ④   02. ④

국 어

① ㉠→㉢→㉡→㉣→㉤
② ㉠→㉤→㉡→㉢→㉣
③ ㉠→㉤→㉡→㉣→㉢
④ ㉤→㉠→㉡→㉢→㉣
⑤ ㉤→㉠→㉢→㉡→㉣

03. 삼한에 대한 설명으로 옳은 것만을 모두 고르면?

㉠ 신성지역인 소도가 있었다.
㉡ 제사 의식을 주관하는 천군이 있었다.
㉢ 해마다 10월에 무천이라는 제천행사를 열었다.
㉣ 소국의 지배자는 신지, 읍차 등으로 불렸다.
㉤ 천군과 소도는 제정일치 사회임을 알려준다.

① ㉠, ㉡, ㉢
② ㉠, ㉡, ㉣
③ ㉠, ㉢, ㉤
④ ㉡, ㉣, ㉤
⑤ ㉢, ㉣, ㉤

04. 다음 자료와 관련된 왕대의 사실로 옳은 것은?

(대왕대비가) 전지(傳旨)하기를, "사람들이 직전(職田)의 폐단이 있다고 많이 말하기에 대신에게 의논하니, 모두 말하기를, '우리나라 사대부의 봉록(俸祿)이 박하여 직전을 갑자기 혁파할 수 없다' 하므로, 나도 또한 그렇게 여겼는데, 지금 들으니 조정 관원이 그 세(稅)를 지나치게 거두어 백성들이 심히 괴롭게 여긴다 한다. ……(중략)……" 하였다.
한명회 등이 아뢰기를, "직전의 세(稅)는 관에서 거두어 관에서 주면 이런 폐단이 없을 것입니다. ……(중략)……" 하였다. 전지하기를, "직전의 세는 소재지의 관리로 하여금 감독하여 거두어 주게 하고, 나쁜 쌀을 금하지 말며, 제향 아문(祭享衙門)의 관리는 금후로는 가려서 정하라" 하였다.

– 『조선왕조실록』 –

정 답 03. ② 04. ⑤

① 6조 직계제를 부활시켰다.
② 『삼강행실도』와 『효행록』을 간행하였다.
③ 국가의 경제기반을 확충하기 위해 호패법을 실시하였다.
④ 여진을 정벌하고 4군 6진을 개척하여 영토를 확장하였다.
⑤ 집현전을 계승한 홍문관을 설치하고 경연을 활성화하였다.

05. 다음 ㉠에 대한 설명으로 옳지 않은 것은?

> ㉠은/는 예부에 속하였는데, 신문왕 2년(682)에 설치하였다. 경덕왕이 태학감으로 고쳤으나 혜공왕이 옛 이름대로 하였다.   - 『삼국사기』 -

① 학업 기한은 일반적으로 9년이었다.
② 진골 귀족만이 입학할 수 있었다.
③ 당의 교육기관인 국자감을 참고하였다.
④ 관등이 대나마·나마에 이르면 내보냈다.
⑤ 박사(博士)와 조교(助教)가 교육을 담당하였다.

06. 다음과 같은 주장을 편 인물에 대한 설명으로 옳은 것은?

> 하늘에 가득한 별들이 각기 계(界) 아닌 것이 없다. 성계(星界)로부터 본다면, 지구 역시 하나의 별에 불과할 것이다. 헤아릴 수 없이 수많은 계(界)들이 공중에 흩어져 있는데, 오직 이 지구만이 공교롭게 중앙에 위치해 있다는 것은 이럴 이치가 없다. 이렇기 때문에 계 아닌 것이 없고 자전하지 않는 것이 없다고 하는 것이다. 다른 계에서 보는 것도 역시 지구에서 보는 것과 같을 것이니, 다른 계에서 각기 저마다 중앙이라 한다면 각 성계(星界)가 모두 중계(中界)일 것이다.

① 『양반전』을 지어 양반의 허례와 무능을 풍자하였다.
② 지전설을 바탕으로 중국 중심의 세계관을 비판하였다.

정답   05. ②   06. ②

③ 『우서』에서 사농공상의 평등과 전문화를 주장하였다.
④ 북한산 신라 진흥왕 순수비를 처음으로 고증하였다.
⑤ 『곽우록』에서 토지매매를 제한하는 한전제를 제시하였다.

07. 다음 ㉠에 대한 설명으로 옳은 것은?

> ㉠은/는 우리 동포의 열렬한 성원과 기대 속에 16일에는 경성중앙방송국을 통하여 준비위원의 자격으로 안재홍 씨가 마이크를 통하여 해방될 우리 민족에게 제1성을 보내었다.
> ― 『매일신보』 ―

① 8·15 해방 이전에 결성되었다.
② '결정적 시기의 무장봉기' 전술을 구상하였다.
③ 노농군 편성을 목적으로 군사위원회를 조직하였다.
④ 강령에서 조선민주공화국 건설을 목표로 내세웠다.
⑤ 미군 진주시까지 치안 유지 활동 등을 수행하였다.

08. 다음 (가)의 내용에 해당하는 것만을 <보기>에서 모두 고르면?

> 1945년 12월 (가) 결정을 둘러싸고 좌우의 대립은 격화되었다. 즉, 신탁통치에 반대하는 우익과 (가) 결정안에 찬성한 좌익이 대립하게 되어 결국 자주 독립의 통일 국가를 수립하지 못한 채 민족 분단의 길로 가게 되었다.

<보 기>
㉠ 미·소 공동위원회의 설치
㉡ 임시 민주주의 정부의 수립
㉢ 조선의 완전한 독립을 저해하는 일체의 반동 세력 박멸
㉣ 미·소 공동위원회와 임시정부는 최고 5년간의 신탁통치 협정 작성

정 답 07. ⑤ 08. ④

① ㉠, ㉡   ② ㉠, ㉢
③ ㉢, ㉣   ④ ㉠, ㉡, ㉣
⑤ ㉡, ㉢, ㉣

09. 다음 (가), (나) 시기 사이에 있었던 사실로 옳은 것은?

> (가) (대마도) 도주에게는 해마다 쌀과 콩을 합하여 200석을 주기로 하였다. 세견선은 50척으로 하였다.
> (나) 도주 세견선을 25척으로 감하고, 도주에게 내려준 세사미두 200석 중에 100석을 감하였다.

① 삼포왜란이 일어났다.
② 을묘왜변이 발발하였다.
③ 강화도조약이 체결되었다.
④ 백두산정계비가 세워졌다.
⑤ 일본에 회답겸쇄환사가 파견되었다.

10. 다음 밑줄 친 왕의 재위 시기에 있었던 사실로 옳은 것은?

> 왕은 임금이 신민의 부모와 같다는 군부일체론(君父一體論)을 강조하였으며, 당파의 시비를 가리지 않고 어느 당파이든 온건하고 타협적인 인물을 등용하여 왕권에 순종시키는 데에 주력하였다. 또한, 기유처분(己酉處分)으로 노·소론 내 온건론자들을 고르게 등용해 초기의 탕평책의 기초를 마련하였는데, 이때 인사정책으로 쌍거호대(雙擧互對)의 방식을 취하였다.

① 대동법을 전국으로 확산시켰다.
② 창덕궁 안에 대보단을 설치하였다.

정답   09. ①   10. ③

③ 재야 산림의 공론을 인정하지 않았다.
④ 대유둔전이라는 국영농장을 설치하였다.
⑤ 관료의 재교육을 위해 초계문신제를 시행하였다.

11. 다음의 ㉠ 인물에 대한 설명으로 옳은 것은?

(가) 이른 아침에 신라인이 작은 배를 타고 왔다. 문득 듣건대, "㉠이/가 신라 왕자와 공모하여 신라국을 징벌하고 곧 그 왕자를 신라국의 왕으로 삼았다"라고 하였다

(나) 산 속에 절이 있어 그 이름은 적산법화원인데, 이는 ㉠이/가 처음 세운 것이다. 오랫동안 장전(莊田)을 갖고 있어 양식을 충당할 수 있었다.

- 『입당구법순례행기』 -

① 진성여왕에게 시무책을 바쳤다.
② 당에 건너가 빈공과에 합격하였다.
③ 당에 견당매물사와 교관선을 보냈다.
④ 나라를 세우고 국호를 장안이라 하였다.
⑤ 독자적으로 오월과 거란에 사신을 보냈다.

12. 다음 <보기>의 상소를 올린 인물의 활동으로 옳지 않은 것은?

< 보 기 >
일단 강화를 맺고 나면 적들이 욕심내는 것은 물화(物貨)를 교역하는 데에 있습니다. 저들의 물화는 대부분 지나치게 사치스럽고 기이한 노리개로, 손으로 만든 것이어서 한정이 없습니다. 반면 우리의 물화는 대부분 백성의 생명이 달린 것으로 땅에서 생산되어 한정이 있습니다. 이같이 피와 살이 되어 백성의 목숨이

정 답   11. ③ 12. ③.

> 걸려 있는 유한한 물화를 가지고 저들의 사치스럽고 기이하며 마음을 좀먹고 풍속을 해치는 물화와 교환한다면, 해마다 그 양이 수만에 이를 것입니다. 그러면 몇 년 지나지 않아 동토(東土) 수천 리에 전답은 황폐해지고 집은 다 쓰러져 다시 보존하지 못하게 되고, 나라도 반드시 뒤따라 망하게 될 것입니다. 이것이 바로 강화가 난리와 멸망을 부르는 까닭의 둘째 이유입니다.

① 대마도에서 옥중 순국하였다.
② 전북 태인의 무성서원에서 의병을 일으켰다.
③ 연해주에서 13도 의군을 결성하여 도총재로 추대되었다.
④ 사헌부 장령에 임명되자 국정 개혁을 위한 상소를 올려 흥선대원군을 비판하였다.
⑤ 「청토오적소(請討五賊疏)」를 올려 을사조약 파기와 매국 오적 처단을 주장하였다.

13. 다음 밑줄 친 대사에 대한 설명으로 옳은 것은?

> 무자년 여름 5월 유생 여러 명이 개경에서 내려와 뵈니 <u>대사</u>가 제자로 받아들여 머리를 깎고 『모법연화경』을 가르쳐 통달하게 하였다. 임진년 4월 8일 <u>대사</u>가 처음 보현도량을 결성하고 법화삼매를 수행하여, 극락정토에 왕생하기를 구하였는데, 모두 천태삼매의(天台三昧儀)를 그대로 따랐다. 오랫동안 법화참(法華懺)을 수행하고 전후에 권하여 발심(發心)시켜 이 경을 외우도록 하여 외운 자가 1천여 명이나 되었다.

① 백련결사를 주도하였다.
② 『천태사교의』를 저술하였다.
③ 정혜쌍수를 교리로 강조하였다.
④ 귀법사의 초대 주지를 역임하였다.
⑤ 광종 시기 불교 개혁을 주도하였다.

정답 13. ①

국 어

14. 다음과 같은 주장을 편 인물에 대한 설명으로 옳은 것은?

> 지금 들으니 원나라 조정에서 우리나라에 행성(行省)을 설치하여 중국의 다른 지방과 같은 행정 구역으로 만든다고 합니다. 만일 그것이 사실이라면 우리나라의 공로는 막론하고라도 세조(世祖) 황제의 조서(詔書)는 어떻게 할 것입니까? …(중략)…폐하의 조서는 실로 온 세상 사람의 복인데 유독 우리나라의 일에 대해서만 세조 황제의 조서를 따르지 않을 수 있겠습니까? …(하략)…
> ― 『고려사』 ―

① 국학 진흥을 위해 섬학전을 설치하였다.
② 9재 학당을 건립하여 후진을 양성하였다.
③ 원의 수도에 세워진 만권당에서 활동하였다.
④ 단군의 건국 이야기를 『삼국유사』에 수록하였다.
⑤ 성리학을 연구하여 '동방 이학(理學)의 조(祖)'라고 불렸다.

15. 다음 (가) 인물의 활동으로 옳지 않은 것만을 <보기>에서 모두 고르면?

> 인일에 일본 천황이 중궁에 나갔는데, 발해 사신 고제덕 등이 (가)의 교서와 방물을 바쳤다. ……(중략)…… "(가)은/는 대국(大國)을 맡아 외람되게 여러 번(蕃)을 함부로 총괄하며, 고구려의 옛 땅을 회복하고 부여의 습속을 가지고 있습니다. 그러나 다만 너무 멀어 길이 막히고 끊어졌습니다. 어진 이와 가까이하며 우호를 맺고 옛날의 예에 맞추어 사신을 보내어 이웃을 찾는 것이 오늘에야 비롯하게 되었습니다" ……(하략)…… 발해 사신 고제덕 등에게 잔치를 베풀고 활쏘기 대회와 아악료(雅樂寮)의 음악을 내렸다.
> ― 『속일본기』 ―

< 보 기 >
㉠ 수도를 중경현덕부에서 상경용천부로 옮겼다.
㉡ 대문예로 하여금 흑수말갈을 공격하게 하였다.
㉢ 산둥지방의 덩저우에 수군을 보내어 당을 공격하였다.
㉣ 불교의 전륜성왕 이념을 이용해 왕권강화를 도모하였다.

정 답 14. ③ 15. ②

① ㉠, ㉢ 　　　　　　　　② ㉠, ㉣
③ ㉡, ㉢ 　　　　　　　　④ ㉡, ㉣
⑤ ㉢, ㉣

16. 다음 (가)와 (나) 시기에 있었던 사실로 옳지 않은 것은?

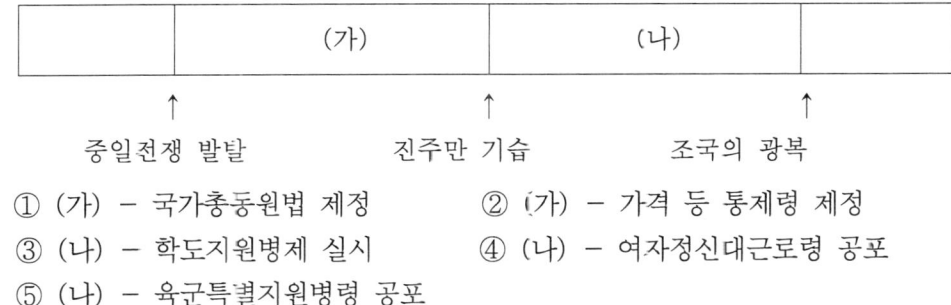

① (가) - 국가총동원법 제정　② (가) - 가격 등 통제령 제정
③ (나) - 학도지원병제 실시　④ (나) - 여자정신대근로령 공포
⑤ (나) - 육군특별지원병령 공포

17. 다음 ㉠ 단체의 활동으로 옳지 않은 것은?

> ㉠은/는 이에 저1차의 전쟁사를 세상에 공개하노니 이는 결크 과장의 의디에서 나온 것도 아니요, 또한 이것을 선전의 재료르 삼자는 바도 아니다. 다만, 우리의 진실된 마음을 피력하여 한국 삼천만 인민이 모든 굴욕을 받으며 분투해 온 간난신고를 읍소하여 세간의 인도주의자들의 공론을 구하고, 아울러 이로써 살얼음 위를 걷는 것 같은 위험에 처해 있는 중화민족에게 다소나마 참고와 도움이 된다면 다행일 뿐이다. ……(중략)…… 그러므로 우리 한국은 한국을 위하여 광복을 꾀하려고 하면 반드시 먼저 중국을 구해야 하고, 중국을 위하여 광복을 꾀함에도 한국은 또한 중국을 구해야 할 것이다. 이것이 바로 내가 입이 닳도록 애원하며 우리 한중 양국 동지에게 다 같이 각성하여 전장에 목숨을 함께 바치자는 까닭이다.

① 김지섭이 일왕의 궁성으로 들어가는 니주바시에 폭탄을 던졌다.

② 상하이사변 직후 일본 이즈모호를 폭파하기로 하였으나 실패하였다.
③ 이덕주는 조선총독부 총독을 저격하고자 계획했으나 사전에 체포되어 실패하였다.
④ 이봉창은 도쿄에서 일왕 히로히토를 향해 수류탄을 던졌으나 성공하지 못하였다.
⑤ 윤봉길이 상하이 훙커우 공원에서 일왕 탄생 축하 행사 겸 전승축하식장에 폭탄을 던졌다.

18. 다음 ㉠ 단체에 대한 설명으로 옳지 않은 것은?

여기에서 위는 천지의 신에게 묻고 아래로는 동포형제와 상의하여 드디어 하나의 모임을 미국 캘리포니아주 리버사이드에서 발기한다. 그 이름을 ㉠라고/이라고 한다. ㉠은/는 무엇 때문에 일어났는가. 완고하고 부패한 국민 생활을 개혁할 새로운 사상이 시급히 필요하며, 우둔한 국민을 깨우칠 수 있는 새로운 교육이 시급히 필요하고, 식어 버린 뜨거운 마음을 다시 살리기 위해 새로운 제창이 시급히 필요하며, 쇠약해진 원기를 북돋울 새로운 보양이 시급히 필요하고, 타락한 도덕을 되살릴 새로운 윤리가 시급히 필요하며, 쇠퇴한 문화를 부흥시킬 새로운 학술이 시급히 필요하고, 미약한 산업을 일으킬 새로운 모범이 시급히 필요하며, 부패한 정치를 일신할 새로운 개혁이 필요하다.

① 외곽단체로 청년학우회를 만들었다.
② 대성학교, 오산학교 등을 설립하였다.
③ 기관지로 잡지 『서우』를 간행하였다.
④ 자기회사, 소방직공장, 소연초공장 등을 설립하였다.
⑤ 학술 간행 단체인 조선광문회와 서점인 태극서관을 만들었다.

정 답   18. ③.

19. 다음 ㉠ 기구에 대한 설명으로 옳은 것은?

> 최우가 자신의 집에 ㉠을/를 두고 백관의 인사를 다루었는데 문사를 뽑아 이에 속하게 하고 필자적(必者赤)이라 불렀다. 옛 제도에는 이부는 문신 인사를, 병부는 무신 인사를 관장하였는데, 근무 연한의 순서를 정하여 관리의 근면함과 태만함, 공과, 재능이 있고 없음을 논한 후 모두 문서에 기재한 것을 정안(政案)이라 하였다. ……(중략)…… 정권을 마음대로 하면서부터 관부와 곤료를 두고 사사로이 정안을 취하여 관직을 제수하였다.
> － 『고려사』 －

① 을묘왜변을 계기로 설치되었다.
② 공민왕의 개혁으로 일시 폐지되었다.
③ 간쟁, 서경, 봉박의 업무를 담당하였다.
④ 원 간섭기에 도평의사사로 명칭이 바뀌었다.
⑤ 진도, 제주도로 옮겨가며 조정에 대항하였다.

20. 다음 자료와 관련된 역사적 사실로 옳은 것은?

> 11일 상오 11시 30분경 마산 중앙부두 앞바다에서 오른쪽 눈에 파편이 박힌 17, 8세의 학생풍 변사체가 발견되어, 3·15 사건 이후 행방불명자를 못 찾고 있던 당지 시민들을 긴장시켰다. 시체는 낚시꾼에 의하여 발견되어 경찰에 신고된 것인데 ……(하략)……
> － 『매일신보』 －

① 한·일 학생 간 충돌이 있었다.
② 신군부가 비상계엄을 확대하였다.
③ 일부 국회의원들은 사사오입 개헌을 비판하였다.
④ 정·부통령 부정선거에 학생, 시민들이 항의하였다.
⑤ 직선제 개헌을 요구하는 학생, 시민들의 시위가 있었다.

정답   19. ②   20. ④

★ 도서에 관한 모든 것 ★
http://cafe.naver.com/expert7

국회사무처 9급 최종모의고사(2023)

인 쇄	2023년 6월 20일
발 행	2023년 6월 25일
편 저	홍미라 외
발행인	홍미숙
발행처	엑스퍼트원
영업부	(06765) 서울특별시 서초구 바우뫼로6길 8-20, 101호
출판부	(02)886-8203(代)　(070)8620-8204(FAX)
E-mail	expertone7@naver.com
카 페	http://cafe.naver.com/expert7
등 록	2022-000172호

관권
본사
소유

정가　22,000원

ISBN 979-11-93137-02-4

이 책의 무단 전재 또는 복제행위는 저작권법 제97조의5에 의거, 5년 이하의 징역 또는 5,000만 원의 벌금에 처하거나 이를 병과 할 수 있습니다.